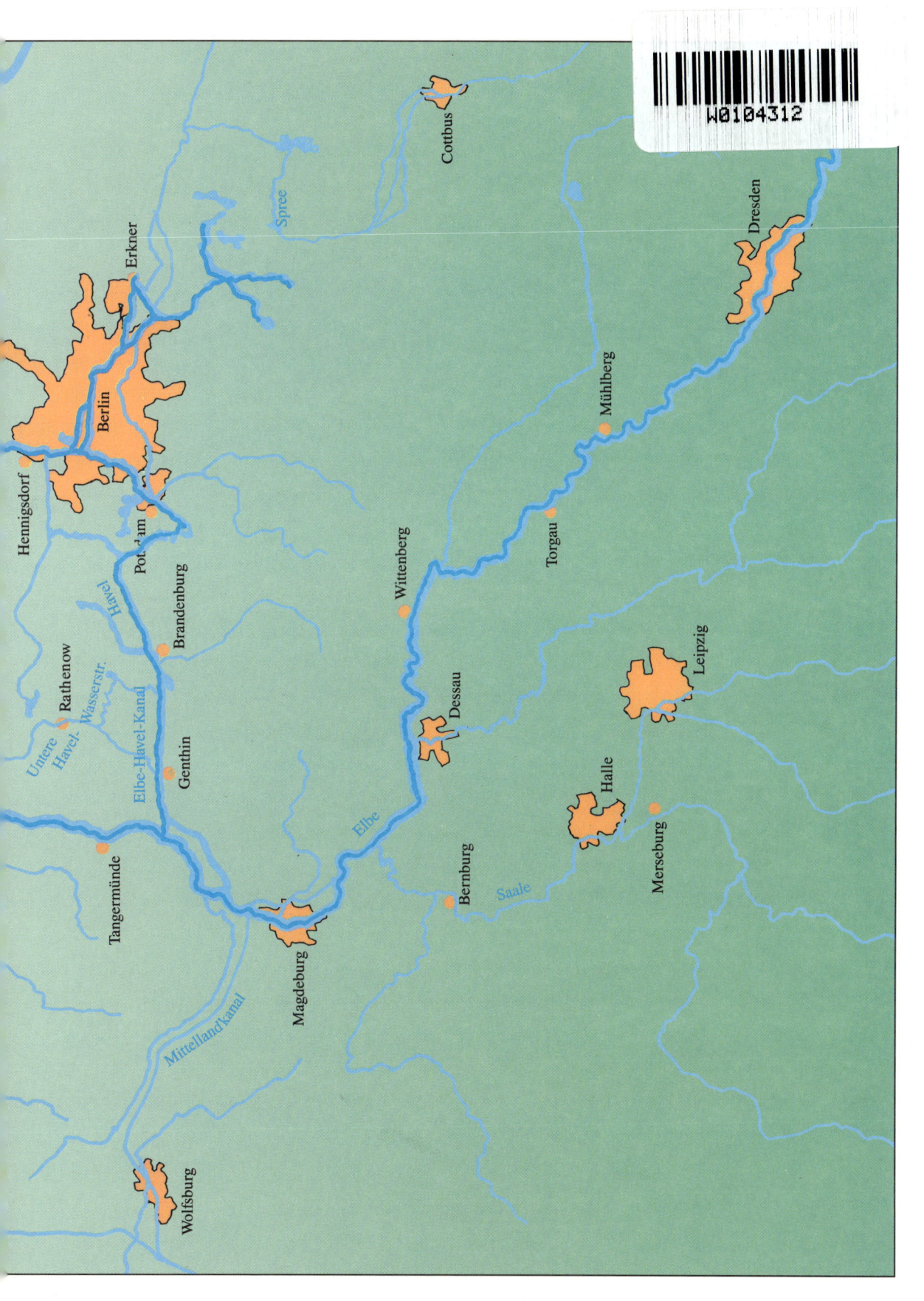

Rollo Gebhard

Gewässer ohne Grenzen

Unterwegs
zwischen Elbe und Oder

Delius Klasing Verlag

Alle Rechte vorbehalten. Ohne ausdrückliche Erlaubnis des
Verlages darf das Werk, auch nicht Teile daraus, weder
reproduziert, übertragen noch kopiert werden, wie z.B. manuell
oder mit Hilfe elektronischer oder mechanischer Systeme
inklusive Fotokopieren, Bandaufzeichnung und Datenspeicherung.

Autor und Verlag übernehmen für Irrtümer, Fehler oder
Weglassungen keinerlei Gewährleistung oder Haftung. Die Pläne
dienen zur Orientierung und nicht zur Navigation; sie ersetzen
also keinerlei offizielle Schiffahrtskarten.

Die Deutsche Bibliothek – CIP-Einheitsaufnahme

Gewässer ohne Grenzen : unterwegs zwischen Elbe und Oder /
Rollo Gebhard. [Fotos: Rollo und Angelika Gebhard]. –
Bielefeld : Delius Klasing, 1994
  ISBN 3-7688-0827-0
NE: Gebhard, Rollo

ISBN 3-7688-0827-0

© Copyright 1994 by Delius, Klasing & Co., Bielefeld

Fotos: Rollo und Angelika Gebhard
Luftbild Seite 95 = Foto Salge, Brandenburg

Alle Autorenfotos aufgenommen mit *Leica* R 5 und Leica-Objektiven

Karten: Ekkehard Schonart nach Vorlagen der Wasser- und
Schiffahrtsdirektion Ost und des Bundesministeriums für Verkehr

Schmuckzeichnungen: Sigrid Mahnke, Aschaffenburg

Schutzumschlaggestaltung und Layout: Ekkehard Schonart

Satz: Hans Kock Buch- und Offsetdruck GmbH, Bielefeld

Druck und Bindung: Mohndruck, Gütersloh

Printed in Germany 1994

Danksagung

Mein Dank gilt Ministerialdirektor Dipl.-Ing. Heinz Contzen, Leiter der Abteilung Binnenschiffahrt im Bundesministerium für Verkehr, für seine tatkräftige Unterstützung und die Erlaubnis, in Schleusenbereichen festzumachen und zu fotografieren.

Ebenso danke ich Herrn Pohlmann, Präsident der Wasser- und Schiffahrtsdirektion Ost und Dipl.-Ing. Heinz-Jürgen Pohl, Leiter des Wasser- und Schiffahrtsamtes Berlin für ihre freundliche Unterstützung. Besonderen Dank schulde ich Bauoberrat Hans-Jörg Haferburg, der uns in Berlin nicht nur freundschaftlich betreute, sondern mir auch besonders wertvolle Beratung zu Themen des Wasserbaus und zusätzlich Informationen über seine Erfahrungen auf den Wasserstraßen der neuen Bundesländer zukommen ließ.

Für die erwiesene Gastfreundschaft danke ich Herrn Finke vom WSA Dresden sowie Herrn Siering, Abz. Torgau, und Herrn Thürmer, Abz. Meißen.

Ein liebenswürdiger Empfang wurde uns zuteil durch Oberbürgermeister Dr. Willi Polte und den Ersten Bürgermeister Dieter Steinecke in Magdeburg.

Über die Stromverhältnisse informierten uns ausführlich der erfahrene Elbschiffer Kapitän Ingo Klinder und der Vorstand des Magdeburger Yacht-Clubs Rolf Radau.

Freundschaftliche Ratschläge und wichtige Informationen erhielten wir schließlich von Hans Reichel vom SSV Schwedt. Ihm wie auch allen hier ungenannten Sportkameraden, Schleusenmeistern und Mitarbeitern der Wasser- und Schiffahrtsämter sei für ihre Unterstützung sehr herzlich gedankt.

Widmung

Meiner Frau Angelika und ihrer Mutter Ille zugeeignet, ohne deren begeisterte und aufopfernde Mitarbeit ich diese Unternehmung nicht hätte durchführen können.

R. G.

Inhalt

Vorwort	7
1 Der Strom	9
Von der Segelyacht zum Motorkreuzer	9
Auf eigenem Kiel nach Hamburg	11
Das gelbe Band	15
Elbschleuse Geesthacht	16
Einsame Ufer – verzauberte Natur	17
Im Umbruch: Tangermünde	24
2 Das Blaue Kreuz	31
Im Schlepp nach Magdeburg	32
Die Russenjacke	34
Vom Wasserstand hängt alles ab	37
Ein bedrohtes Paradies	39
Lutherstadt Wittenberg	44
Der Tag von Torgau	49
3 Wiedersehen mit Dresden	57
Die Heimat von einst mit den Augen von heute	58
Viele Chancen für Investoren	60
Warum ist die Elbe so gelbe?	61
Das Panorama von Meißen	64
Altes und neues Dresden	69
4 Ein Abenteuer der Gefühle	73
Gerettet vom großen Bruder	74
Wiedersehen mit der Semper-Oper	75
Prunkgondeln auf der Elbe	76
Zu Wasser durch die Sächsische Schweiz	79
Bewegende Heimkehr	84
Die Carlowitze auf Kuckuckstein	86
5 Wasserwandern im Havelland	89
Drei Wege nach Berlin	90
Brandenburg und seine Seen	92
Historisches Potsdam	96
Eine schifferfreundliche Metropole	100
Liegeplatz am Reichstag	102
6 Erlebnisse in der Mark	105
Im Labyrinth der Wasserwege	107
Der wütende Schwan	108
Wälder, Schilf und Einsamkeit	109
Ein Unglückstag	112
Hilfreiche Ostberliner	115
7 Altes Land, neu entdeckt	117
Erinnerung an Holland: Oranienburg	118
Holperpflaster und schattige Alleen	119
Schleusen zwischen Sumpf und Sand	120
Durch die Schorfheide	124
Motor- kontra Muskelkraft	125
Die klare Steinhavel	126
Rheinsbergs Wassermusik	129
Idyllische Ankerplätze	134
Auf der Liebesinsel	137
Wassersportzentrum Müritz	138
STARLET – leicht behindert	142
Abschied von der Elde	145
Malerisches Schwerin	150
8 Grüne Ufer und blaue See	155
Grenzstrom Oder	156
Ein Lift für Schiffe	156
Immer wieder: Zukunftssorgen	159
Einklarierung in Polen	160
Schlechtwetter im Haff	161
Usedom und Peenestrom	164
Über den Greifswalder Bodden	167
Ein Höhepunkt: Rügen	171
Anhang	175
Städteporträts und Wasserstraßen	177
Anschriften	215
Die SOLVEIG V	216
Namenregister	217

Vorwort

Der Weg ist das Ziel
(Laotse)

Schon bald nach der Rückkehr aus der Südsee begann ich, neue Pläne zu schmieden. Mein seit Jahren gehegter Wunsch, einmal die Binnengewässer Europas zu befahren, mündete schließlich in die Idee, mit einem Boot die Elbe und die Kanäle im östlichen Teil Deutschlands kennenzulernen. Die Wiedervereinigung hatte das zweifellos schönste Wassersportrevier unseres Erdteils zugänglich gemacht.

Für meine Frau Angelika, deren Generation die DDR ja immer als Ausland empfunden hatte, würde eine solche Fahrt den Blick in völlig neue Landschaften öffnen, und für mich brächte sie das ersehnte und kaum mehr erhoffte Wiedersehen mit der alten Heimat.

Ich wollte möglichst alle Flüsse und Kanäle zwischen Elbe und Oder befahren, um nur über Gewässer zu schreiben, deren Verlauf und Eigentümlichkeiten ich selbst erkundet hatte. Ein Revierführer sollte dabei nicht entstehen, wohl aber ein Reisebericht, der außerdem genügend Informationen für den Wasserwanderer enthielt, um sich ein Bild machen zu können, welche Routen ihm bei einem Törn mit dem eigenen oder geliehenen Boot die größte Freude bereiten würden.

Der eine oder andere Naturfreund könnte sich fragen, ob eine solche Anregung zum Besuch einsamer und von den Schäden der Zivilisation bisher wenig betroffenen Gewässer heute noch zu verantworten ist. Ich habe mir darüber viele Gedanken gemacht und bin zu dem Schluß gekommen, daß eine Verlagerung des Urlaubsverkehrs von der Straße auf das Wasser in jedem Fall eine positive Entwicklung wäre.

Wir leben nicht im tropischen Regenwald Südamerikas, sondern in einem seit Jahrhunderten kultivierten, dicht besiedelten Land Mitteleuropas. Die Menschen im Osten brauchen nach der Stillegung der meisten Industriebetriebe neue Arbeitsplätze. Eine Umschichtung der Wirtschaft auf einen sanften Tourismus scheint mir hierfür die beste Möglichkeit.

Wichtig ist die Erhaltung unserer Wälder, denen durch Wassersportler wohl kaum geschadet wird. Und wichtig ist die Reinhaltung der Gewässer, die durch chemische Belastungen bedroht sind. Hierbei fällt der Bootsverkehr dank strenger Auflagen nicht ins Gewicht. Wassersportler sind in der Regel auch Naturfreunde. Ich habe in den fünf Monaten unserer Reise jedenfalls keine nennenswerten Verstöße beobachtet. Die Wasserqualität schien uns in den meisten Gegenden unerwartet gut, auch und besonders auf der Elbe. Eine Ausnahme machte der Schweriner See und die angrenzenden Kanäle, die in erschreckendem Maß durch Algen verkrautet waren.

Wir haben während unserer Fahrt eine große Zahl eigener Beobachtungen und Hinweise anderer Skipper gesammelt, viel mehr, als wir im Rahmen dieses Buches verwerten konnten. Alle diese Angaben wurden mit Gewissenhaftigkeit aufgezeichnet; dennoch sind Irrtümer oder Änderungen nicht auszuschließen. Eine Haftung kann deshalb in keiner Weise übernommen werden.

Ich wünsche allen Lesern eine glückliche Fahrt und viel Freude in den Naturparadiesen zwischen Sachsen und Pommern.

Bad Wiessee, im Februar 1994　　　　R.G.

1 Der Strom

*Es schläft ein Lied in allen Dingen,
die da träumen fort und fort.
Und die Welt hebt an zu singen,
triffst du nur das Zauberwort.*

(Joseph von Eichendorff)

Graue Wolken zogen am Himmel, eine frische Brise ließ uns die Kälte auf der Haut schmerzhaft fühlen, und nur ab und zu wagte sich die Sonne mit ein paar wärmenden Strahlen hervor. Der Frühling war bisher ausgeblieben, und in den Nächten sank die Temperatur meist noch unter den Gefrierpunkt.

Um 11.00 Uhr am 9. April hatten wir im Hadelner Kanal vor der Schleuse Otterndorf festgemacht, um den günstigsten Zeitpunkt für die Ausfahrt in die Elbe abzuwarten.

Die Elbe!

Der große Strom war mir an seinem Oberlauf von Kindheit an vertraut gewesen. In jenen Jahren unbeschwerten Hoffens hatte die Elbe ein Stück meines Lebens verkörpert, genau wie die Gärten und Parks der schönen Stadt Dresden oder die Schlösser und Burgen ihrer Umgebung. Dabei war mir der Unterlauf des Stroms außerhalb der sächsischen Landesgrenzen immer unbekannt geblieben, und niemals hatte ich daran zu denken gewagt, ihn einmal in seiner ganzen deutschen Länge zu befahren.

Nach der Wiedervereinigung, die ich am Kurzwellenempfänger in der Südsee miterlebt hatte – ich befand mich mit Angelika noch auf Weltumsegelung –, begann ich bereits unter dem Tropenhimmel zu träumen. In leuchtenden Farben malte ich mir die Möglichkeiten aus, die sich nach Öffnung des Eisernen Vorhangs für ausgedehnte Kreuzfahrten in- und außerhalb Deutschlands bieten würden.

Die innerdeutsche Grenze war gefallen, die nach Osten durchlässig geworden; fast unbehinderte Reisen, sogar auf den noch ziemlich unbekannten Wasserwegen im östlichen Mitteleuropa, würden in Zukunft möglich sein. Ich dachte an die klangvollen Namen großer Städte, die nun über Flüsse und Kanäle erreichbar wurden: Berlin, Dresden, Prag, Budapest, vielleicht auch Danzig und Warschau, Königsberg und Breslau. Der Weg zu neuen Abenteuern begann jetzt vor der Haustür!

Von der Segelyacht zum Motorkreuzer

Seither hatte mich der Gedanke nicht mehr losgelassen, meinen seit vielen Jahren gehegten Plan in die Tat umzusetzen: eine große Reise auf den östlichen Binnengewässern mit einem eigens dafür ausgerüsteten Boot zu unternehmen. Und jetzt, zwei Jahre nach unserer letzten Weltumsegelung, war es endlich soweit!

Unser Segelboot, die SOLVEIG IV, hatte einen neuen Eigner gefunden. Mit SOLVEIG V, einem elf Meter langen Motorkreuzer, wollten wir Flüsse, Kanäle, Seen und Küsten zwischen Hamburg und der Sächsischen Schweiz, von Berlin bis zur Insel Rügen ansteuern. Die Fahrt hatte in Papenburg an der Grenze zu Holland begonnen und sollte uns bis an die Grenze zu Böhmen und nach Polen hinein führen. An die 2 500 km romantischer Binnenwasserwege lagen vor uns, und entsprechend aufgeregt und gespannt war unsere Stimmung. Wir standen an diesem 9. April kurz vor der Elbmündung. Es war Ebbzeit, deshalb mußten wir mit der Schleusung warten, bis genügend Wassertiefe im Tunnel und in dem dahinterliegenden Priel vorhanden war, um ohne Grundberührung in den Strom zu gelangen. Andererseits wollten wir die günstige Tidenströmung des auflaufenden Wassers so zeitig wie möglich nützen, denn nur mit Hilfe der Strömung konnten wir die rund hundert Kilometer bis Hamburg noch am selben Tag bewältigen.

Schleusenmeister Kahlsdorf hatte uns 12.30 Uhr als besten Zeitpunkt für den Start genannt, und so blieb uns noch eine Stunde, um in seiner Wohnung ein wenig zu klönen. „Ihr zwei habt zusammen eine Weltumsegelung durchgestanden?" wunderte er sich. „Und jetzt habt ihr sogar geheiratet?"

„Ja, im Oktober. Deshalb ist diese Fahrt mit dem neuen Boot so eine Art verspäteter Hochzeitsreise", antwortete ich, und Angelika lachte: „Rollo kann es eben nicht lassen – es zieht ihn immer wieder aufs Wasser!"

„Wissen Sie noch, damals", erinnerte sich Kahlsdorf, „wie lange ist das jetzt her, dreizehn Jahre? Damals haben Sie mitten im Tunnel unter dem Deich Ihren Propeller verloren."

„Und ob ich das noch weiß! Nach vier Jahren Weltumsegelung bin ich hier vor der Schleuse hängengeblieben und wäre ohne Ihre Hilfe nicht weitergekommen."

Mit dem Paddel hatte ich seinerzeit die 7,30 m lange SOLVEIG III mühsam in die Schleuse gebracht. Ziemlich verzweifelt hatte ich dann am Bollwerk festgemacht und bald herausgefunden, daß der Propeller nicht mehr auf der Welle saß. Er war weg, verschwunden! Der Splint mußte herausgefallen sein, und die Schraube hatte sich abgedreht. Zufällig – ich hatte das alte Ding schon mal wegwerfen wollen – fand ich in einem Winkel des Bootes einen etwas vergammelten, aber durchaus brauchbaren Ersatzpropeller. Ein Kran stand glücklicherweise zur Verfügung, Schleusenmeister Kahlsdorf alarmierte eine Gruppe Jugendlicher, und in kürzester Zeit war das Boot aus dem Wasser gehoben. Die Jungs reinigten sogar noch das Unterwasserschiff, während ein herbeigerufener Mechaniker den Ersatzpropeller auf die Welle setzte.

„Das ginge jetzt nicht mehr so einfach", sagte ich. „Unser neues Motorboot wiegt seine neun Tonnen."

Bei warmem Wetter ließen wir den Durchgang zum Cockpit offen und genossen die kühlende Brise, die durch den Salon wehte.

,,Nee, das würde der Kran nicht schaffen. Aber Sie haben doch auch diesmal Ersatz mit?"
Verlegen schüttelte ich den Kopf. ,,Einen so großen Propeller? Der ist mir zu teuer, außerdem braucht er zuviel Platz. Ich habe sowieso schon eine Menge Ersatzteile und Werkzeug dabei. Wenn wirklich etwas passiert, bekommen wir hier überall Hilfe – schließlich fahren wir nicht um die Welt, sondern bleiben in Europa."
Ganz sicher war ich nicht, ob diese Überlegung im Notfall standhalten würde, deshalb versprach ich mir selbst: ,,Im nächsten Jahr kaufe ich vielleicht doch einen Ersatzprop. Für diesmal vertraue ich auf mein Glück!"
Wie gewagt diese Hoffnung war, sollte sich nur zu bald zeigen.
Schleusenmeister Kahlsdorf bot uns eine Tasse Kaffee an. ,,Wie fühlen Sie sich denn jetzt in dem Motorschiff?" fragte er unvermittelt. ,,Tut es Ihnen nicht leid, daß Sie nicht mehr segeln?"
,,Nein. Warum auch bei diesem prächtigen neuen Schiff? Mit einer Segelyacht könnte ich die kleinen Kanäle und unzähligen Schleusen in Brandenburg und Mecklenburg-Vorpommern nicht befahren. Für eine Reise auf Binnengewässern und für die Zubergfahrt auf der Elbe brauche ich ein Motorboot mit kräftiger Maschine und vor allem mit wenig Tiefgang." Wir blickten hinaus, wo mein neues Boot lag. ,,Die Linssen ist aus Stahl, kann also schon mal eine Grundberührung vertragen. Sie hat nur 1,20 m Tiefgang und bietet genug Raum, damit wir zu zweit oder auch zu dritt für mehrere Monate unterwegs sein können."
Der Schleusenmeister spürte meine Vorfreude und lächelte. ,,Na, denn gute Fahrt und immer die Handbreit Wasser unterm Kiel!"
Bei der Einfahrt in die Schleuse war ich etwas nervös. Nur nicht noch einmal eine Havarie … Doch die Tunneldurchfahrt dauerte keine zwei Minuten, ich steuerte am Anleger im Vorhafen vorbei – und vor uns lag die weite Wasserfläche der Elbmündung! Aber zunächst, zwischen dem Hafen Otterndorf und dem großen Strom, sahen wir erst einmal einen halben Kilometer Sand vor uns: das Watt.
Wie ein Hohlweg wand sich der schmale, nur durch Pricken gekennzeichnete Priel zwischen hohen Böschungen durch Schlick und Sand. Wir hielten die Luft an: Konnten, mußten wir wirklich da durch?
,,Wir sollten lieber hier im Vorhafen ankern, bis das Wasser weiter gestiegen ist." Angelika wollte sichergehen, daß die große Reise nicht mit einer bösen Überraschung begann.
,,Der Schleusenmeister kennt das Fahrwasser doch genau, und wenn er meint, wir kommen durch, dann sehe ich keinen Grund, kostbare Zeit zu verlieren. Sonst schaffen wir es heute nicht mehr bis Hamburg."
Wohl war mir trotzdem nicht am Ruder. Wir hatten in der Mitte des Fahrwassers nur 50 cm unterm Kiel. Schlimmer noch war die mitlaufende Strömung, die mich zwang, ziemlich hochtourig zu fahren, um das Boot sicher steuern zu können. Aber was sollte schon passieren? Bei steigendem Wasser würden wir immer wieder freikommen.
Nach einer Viertelstunde großes Aufatmen: Wir hatten die Tonne Otterndorf erreicht und konnten in den Strom einschwenken. Ein Hauch von Weltmeer streifte uns – aber nein, nicht nach England oder Island sollte diesmal die Fahrt gehen, sondern flußaufwärts in die Seen und Kanäle einer für uns bisher unbekannten Region.

Auf eigenem Kiel nach Hamburg

Es wurde sehr windig, Salzwasser schäumte übers Deck. Angelika erinnerte sich an ihre Segelerfahrung und fing an, eine Reihe von Gegenständen, die ins Rutschen geraten waren, in Schapps verschwinden zu lassen oder sonstwie festzuklemmen. Hinter der ersten Biegung bekamen wir Wind und Seegang von der Seite, SOLVEIG V begann heftig zu rollen. Wimmernd ertönte die Schiffsglocke an der Salondecke und mußte schnell in eine ruhige Ecke „ausgelagert" werden.

Bei der kalten Witterung zeigte sich noch kein richtiges Grün an den Ufern. In winterlich grauem Dunst zog die Landschaft an uns vorbei. Nur selten begegnete uns ein Sportboot, dessen Crew dick eingemummt im offenen Cockpit saß. Fast schämte sich der Ex-Segler in mir, hinter dem schützenden Glas des warmen Steuerhauses zu sitzen.

Nach einer guten Stunde Fahrt kamen auf der Ostseite der Elbe Uferbauten in Sicht. Der Seegang lief kreuz und quer und steilte sich zudem oft auf, wenn der Wind plötzlich gegen den Strom stand. „Das wird bald besser", tröstete ich Angelika, aber ich sollte mich täuschen.

Immer öfter flog nicht nur Schaum, sondern grünes Wasser übers Vorschiff und gegen die Scheiben, ja über das gesamte Kajütdach bis ins Cockpit. Die Scheibenwischer quietschten auf dem vom Salzwasser verschmierten Glas, Kälte und Feuchtigkeit ließen die Fenster von innen beschlagen. Wir merkten, daß das Motorboot mit seinem geringeren Tiefgang den Wellen weit weniger standhielt als ein Segelboot mit Kiel und Ballast. Das war für mich ein neues Fahrgefühl, an das ich mich erst gewöhnen mußte. So drehte ich unwillkürlich das Steuerrad mal hin und mal her, um herauszufinden, wie mein Schiff auf das Ruder reagierte. Bald aber gewann ich Zutrauen zur SOLVEIG V und war sicher, daß ich mit ihr auch über weite Strecken offener See fahren konnte, allerdings nicht bei jedem Wetter.

Erinnerungen wurden wach. Vor 23 Jahren, nach meiner ersten Weltumsegelung, hatte ich die Unterelbe zum ersten Mal befahren, auch damals bei kabbeligem Wasser und Regenschauern. Am Morgen nach meiner Ankunft in Cuxhaven schleppte mich eine Motoryacht mit zehn Knoten – für SOLVEIG III eine viel zu hohe Geschwindigkeit – zum Yachthafen Wedel. Mein kleines Boot ließ sich bei so hoher Fahrt kaum auf Kurs halten. Ich hatte ständig Angst, daß entweder die Klampe herausgerissen werden könnte, an der die Schleppleine befestigt war, oder daß das Boot aus dem Ruder laufen und kentern würde. Fünfzig Meter vor der Hafeneinfahrt Wedel warf der Skipper dann den Tampen los. Ich wußte in meinem übermüdeten Zustand kaum, wie ich so schnell die Segel setzen und mit etwas Würde die Hafeneinfahrt ansteuern sollte. Aber der wunderbare Empfang machte mich dann schnell ganz wach und entschädigte für alles.

Brunsbüttel, die Einfahrt zum Nord-Ostsee-Kanal, kam an Backbord in Sicht, die Anlagen der riesigen Schleuse waren schon erkennbar. Ich wollte Angelika von seinem Erbauer Kaiser Wilhelm II. erzählen, aber sie schnitt mir das Wort ab: „Paß auf, der dicke Container hinter uns kommt schnell näher!"

Ein riesiger Frachter holte uns von achtern rasch ein. Wir befanden uns am Rand des Fahrwassers der Großschiffahrt und mußten schleunigst Kurs ändern.

Mich erstaunte, wie stark sich binnen die Perspektiven verschoben. Auf See draußen wirkte so ein Handelsschiff gar nicht besonders groß, aber hier im Flußlauf, dessen beide Ufer die Sicht einengten, war selbst ein Zehntausendtonner ein wahrer Riese.

Schon nach wenigen Minuten hatte er uns überholt. Wir hörten das Dröhnen der Maschinen, sahen eine dunkle Gestalt hastig übers Deck eilen und lasen den Namen des Schiffes am Heck: ein vertrauter deutscher Name und darunter als Heimathafen Monrovia.

„Wo liegt Monrovia?" fragte Angelika.

„Das ist die Hauptstadt von Liberia in Afrika."

„Wo der Bürgerkrieg ausgebrochen ist?"

„Genau da." Ich seufzte. „Es ist eine Schande, daß die meisten großen Seefahrtnationen, die früher mit Stolz ihre Flagge gezeigt haben, ihre Schiffe heute unter dem oft zerschlissenen und verdreckten Tuch einer Bananenrepublik fahren lassen – soweit es überhaupt noch ihre Schiffe sind."

„Den Reedern bleibt ja nichts anderes übrig bei den harten Arbeitsgesetzen und der starken Konkurrenz", warf sie ein.

„Aber schade ist es doch." Ich blickte zum Himmel. Die Wolken hingen dichter und dunkler über uns. Welle um Welle klatschte gegen den breiten Steven unseres Bootes, langsam glitt die Uferlandschaft vorbei.

Angelika fühlte meine Bedenken. „Meinst du, wir schaffen es noch heute bis Hamburg? Sollten wir uns nicht lieber vorher einen Liegeplatz suchen?"

„Bis jetzt sind wir noch ganz gut in der Zeit." Ich wollte die Hoffnung nicht aufgeben, direkt im Herzen Hamburgs in dem angenehmen neuen Yachthafen zu übernachten, den uns Freund Bellmer von Trans Ocean empfohlen hatte.

Von Zeit zu Zeit überholten uns wieder große Containerschiffe aus aller Welt, dazwischen kleinere Tanker und Frachter der Küstenfahrt. Alle wollten den Flutstrom für ihren Tiefgang und eine schnelle Reise nützen.

16.30 Uhr. Die Sonne ließ sich kurz blicken, warf gleißendes Licht auf die Dächer der Ortschaften, die jetzt immer dichter aufeinanderfolgten. Der große Yachthafen Wedel kam in Sicht, und ich hielt auf die Einfahrt zu. Sollten wir? Wedel wäre als Liegeplatz für die Nacht bequem gewesen, lag aber noch ein gutes Stück von Hamburg entfernt. Und ich wollte am Morgen in der Großstadt noch eine Reihe von Besorgungen machen. Wir waren beide unentschlossen und sehr, sehr müde, aber ich rappelte mich auf. „In zwei Stunden sind wir doch locker in Hamburg." Damit ging ich wieder auf den alten Kurs.

Die Ufer wurden höher, strahlender Sonnenschein beleuchtete jetzt die Villen auf den Hügeln von Blankenese. Die Elbe war hier schmaler, das tiefe Wasser reichte von Ufer zu Ufer. Wir mußten mit größter Aufmerksamkeit steuern, denn mehrere Segelyachten hatten die sonnigen Stunden genützt, um trotz der Kälte ein paar Schläge zu wagen, vielleicht die ersten in diesem Jahr. Auch der Berufsverkehr mit Barkassen, Fähren und Ausflugsschiffen wurde immer dichter. Schließlich hatten wir Karfreitag, und das lange Osterwochenende stand bevor.

Endlich kamen die Türme der Hansestadt in Sicht. Gegen 18.00 Uhr lagen an Steuerbord die ersten Werftanlagen und voraus, auf der anderen Flußseite, die Häuser von Altona. Immer wieder brach die Sonne hervor, ließ die grünen Turmspitzen der Kirchen und später die Landungsbrücken und die Aufbauten der großen Fracht- und Passagierschiffe im rötlichen Abendlicht aufleuchten.

Immer auf der Suche nach
interessanten Motiven

Leinen klar! Angelika Gebhard als
weiblicher Bootsmann.

„So eindrucksvolll wie hier vom Wasser aus bekommt man Hamburg eigentlich sonst nie zu sehen." Mir erschien das Bild der alten Hafenstadt an diesem Nachmittag glänzender und prächtiger als je zuvor. Und Angelika war längst damit beschäftigt, die nach dem Regen besonders kräftigen Lichtreflexe auf Gebäuden und Schiffen für Aufnahmen mit der Videokamera zu nützen.

Das Hauptfahrwasser im Hafen ist nicht allzu breit, deshalb bietet die Orientierung für ein Sportboot – vorausgesetzt, ein vernünftiger Hafenplan ist zur Hand – keine nennenswerten Probleme. Nicht zu übersehen waren denn auch die Landungsbrücken von St. Pauli und kurz danach die drei hohen Masten des Windjammers RICKMER RICKMERS, die über Uferstraßen und Kaianlagen in den wolkenschweren Himmel ragten. Die berühmte Bark liegt jetzt als Restaurant- und Kongreßschiff an den Landungsbrücken und gibt der Szene einen zusätzlich romantischen Anstrich.

Unwillkürlich versuchte ich mir vorzustellen, welchen Anblick Hamburgs Hafenbecken um die Jahrhundertwende boten, als noch Dutzende solcher Großsegler hier vertäut lagen und ihre Überseewaren mit Leichtern durch die angrenzenden Kanäle zu den großen Speicherhäusern gebracht wurden. Der Übergang zum modernen Containerverkehr ist in den letzten Jahrzehnten für manchen Welthafen zum unlösbaren, weil unbezahlbaren Problem geworden. In Hamburg dagegen vollzog sich der Übergang fast nahtlos. Die Landungsbrücken der ehemaligen Passagierschiffahrt blieben als Zeugen einer großen Zeit und als Zierde des Hafens erhalten, und wo ein ungenutztes Stück zwischen der Überseebrücke und dem Binnenhafen entstanden war, legte man Anfang der neunziger Jahre den City Sporthafen an. Mitten in der Stadt bietet er Platz für nahezu hundert Gastlieger, Segel- und Motorboote gleichermaßen.

Wir steuerten die Schwimmstege an, die von 21 Dalben, jeder 22 m hoch, gehalten werden. Platz gab es zu dieser Jahreszeit genügend, und Hafenmeister Rottmann wies uns an den inneren Ponton, an dem der Schwell vorbeifahrender Barkassen nicht so stark spürbar wurde. Strom und Wasser, für einen modernen Yachthafen eine Selbstverständlichkeit, waren vorhanden. Als einmalig günstig empfand ich den direkten Zugang zur U-Bahn-Station Baumwall. Darüber hinaus gibt es hier die Möglichkeit, in wenigen Gehminuten am Rödingsmarkt praktisch jede Art von Spezialgeschäft für Bootsbedarf zu erreichen: also ein idealer Ausgangspunkt für jede Langfahrt, sei es in die Binnenreviere der Elbe oder umgekehrt, hinaus in die Nordsee.

Kaltes und windiges Wetter nahm uns die Lust, abends noch an Land zu gehen. Aber am nächsten Morgen ergänzten wir unsere Lebensmittel, und ich besorgte einige Montageteile für zusätzliche Elektronik, die ich später an Bord einbauen wollte. Als auch der Wassertank gefüllt und das Deck gewaschen war, warf Angelika gegen 13.30 Uhr die Leinen los. Wir waren voller Erwartung, denn dies sollte der Start sein zum ersten Teil unserer eigentlichen Unternehmung, der Fahrt elbaufwärts nach Dresden.

Das gelbe Band

Vielleicht war ich zu erregt, vielleicht gingen mir zu viele Gedanken durch den Kopf, jedenfalls rief Angelika plötzlich: „Paß auf! Siehst du nicht das gelbe Band vor uns im Wasser?"
Aber da war es schon zu spät. Meine Augen hatten zunächst die unruhigen Hafenwellen abgesucht, bis ich undeutlich ein paar Zentimeter unter der Oberfläche einen gelben Schimmer ausmachen konnte, der anscheinend kein Ende nahm. Wohin also ausweichen?
Ein rascher Blick zurück zeigte mir die gelbe Linie bereits im Heckwasser. Erschrocken nahm ich den Gang heraus, ließ das Boot treiben. Aber auch das änderte nichts an der Tatsache, daß wir eine schier endlose gelbe Schlange hinter uns herzogen.
„Verdammter Mist!" schrie ich. „Das Band war beim Ablegen nicht zu sehen!"
„Müssen wir zurück?" fragte Angelika.
„Hier in der Marina können wir nichts tun, es sei denn, der Hafenmeister würde einen Berufstaucher holen. Aber den findet er wohl kaum am Ostersonnabend – und schon gar nicht an den Feiertagen."
Wir überlegten ein paar Minuten und entschieden uns dann, erst mal weiterzufahren. Wir wollten ohnehin zum Tankschiff in der Elbe, vielleicht gab es dort einen Sporttaucher, der uns helfen würde.
Zunächst konnten wir wenigstens versuchen, mit Rückwärtsgang und Bootshaken die gelbe Schlange einzufangen und abzuwickeln. Angelika mühte sich schon am Heck ab und zog bald das freie Ende aus dem Wasser: ein Verpackungs-Spannband für Kisten und Pakete. Wir kappten es, aber bestimmt hatten sich schon etliche Meter davon um die Propellerachse gewickelt.
Der Motor lief ruhig, nachdem ich vorsichtig den Gang eingelegt und die Tourenzahl erhöht hatte; auch verursachte die sich schneller drehende Welle keine Vibration in der Bootshülle. Fürs erste erleichtert, steuerten wir unter den großen Bahn- und Straßenbrücken hindurch, in die sich nun deutlich zwischen den Hafenbauten und dem zaghaften Grün der Ufer abzeichnende Norder-Elbe. Hier war die Seeschiffahrtsstraße zu Ende, aber die Strömung des Flusses noch nicht spürbar, denn bis zur großen Schleuse Geesthacht bestimmt der Gezeitenstrom Richtung und Geschwindigkeit des Wassers. Wir hatten allerdings bald beides gegen uns und kamen nur langsam voran.
Etwa auf Höhe der Billwerder Bucht, vor der Autobahnbrücke, lag das Tankschiff. Wir gingen längsseits und wurden sogleich bedient. Während sich der Tank langsam füllte, beugte ich mich über das Heck und entdeckte das gelbe Band, das sich noch immer ein paar Meter achteraus im Strom schlängelte. So konnten wir nicht weiterfahren.
Ich fragte den Tankwart nach einem Taucher, aber er schüttelte den Kopf. „Ich wüßte nicht, wo ich jetzt zu Ostern einen finden sollte. Es gibt natürlich den offiziellen Taucher der Hafenverwaltung, aber der kostet sehr viel Geld."
Die Wassertemperatur lag bei drei oder vier Grad, und in der Nacht hatte es gefroren. Ohne Schutzanzug konnte ich unmöglich unter das Boot tauchen. Außerdem würde die Arbeit am Propeller mehrere Minuten dauern, vielleicht sogar länger, so daß eine Tauchausrüstung mit Flasche unerläßlich war.
Auf unsere telefonische Anfrage hin warnte uns die Linssen-Werft, es könne großer Schaden entstehen, wenn wir einfach weiterführen. Also

blieb als Ausweg nur, das Boot mit einem Kran kurzzeitig aus dem Wasser zu heben und die Schraube zu klarieren.

„Einen Kran können wir vielleicht finden", meinte der Tankwart und begann nun seinerseits zu telefonieren.

Das Problem bestand darin, daß die Verladekräne keine breiten und weichen Gurte zur Verfügung hatten, um das Boot ohne Lackschäden aus dem Wasser zu heben. Und an Ostern wären geeignete Gurte eben nicht aufzutreiben. „Eine Verantwortung kann der Kranführer nicht übernehmen, das muß vorher klar sein", berichtete der Tankwart. „Und es kostet 600 Mark."

Nun stand Risiko gegen Risiko. Der Tankwart schlug vor: „Fahren Sie doch mal los, ich mache das Ende des Bandes hier fest, dann spult es sich vielleicht von selbst ab oder es reißt zumindest."

Das war ein Versuch, der nichts kostete, weder Zeit noch Geld. Nachdem die Leinen gelöst waren, gab ich langsam Gas. Das gelbe Band spannte sich, wurde dünner und dünner, aber das Nylongewebe erwies sich als unglaublich stark, es wollte nicht reißen. Ich gab kurz Vollgas, hörte einen singenden Ton, dann schnellte ein Teil des Geflechts durch die Luft. Eilig zog der Tankwart den Rest aus dem Wasser und hielt das abgerissene Stück hoch. „Soviel haben wir herausbekommen, aber das ist nicht alles!" schrie er mir zu.

„Schon gut", rief ich zurück. „Vielen Dank für Ihre Hilfe!" Ich war nicht willens, unsere Fahrt gleich zu Beginn für mehrere Tage zu unterbrechen. Solche Verzögerungen können sich später verheerend auf die gesamte Planung auswirken. Also weiter!

Elbschleuse Geesthacht

Bei der Einmündung der Süderelbe hatten wir den Bereich der Hansestadt hinter uns gelassen und brummten mit reichlich halber Fahrt elbaufwärts durch die grüne Ebene Niedersachsens. Der Gegenstrom war jetzt deutlich spürbar, und wir konnten nicht mehr als höchstens zehn Kilometer in der Stunde gutmachen. Dauernd saß mir die Angst im Nacken, daß das aufgespulte Band eine Unwucht auf der Welle erzeugen könnte. Ich wagte deshalb nicht, mit der Tourenzahl höher zu gehen.

Der Schreck hatte uns die Stimmung verdorben, die sonst an diesem Ostertag sicher ausgelassen fröhlich gewesen wäre. Aber je länger die Fahrt dauerte, desto sicherer wurden wir, daß kein größerer Schaden entstanden war. Häufig kontrollierte ich die Bilge auf Wasser und beobachtete die Welle, ob sich Vibrationen oder Geräusche bemerkbar machten. Ich fand alles in Ordnung, die Fahrt verlief reibungslos.

In diesem Bereich führt die Elbe zu jeder Jahreszeit genügend Wasser, das Echolot zeigte meist drei Meter und mehr unter dem Kiel. Es gab wenig Verkehr, und so gehörte uns der breite Strom fast ganz allein. Nach drei Stunden näherten wir uns endlich der Schleuse Geesthacht. Wir klappten den Mast auf das Vordeck, und Angelika legte Fender und Tampen bereit. Würden wir lange warten müssen? Wir machten im Unterwasser der Schleuse fest. Das Warten dauerte nur eine halbe Stunde, uns blieb gerade Zeit für einen kleinen Imbiß, bis sich die großen Tore öffneten und wir hinter einem tschechischen Schubverband in die Schleusenkammer einfahren konnten.

Obwohl wir bei der Anfahrt von Papenburg und Emden in der Ems, im Küstenkanal und in der Geeste schon mehrere Schleusen passiert hatten, fühlte ich mich immer noch nicht sicher im Manövrieren auf engem Raum. Entsprechend nervös war Angelika, die Vor- und Achterleine zu bedienen hatte. Das neue Boot sollte doch möglichst keine Schrammen bekommen! Aber alles ging glatt.

Es war Abend geworden, als wir die Schleuse verließen, und da wir nun dieses Hindernis hinter uns wußten, wollten wir die nächste Gelegenheit für eine Übernachtung wahrnehmen. Der Hafen von Geesthacht schien uns wenig einladend, und so machten wir einige Kilometer weiter stromauf an einer kleinen Brücke fest, die ein Schild trug mit der Aufschrift WGT, was soviel heißen mochte wie Wassersportgemeinschaft Tesperhude. Tesperhude jedenfalls war die nächstgelegene Ortschaft. Der Anblick der gepflegten Brücke, an der so früh im Jahr noch kein Boot lag, war so verlockend, daß wir unsere eigentliche Absicht, fünf Kilometer weiter im Hafen von Artlenburg Schutz zu suchen, nach einigem Zögern aufgaben. Wir gingen davon aus, daß man uns den Platz am Kopf der Brücke während der Nachtstunden wohl gönnen würde.

Wir fühlten uns nicht nur müde, sondern nach den Ereignissen des Tages körperlich und seelisch ausgelaugt. Rasch fielen wir in tiefen Schlaf und erwachten am Ostermorgen schon um 07.30 Uhr.

Einsame Ufer – verzauberte Natur

Ich fand unseren Holzsteg mit dickem Reif überzogen; im schwachen Licht der Morgensonne, die ihre ersten Strahlen durch den Frühnebel schickte, wirkte er wie der schneeweiße Pfad in ein unbekanntes Wunderland. Wie um den Zauber zu vollenden, kamen zwei Schwäne aus den weißen Schleiern langsam auf mich zugeschwommen. Die Stimmung war so märchenhaft, daß ich leise zu Angelika schlich, um sie an Deck zu rufen. Bald jedoch teilte sich der Nebel, die Sonne schien mit immer hellerem Glanz auf das ruhig dahinfließende Wasser, und der Reif auf den Holzplanken des Stegs verlor seinen weißen Schimmer. Wir kehrten zurück aus unserer Traumwelt in eine nicht minder schöne Wirklichkeit.

Kein Schiff, kein noch so kleiner Kahn, glitt an diesem Morgen an uns vorbei. Ich zögerte, die Stille durch das Starten der Maschine zu stören.

Aber dann atmete ich tief durch, steuerte vorsichtig in die Fahrwassermitte und steigerte erst jetzt die Tourenzahl. Die Aufregungen des Vortags waren in größere Ferne gerückt, und wir sahen mit Spannung den Eindrücken entgegen, die uns in der nahen und doch unbekannten Landschaft erwarteten.

Die Buhnen zu beiden Seiten des Stroms, der sich breit und träge durch die niederdeutsche Ebene wälzt, kannten wir schon seit Hamburg als Fahrwasserbegrenzung, aber auch als hervorstechendes Merkmal des Ufergeländes. Sie schieben sich weit in den Fluß hinein. Anders als am Rhein mit seinen meist felsigen Ufern kommt auf der Elbe diesen aufwendigen Strombauwerken große Bedeutung für die Schiffahrt zu. Sie erhalten das Flußbett in seiner Breite und Tiefe und schützen die Strände vor Ausspülung durch die Strömung und den Schwell der vorbeifahrenden Schiffe. An die 6 000 Buhnen sind an der Elbe zwischen Geesthacht und der tschechischen Grenze eingebaut, wobei in der DDR seinerzeit ein neues Verfahren entwickelt worden war: Mit Sand gefüllte Plastiksäcke wurden als Befestigung verwandt. Dauerhafter, aber bedeutend aufwendiger, ist die traditionelle Bauweise des Pflasterns mit kleinen Granitsteinen. Unzählige Wasservögel hockten auf diesen Buhnen oder schwammen in den strömungsfreien Buchten dazwischen, die natürlich auch für kleinere Motorboote oder Paddler ideale Anlegeplätze bieten.

Während wir uns Lauenburg näherten, stellte ich Berechnungen an, wie schnell wir vorankamen gegen die Strömung, die sich nun oberhalb des Stauwassers der Schleuse Geesthacht deutlich bemerkbar machte. Das Ergebnis war nicht gerade ermutigend: ganze 7,3 km über Grund legten wir in der Stunde zurück. Unsere Tagesstrecke würde also von jetzt an im Höchstfall bei siebzig Kilometern liegen.

Lauenburg nimmt eine strategisch wichtige Stellung im deutschen Kanalnetz ein: Unterhalb der malerischen Stadt mündet der Elbe-Seiten-

Morgenstimmung auf der Elbe: Der Strom schien uns in diesen Vorfrühlingstagen ganz allein zu gehören.

kanal, über den wir am Ende unserer Weltumsegelung vor zwei Jahren mit der SOLVEIG IV in den Mittellandkanal und den Rhein gelangt waren. Und oberhalb verbindet der Elbe-Lübeck-Kanal die Elbe mit der Ostsee.

Jahrzehntelang war Lauenburg Grenzstadt gewesen, als das rechte Ufer der Elbe flußaufwärts noch zur DDR gehört und somit die deutsch-deutsche Grenze gebildet hatte. Grenzanlagen und Wachttürme waren entfernt worden, nur die im Gebiet der ehemaligen DDR allgegenwärtigen Gittertürme zur Beleuchtung von Industrie- und Hafenanlagen erinnerten noch an das totale Überwachungssystem des SED-Regimes. Ich glaube nicht, daß die damaligen Machthaber wirklich Angst vor einem Angriff oder vor Spionage vom Westen her hatten. Es ging wohl in erster Linie darum, dem eigenen Volk einen Feind vorzugaukeln, um damit alle möglichen Überwachungsmaßnahmen rechtfertigen zu können.

Mit leisem Brummen, eine schmale Spur weißen Kielwassers hinterlassend, glitten wir weiter durch die stille Flußlandschaft. Die Häfen und Ortszentren von Boizenburg und Bleckede liegen jeweils in toten Seitenarmen der Elbe und können vom Strom aus nicht eingesehen wer-

den. Dichte Kiefern- und Laubwälder an den Ufern erlaubten uns keinen freien Blick auf das umliegende Land und gaben uns ein Gefühl völliger Einsamkeit und Abgeschlossenheit, zumal der Schiffsverkehr jetzt zu Ostern stark eingeschränkt war. Das ruhig dahinströmende Wasser, an den Köpfen der Buhnen nur leicht aufgewirbelt, verlieh der Landschaft eine erhabene Stille, die nur selten durch ein entgegenkommendes Frachtschiff unterbrochen wurde. Als Tagesziel hatte ich mir Dömitz vorgenommen, deshalb blieb uns bei Hitzacker keine Zeit für eine Fahrtunterbrechung. Dieser anerkannte Luftkurort mit mittelalterlichem Stadtkern und gut ausgestattetem Sportboothafen wäre uns sicherlich bei einer erneuten Elbefahrt eine Unterbrechung wert.

Am Nachmittag gegen 16.00 Uhr liefen wir in den Hafen von Dömitz ein. Hafenanlagen und Stadt waren für uns von besonderem Interesse, weil die Schleuse Dömitz hier, am Beginn der Müritz-Elde-Wasserstraße, erst vor kurzem wiedereröffnet worden war und damit die Zufahrt von der Elbe zu den mecklenburgischen Seen und den Berliner Gewässern ermöglichte. Der Neubau der zur DDR-Zeit verfallenen Schleuse war nach der Wiedervereinigung ein vordringliches Projekt gewesen im Zuge der Maßnahmen zur Wiederherstellung der Verkehrsverbindungen zwischen West und Ost.

Auch eine neue Straßenbrücke über die Elbe unterhalb Dömitz war bereits dem Verkehr übergeben, während die alte Eisenbahnbrücke

Die neue Schleuse Dömitz, das Tor zum berühmten Seengebiet Mecklenburgs (rechts)

Oberhalb Dömitz: Die Ruine der alten Eisenbahnbrücke war ein Sinnbild der Teilung Deutschlands (unten).

oberhalb des Hafens noch immer als romantische, an Krieg und Zerstörung erinnernde Ruine den Fluß überspannt: eine Konstruktion aus der Zeit um die Jahrhundertwende, als die großen Bahnstrecken in Deutschland ausgebaut wurden. Ihre riesigen Stützpfeiler sind durch Rundbogen-Stahlträger verbunden, und zu den Landseiten hin wird die Brücke durch wuchtige Wehrtürme abgeschlossen.

Dömitz hatte in besonderem Maß unter der Teilung zu leiden. Direkt an der Elbe und den Brücken gelegen, war hier eine wichtige Nahtstelle der Grenzüberwachung eingerichtet worden. Deshalb wurde beim Ausbau des Eisernen Vorhangs ein großer Teil der Einwohner deportiert. Wer nicht als hundertprozentig linientreu galt, verlor seinen Besitz und erhielt nur eine dürftige Entschädigung.

Wir drehten im Hafenbecken einige Runden und erspähten auch eine Steganlage für Sportboote, die aber zum Ufer hin durch Tore verschlossen war. Leider war niemand zu sehen, der uns das Tor hätte öffnen können. Eine ehemalige Fabrikanlage mit Gleisanschluß, zu der das gesamte

östliche Ufer gehörte, beherrschte als bröckelnde Ruine und mit bizarr gen Himmel ragenden Krananlagen die Szenerie. Also beschloß ich, an der Kaimauer der alten Fabrik „wild" festzumachen. Da und dort ragten rostige alte Nägel oder Haken aus der Mauer, an denen wir die Leinen verknoteten.
Neugierig kletterte ich sogleich an Land und erkundete unsere Umgebung. Eine von Gras und Gebüsch überwucherte Uferanlage, eine einsturzgefährdete Fabrikhalle waren Ausgangspunkte für unseren ersten Landgang in Mecklenburg: vielleicht ein angemessener Einstieg in die Gegebenheiten eines Landes, das sich, zutiefst verwundet, unter Mühen und Entbehrungen, Spannungen und Enttäuschungen den Weg in eine bessere Zukunft zu ebnen beginnt.
Ein paar Minuten brauchten wir, um über die alten Gleise und Halden zu stolpern, dann standen wir vor der glänzenden neuen Schleuse: einem Bauwerk, das für ganze Familien Ziel eines Spaziergangs und Motiv für Erinnerungsfotos war. Welch ein Kontrast zu den verfallenen Mauern der DDR-Zeit! Hier, am Zusammenfluß von Elbe und Elde, könnte sich schon bald ein reger Urlaubsverkehr mit Sportbooten aller Art entwickeln, die aus dem Raum Niedersachsen zum berühmten Seengebiet Mecklenburgs und Brandenburgs streben. Dieser Urlaubsverkehr würde auch dem Hafen Dömitz neues Leben bescheren. In dem geräumigen Hafenbecken bedürfte es nur einiger großzügiger Steganlagen, besserer Wasser- und Stromanschlüsse und nach Möglichkeit noch einer nahen Tankstelle, um die romantische alte Festungsstadt zu einem vorzüglichen Stützpunkt für wandernde Segler und Motorbootfahrer auszubauen.
Zwischen Alleebäumen schlenderten wir von der Schleuse auf die ersten Häuser des Städtchens zu. Einige schöne alte Villen und ein Wasserwerk aus dem Jahr 1904 fielen uns auf, davor ein Wachtturm aus der DDR-Zeit – renoviert, mit den neuen Landesfarben geschmückt und zu einer Art Museum umgebaut. Nur wenige Menschen begegneten uns an diesem Osterfeiertag, die Stadt wirkte wie ausgestorben. Dabei wäre es lohnend, die auf der anderen Seite des Ortes gelegene Zitadelle zu besichtigen, wo Mecklenburgs Nationaldichter Fritz Reuter, dessen Werke nach seinem Tod (1874) Millionenauflagen erlebten, einen Teil seiner Festungsstrafe verbüßte.
Im Hafengebiet fand ich das vertraute Schild eines EC-Geldautomaten, sein Pfeil wies auf die Tür eines Privathauses. Sie war zwar geschlossen, aber nicht versperrt. Vorsichtig öffnete ich und stand in der Diele einer Wohnung. Würde ich stören? Schon wollte ich umkehren, da sah ich den modernen Automaten an der Wand. Ein kleines Schild verriet, daß er in Betrieb war, und tatsächlich konnte ich dem Gerät Geld entnehmen. Mit den Scheinen in der Hand und so verunsichert, als hätte ich mich an fremdem Eigentum vergriffen, verließ ich rasch das Haus und lief zurück zum Hafen.
Die ersten Eindrücke von einer uns so lange versperrten Welt lieferten uns beim Abendessen reichlich Gesprächsstoff. In der Nacht sank die Temperatur tief unter null Grad, und am Ostermontagmorgen war das Boot erneut mit dickem, glänzendem Reif bedeckt. Die Kälte trieb uns früh aus der Koje. Bereits um 08.30 Uhr startete ich den Motor, und Angelika machte die Leinen los.
Die Elbe gehörte uns an diesem Morgen wieder allein. Eine Stunde lang begegnete uns kein einziges Schiff. Reiher flogen auf, um sich bei der nächsten Biegung wieder in aller Ruhe auf einen neuen Beobachtungsposten zu setzen. Selten gewordene Raubvögel zogen über uns ihre Kreise. Nie hätte ich gedacht, daß man auf dem großen Strom so einsam dahinfahren konnte! Die Natur auf beiden Uferseiten schien uns reich und gesund. Wälder und Wiesen glitten vorbei, und auf den Deichen wuchsen prächtige Laubbäume.
Bereits um 12.30 Uhr hatten wir bei Schnackenburg die ehemalige DDR-Grenze überquert und

befanden uns nun im Gebiet der neuen Bundesländer: Sachsen-Anhalt auf der Westseite der Elbe und Brandenburg auf der Ostseite. Gleichmäßig brummte der Motor und schob die SOLVEIG V Kilometer um Kilometer stromaufwärts. Wir wechselten uns am Ruder ab. Mittags gab es keine warme Mahlzeit, nur Schnitten, denn manche Arbeit mußte während der Fahrt getan werden. Aber so oft wie möglich verschoben wir solche Unterbrechungen unserer Naturbetrachtung bis zum nächsten Liegeplatz, um alles, was an unserem Auge vorbeizog, geruhsam in uns aufnehmen zu können.

Die Dörfer lagen hier wegen der Hochwassergefahr etwas entfernt vom Flußlauf, meist leuchteten nur ein paar rote Dächer hinter den Deichen oder zwischen den Büschen hervor. Wir befanden uns in einer eigenen Welt, die Hast und Unruhe der Städte und Fernstraßen lagen in weiter Ferne. Schon bald fühlten wir, daß uns der Kontakt zum hektischen Alltag immer mehr verlorenging; wir verglichen diese Flußfahrt mit unserer Weltumsegelung und merkten verwundert, daß wir schon nach kurzer Zeit innerlich fast soviel Abstand zum täglichen Einerlei an Land gewonnen hatten wie bei einer Ozeanüberquerung. „Wer aussteigen will, könnte dies eigentlich ebensogut auf einem Binnenschiff tun", stellte Angelika fest.

Um 14.45 Uhr steuerten wir an Wittenberge vorbei, einer Industriestadt mit großem Hafen, Sportbootliegeplätzen und einer Straßenbrücke unterhalb und einer Eisenbahnbrücke oberhalb der Stadt. Wir wollten noch nicht unterbrechen, deshalb setzten wir die Reise Richtung Magdeburg noch ein Stück weiter fort. Aber wir waren müde, und die Fahrt wurde aufreibend. Immer länger erschien uns die Zeit von einer Kilome-

Schon bald ging uns in dieser Flußlandschaft der Kontakt zum hektischen Alltag verloren.

tertafel zur nächsten. Manchmal übersahen wir sogar die Weisungsschilder für den Fahrwasserwechsel von einer Uferseite zur anderen. Dann zeigte das Echolot plötzlich nur noch einen halben Meter Wasser unter dem Kiel, und ich riß erschrocken das Ruder in die andere Richtung.

Eine Ortschaft mit Liegemöglichkeit fand sich nicht mehr, und so nahmen wir nach weiteren 30 Kilometern mit dem Vorhafen der Schleuse Havelberg vorlieb. Hier beginnt die Untere Havel-Wasserstraße, die Kanalverbindung von der Elbe nach Berlin. Übermüdet machten wir an einem rostigen Kahn fest. Schleusenvorhäfen sind staatliches Betriebsgelände und deshalb als Liege- oder Übernachtungsplätze eigentlich nicht zugelassen. Aber die Schleuse war bereits geschlossen, und bis morgens 06.00 Uhr, wenn die erste Schleusung begann, würden wir sicher niemanden stören. Mit diesem beruhigenden Gedanken fielen wir bald in tiefen Schlaf, froh darüber, daß weit und breit Verkehr und Natur ebenfalls schlummerten.

Als der Schleusenmeister in der Frühe pünktlich seinen Dienst antrat und die Signallampen auf Rot stellte, machten wir uns schleunigst bereit und warfen die Leinen los.

Bei Kilometer 416 wurde das Fahrwasser von der Sandauer Fähre gekreuzt, die uns aufregende Minuten bereitete. Wir rieben uns den Schlaf aus den Augen und sahen im Fernglas hinter dem Fährschiff eine Reihe gelber Schwimmkörper, die uns ein Seil vermuten ließen, an dem der breite Ponton hing. Das Stahlseil mußte also ein Stück oberhalb im Fluß verankert sein. Diese Verankerung war, wie wir später erkennen konnten, ebenfalls durch einen größeren Schwimmkörper markiert. Je nachdem, auf welcher Seite die Fähre gerade festgemacht hatte, war eine Hälfte des Stroms – so dachten wir – durch das Seil versperrt. Aber das war ein Irrtum.

Die Gierfähre ist dicht an einem Ufer verankert und versperrt mit ihrem Seil das ganze Fahrwasser, wenn der Ponton gerade auf der gegenüberliegenden Flußseite festgemacht hat: ein komplizierter Vorgang, der uns anfangs Aufregung und Kopfzerbrechen bereitete. Erst später begriffen wir, daß das Warnschild für die Fähre jeweils auf der Seite des Stroms angebracht ist, auf der die Fähre liegen muß, um vorbeifahren zu können. Tut sie das nicht, ist sie gerade unterwegs oder auf der anderen Seite, dann muß man warten, bis die Lage eine gefahrlose Weiterfahrt erlaubt. Das kann eine Weile dauern, wenn etwa gerade Lastwagen übernommen werden. Bergauf ist dies nicht schwierig. Bei langsamer Umdrehung des Motors kann man das Boot gut in der Strömung „stehen" lassen, aber talwärts muß die Gefahr schnell erkannt werden, damit man das Ruder herumreißen und einen Haken von 180 Grad schlagen kann. Ziemlich erstaunt betrachteten wir das lange Seil, an dem ein Schwimmkörper nach dem anderen sichtbar wurde und mit dessen Hilfe sich die Fähre von einer Seite des Stroms zur anderen bewegte. Endlich war die letzte gelbe Tonne achteraus verschwunden, und an Bord der SOLVEIG V gab es ein hörbares Aufatmen.

Im Umbruch: Tangermünde

Vor der kleinen Ortschaft Dalchau, bei Kilometer 409, zog ein klotziges Kraftwerk unsere Blicke an und ließ uns hoffen, daß seine Filteranlagen rechtzeitig an den westlichen Umweltstandard angeglichen wurden. Bald kam die Eisenbahnbrücke der Hauptstrecke Hannover–Wolfsburg – Berlin in Sicht. Offenbar war die Brücke in sehr schlechtem Zustand, denn die Züge bewegten sich darauf nur in Schrittgeschwindigkeit vorwärts. Als wir darunter durchfuhren, ließ das rostige Gestänge über unseren Köpfen die mangelhafte Instandhaltung während der letzten Jahrzehnte erkennen.

Noch fünf Kilometer, und unser erstes größeres Ziel – Tangermünde – kam in Sicht. Es muß ge-

Schrottverladeplatz im Hafen von Tangermünde

gen 12.00 Uhr gewesen sein, als wir die am Elbufer auf steilem Hügel erbaute Burg und den Gefängnisturm der fast tausend Jahre alten Hansestadt vor uns liegen sahen, eine auch heute noch imponierende Anlage. Am Bollwerk der Fahrgastschiffahrt vorbei steuerten wir in den langgestreckten Hafen, der schon vor Zeiten in der Mündung des Flüßchens Tanger angelegt wurde. An Steuerbord überragte die malerische Stadt mit ihren Türmen und alten Backsteinbauten den Hafenbereich. Leider wurde der Anblick durch einen riesigen Schrott-Verladeplatz gestört. Frachtschiffe hatten hier festgemacht, und zwei Verladekräne ließen mit gierigen Schaufeln und einigem Getöse die bunten Überreste sozialistischer Güter im dunklen Bauch der großen Elbkähne verschwinden. Wir hielten auf den Schwimmsteg der Wassersportgemeinschaft zu, wo man uns sogleich freundlich wahrnahm und uns einen Liegeplatz auf tiefem Wasser am Kopf des Stegs zuwies. Hilfsbereit machte ein Mitglied des Vereins unsere Leinen fest, fragte nach dem Ziel unserer Reise und gab uns Hinweise für den Besuch der Stadt.

Um einen Einblick in die Verhältnisse zu bekommen, erkundigten wir uns nach seinen Lebensumständen und erfuhren, daß er seinen Arbeitsplatz in der großen Tangermünder Fabrik für Hartfaserplatten verloren hatte und ohne Aussicht auf einen neuen Job war. Die Arbeit in der Fabrik war sein Lebensinhalt gewesen. Je primitiver die Bedingungen, desto mehr war persönlicher Einsatz gefordert, der dann auch mit Lob und Auszeichnungen bedacht wurde. „Was haben wir Überstunden gemacht, um Geräte zu reparieren und zu erhalten!" erinnerte sich unser Gastgeber. „Kurz vor der Wende hatten wir sogar noch neue Maschinen aus Italien bekommen, und dann war plötzlich Schluß. ‚Taugt alles nichts', urteilte die Treuhandanstalt und machte den Betrieb dicht." Ihm standen Tränen in den Augen. Ich begriff, daß gerade die Mängel der Ausrüstung, der Zwang zur Improvisation und die vielen behelfsmäßigen Reparaturen die Menschen in der DDR besonders eng an ihre Aufgabe gebunden hatten.

Unser Gastgeber hatte mehr als nur einen Arbeitsplatz verloren. ,,Mein Leben ist damit kaputt, ich habe nichts mehr zu erhoffen", sagte er. ,,Denn ich bin über Fünfzig, bekomme jetzt Unterstützung und später eine Frührente. Mich stellt keiner mehr ein, weil ich obendrein leicht behindert bin."

Ich sah ihn betroffen und etwas hilflos an, als er verbittert fortfuhr: ,,Die Fabrik mußte nicht geschlossen werden, die war modern, und auch Abnehmer waren genug da. Hinter der Schließung steckte die Konkurrenz aus dem Westen, die uns kaputt machen wollte."

Die Fabrik für Hartfaserplatten hatte für die Wassersportler besondere Bedeutung gehabt, weil von ihr das Material stammte, aus dem Schwimmstege, Slipwagen, Wasserleitungen und elektrische Anlagen gebastelt worden waren; in eigener Handarbeit und nach Feierabend, versteht sich. Die großen Pontons waren mit leeren Fässern und Eisenträgern zusammengeschweißt worden und bildeten nun vorbildliche Liegeplätze für die Boote des Vereins.

Aber auch der Verein selbst war in Not, hörten wir. Er mußte die Bootshäuser erhalten, die Duschen modernisieren, die Pacht bezahlen. ,,Wie sollen wir das Geld aufbringen", fragte unser Gastgeber, ,,wenn jetzt die meisten von uns arbeitslos sind und gleichzeitig alle Preise steigen? Wir können doch die Beiträge nicht erhöhen und damit die Kameraden rausdrängen, die hier jahrelang die ganze Arbeit gemacht haben!"

Ich war bestürzt, konnte zu seinen Worten nur mitfühlend nicken, obwohl mir der Einblick in die großen Zusammenhänge fehlte. Aber hier zeigte sich eine Seite der Wiedervereinigung, von der ich so kraß nie erfahren hatte.

Bedrückt räumten wir das Boot auf und machten uns zum Landgang bereit. Ein kurzer Weg über die kleine Tangerbrücke führte uns durch das berühmte Neustädter Tor in die Innenstadt. Tangermünde gilt als eine der schönsten Städte an der Elbe und beeindruckte uns vom ersten

Tangermünde: das berühmte Neustädter Tor, Durchgang zur malerischen Innenstadt

Augenblick an durch seine mächtigen Backsteinbauten aus dem 15. Jahrhundert, besonders die Stephanskirche, die Stadttore und die gut erhaltenen Mauern; dazwischen bestimmten stattliche Fachwerkbauten und Bürgerhäuser das Straßenbild. Wir bewunderten das gotische Rathaus und mehrere sehr schöne Portale. Aus meiner Kindheit erinnerte ich mich noch an die Tangermünde-Schokolade. Aber die Schokoladenfabrik, nach der ich mich erkundigte, hatte längst ihren Betrieb einstellen müssen. Die ehemaligen Besitzer, so hieß es, lebten jetzt in Hamburg und wären an einem Neubeginn der Schokoladenproduktion nicht interessiert.

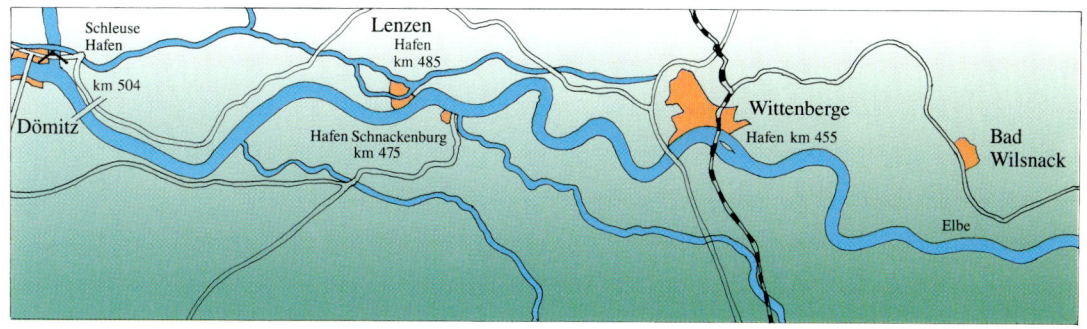

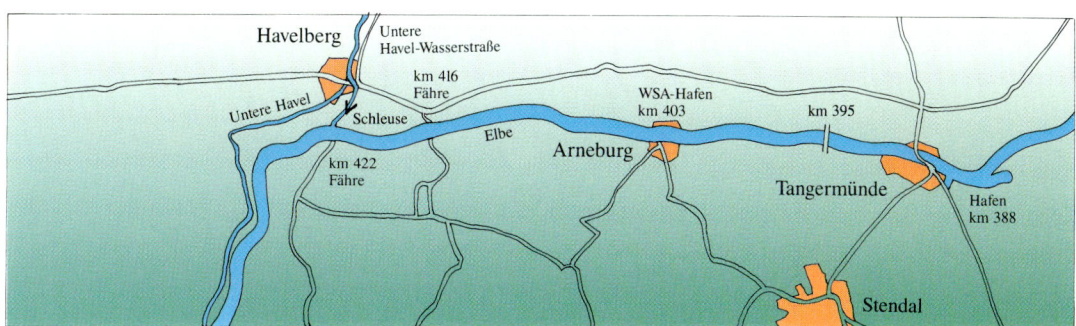

Doch trotz dieser negativen Nachrichten hatten wir den Eindruck, daß in Tangermünde eine Menge in Gang gekommen war. Überall stießen wir auf Baustellen, die Auslagen der Geschäfte zeigten beste Waren, und nette Gaststätten boten reichhaltige Speisenkarten. In einigen Jahren könnte Tangermünde wieder eine sehr attraktive Stadt sein und mit ihren vielen Sehenswürdigkeiten ebenso viele Besucher anlocken wie Hildesheim oder Rothenburg. Bei allem Ärger über vermeintliche oder tatsächliche Fehlentscheidungen in der Wirtschaft – wer kann das heute schon beurteilen? – herrschte in Tangermünde doch überwiegend Aufbruchstimmung und Hoffnung auf bessere Zeiten.

Angelika war begeistert von den alten Zunftzeichen an den Häusern, von den gemütlichen Lokalen und schönen alten Bürgerhäusern. Ich fand in der Hauptstraße ein sehr gut sortiertes Haushalts- und Werkzeuggeschäft, wo ich einen 50 Meter langen Gartenschlauch für die Wasserübernahme kaufte. Danach schlenderten wir durch die schnurgerade Hauptstraße und wanderten weiter bis zum Schloßpark. Dort steht ein Denkmal für Kaiser Karl IV., der einst die Burg zu seiner Residenz ausbaute. Die vorbildlich gepflegten Parkanlagen des Schlosses sind von einer Mauer umgeben, von der wir eine schöne Aussicht auf das Elbtal genossen.

Ein Gärtner war gerade dabei, Laub und Holzabfälle zu beseitigen, und schwang sich auf seinen neuen Traktor. „Na, freuen Sie sich über die neue Maschine?" fragte ich, weil er besonders guter Laune schien. Wir kamen schnell ins

Die Fachwerkhäuser entstanden meist nach dem Brand im 17. Jahrundert.

Gespräch, und er erzählte von schlimmen Erlebnissen am Ende des Krieges. Bei welchem Truppenteil ich gewesen sei? Als er erfuhr, daß ich den Krieg vom ersten bis zum letzten Tag als aktiver Soldat mitgemacht hatte, ging sein Herz auf. Er erzählte von den schweren Jahren des Aufbaus nach 1945, von den Reparationen an die Sowjetunion. „Bei uns war ja alles kaputt, alle Brücken, alle Eisenbahnen. Und es ist viel, sehr viel geleistet worden an Wiederaufbau. Nur fehlte uns eben schon damals das Material." Nach kurzem Nachdenken fügte er hinzu: „Damals hat es ja auch bei euch nicht besser ausgesehen, nur müssen *wir* jetzt noch mal von vorn anfangen." Das kam ganz ruhig und selbstverständlich, ohne Neid und Mißgunst. Obwohl auch er seine Stellung nur als vorübergehende Arbeitsbeschaffungsmaßnahme (ABM) erhalten hatte, blickte er doch wesentlich optimistischer in die Zukunft als unser Freund vom Wassersportverein. „Wir müssen eben da wieder anknüpfen, wo wir 1946 aufgehört haben", meinte er zum Schluß. „Die DDR-Zeit war nur ein Übergang."

Ich begriff bei diesem Gespräch, daß die gemeinsame Geschichte, die gemeinsam erlebte Vergangenheit, neben der gemeinsamen Sprache das stärkste Bindeglied ist zwischen den Angehörigen eines Volkes. Und mir wurde auch klar, daß diese gemeinsame Vergangenheit für die jüngere Generation wieder begreiflich gemacht werden muß.

Turm der imponierenden Burganlage von Tangermünde (links)

2 Das Blaue Kreuz

*Erst die Fremde lehrt uns,
was wir an der Heimat besitzen.*
(Theodor Fontane)

Am Morgen des 15. April füllten wir mit dem neuen Schlauch unseren Wassertank auf und besorgten beim Bäcker frische Brötchen. Gut gerüstet setzten wir die Fahrt elbaufwärts fort. Wir wollten die 60 Kilometer bis Magdeburg nicht an einem Tag zurücklegen, sondern im Schifferdorf Rogätz oder schon wenige Kilometer davor im Hafen der gleichnamigen Kiesgrube unterbrechen. Dann konnten wir am folgenden Tag früh genug in Magdeburg eintreffen, um in Ruhe einen Liegeplatz zu suchen und einen ersten Blick auf die Stadt zu werfen. Aber es kam anders.

Wir waren kaum eine Stunde unterwegs, als das Boot unter einem heftigen Schlag erzitterte und starke Vibrationen fühlbar wurden. Gleichzeitig begannen wir, stromab zu treiben.

,,Jetzt hat es uns erwischt!'' rief ich heiser. ,,Wir haben etwas Dickes im Propeller!''

Mir war klar, daß wir im Moment mitten im Strom manövrierunfähig waren. Eine ganz verteufelte Lage! Ein Meßschiff des Wasser- und Schiffahrtsamtes (WSA) kam uns entgegen – das riefen wir in unserer Notlage über Funk auf Kanal zehn an. Die Antwort war nicht gerade ermutigend: ,,Wir können euch nicht helfen, aber wir rufen die Wasserschutzpolizei, die besorgt euch vielleicht einen Schlepp. Jetzt müßt ihr erst mal ankern!''

Ja, natürlich, ankern – aber wie? Keiner von uns sprach zunächst ein Wort. Wir wußten beide, es war unverzeihlich, daß wir mit dem neuen Boot noch keine Ankermanöver geübt hatten: miserable Seemannschaft!

Kleinlaut brummte ich: ,,Wir probieren's! Ich versuche, dem Boot noch soviel Fahrt zu geben, daß wir mit dem Bug gegen den Strom liegen. Aus dem Fahrwasser kommen wir keinesfalls mehr raus.''

Aber das Wendemanöver gelang nicht. Jetzt, da das Boot kraftlos im Fluß trieb, merkte ich den enormen Sog der Strömung, die uns unbarmherzig in die Mitte der Fahrrinne zog.

Glücklicherweise kannte Angelika die Mechanik unserer Ankerwinde, es war die gleiche, die wir auf der SOLVEIG IV gehabt hatten. So dauerte es nur drei Minuten, bis der Anker mit beruhigendem Rasseln auf den Grund fiel. Ein Stück rutschte er noch stromab, dann hatte er gefaßt. Zwei Meter Wasser hatten wir noch unter dem Kiel. Aufatmen …

Das Meßschiff fuhr weiter, wir aber lagen erst einmal hilflos in der Elbe. Und doch hatten wir bei allem Pech noch eine Menge Glück gehabt.

,,Was ist mit dem Propeller?'' fragte Angelika. ,,Blockiert ihn vielleicht doch noch das gelbe Band aus Hamburg?''

„Ausgeschlossen, das muß ein großer Brocken sein. Der Schlag war zu heftig für das Band." Ich hatte keine Vorstellung, was wir uns da eingefangen hatten, Holz war es jedenfalls nicht. Inzwischen rief die Wasserschutzpolizei an und fragte nach dem Stromkilometer, wo wir lagen. „Wir können Sie aber nur nach Tangermünde zurückschleppen", lautete das Angebot.
Unser Funkgespräch hörte der Kapitän eines Frachtschiffs hinter uns und meldete sich: „Wollt ihr nach Magdeburg?"
„Ja!"
„Wie groß seid ihr?"
Ich nannte ihm die Maße der SOLVEIG und ihr Gewicht.
„Ich kann euch bis Magdeburg schleppen, wenn ihr wollt – für einen Kasten Bier."
Und ob wir wollten! Mit einem Schlag sah die Lage wieder günstiger aus.

Im Schlepp nach Magdeburg

Nach kurzer Zeit kam das Frachtschiff in Sicht. Wir hatten eine kräftige Trosse vorbereitet und warfen sie dem Decksmann zu. Der Kapitän steigerte langsam die Geschwindigkeit, und mit zwölf Stundenkilometern ging die Fahrt stromauf. Mühsam drehte sich unser Propeller, vom Wasser angeströmt, im Leerlauf mit. Langsam erwachten wir aus unserer Betäubung. Was war nur geschehen?
Angelika machte Schnitten. Sie hätte mir vorwerfen können, daß wir das Ankermanöver nicht vorher geübt hatten. Doch sie beklagte sich nicht, und ich war ihr dankbar dafür.
Aber noch hatten wir den Hafen von Magdeburg nicht erreicht. Wie sollten wir da hineinkommen? Der Binnenschiffer wollte im Strom die Trosse loswerfen, dann hätten wir genug Schwung, meinte er, um bis in den Hafen zu steuern. Dazu war unser Boot aber zu leicht; ich wußte, schon nach hundert Metern würden wir abtreiben. Während wir dieses Problem noch besprachen, hörten wir, wie der Propeller auf einmal schneller zu laufen begann. Vielleicht hatte sich das Zeug – was immer es war – aus der Schraube herausgedreht, einfach durch den Sog des Wassers. Vielleicht war es sogar ganz abgefallen. Aber sicher konnte ich erst sein, wenn sich der Propeller mit dem Motor wirklich drehte. Vorsichtiger Optimismus regte sich, obwohl wir unseren Plan mit einem Zwischenaufenthalt in Rogätz natürlich aufgegeben hatten. Wir würden froh sein müssen, wenn wir Magdeburg ohne Schaden an Welle oder Lagern erreichen konnten. Und was war mit dem gelben Band aus Hamburg, hing das auch noch auf der Achse? Eine Untersuchung durch Taucher oder auf dem Slip würde in Magdeburg unbedingt nötig sein.
Die Schleppfahrt verlief ohne Zwischenfall, wir kamen schneller voran als mit eigener Kraft. Nur das Steuern hinter dem Frachtschiff war anstrengend, weil ich das Boot auf Geheiß des Schiffers seitlich aus dem Kielwasser heraushalten mußte, um so den Zug an der Trosse zu verringern. „Macht sich ganz gut, das Fahren im Schlepp", stellte ich fest. „Viele Sportboote lassen sich ja auf der Elbe bis Aussig hochziehen und fahren dann mit eigener Kraft stromab. Aber es muß verdammt anstrengend sein, Tag und Nacht am Ruder zu sitzen."
Gegen 17.00 Uhr kamen die Türme der Altstadt von Magdeburg in Sicht. Mit Hilfe einer Stromkarte (ein Hafenplan fehlte leider in unserem Atlas der Elbe) hatten wir uns mit der Lage des Winterhafens soweit vertraut gemacht, daß wir die Einfahrt in die sogenannte Zollelbe leicht finden würden. Auf ein verabredetes Zeichen ließ der Schiffer die Trosse am Heck loswerfen, mit klopfendem Herzen legte ich den Gang ein und merkte sofort, daß die Schraube zog. Wir machten genügend Fahrt, um auch in der starken Strömung manövrieren zu können. Unser Propeller drehte sich zwar nur im Bereich niedriger Tourenzahlen, aber doch so ruhig, daß

In Magdeburg fanden wir gastliche Aufnahme bei der neuen Elbeboot-Marina im Winterhafen.

keine gefährliche Vibration auftrat und ich in den Hafen einlaufen konnte. Langsam schoben wir uns an den vertäuten Schiffen der Weißen Flotte vorbei, dann unter einer Straßenbrücke hindurch und erreichten schließlich das weite Becken des früheren Winterhafens.

An dem neu angelegten Schwimmsteg der Marina „Elbeboot" fanden wir Platz auf genügend tiefem Wasser. Wir waren telefonisch angemeldet, deshalb dauerte es nicht lange, bis Hausherr Walter Hollenbach, ein stämmiger Mann in den besten Jahren, an Bord kam und uns sehr herzlich begrüßte. Er hatte uns erst viel später erwartet.

Ich erzählte von unserem Pech und bat ihn, einen Taucher zu besorgen, was er auch versprach. Dann erklärte er uns seinen Plan, wie er das günstig gelegene Parkgelände rund um den Winterhafen zu einem großen Stützpunkt für Motor- und Segelboote ausbauen wollte. Seine Aktivitäten beruhten auf der Überlegung, daß Magdeburg an einem Kreuzungspunkt wichtiger europäischer Wasserstraßen liegt.

Hollenbach zählte auf: „Da ist zunächst die Elbe als Nord-Süd-Verbindung von Hamburg nach Dresden und Prag; Magdeburg nimmt als größter Binnenhafen dabei eine Schlüsselstellung ein." Er zeigte mir eine selbst gezeichnete Karte. „Noch wichtiger, besonders für Yachten, ist die West-Ost-Achse von Rhein und Weser über den Mittelland- und den Elbe-Havel-Kanal, die hier bei Magdeburg die Elbe kreuzt. Diese Verbindung führt direkt nach Berlin und weiter über die Oder in die Ostsee; nicht zu vergessen das riesige Seengebiet der Mark Brandenburg. Genaugenommen liegt das Kanalkreuz Magdeburg im Zentrum aller Wasserwege zwischen Rhône und Weichsel oder zwischen Paris und Warschau."

Sein Enthusiasmus wirkte ansteckend. Wir stimmten ihm zu, daß sich schon in wenigen Jahren seine Marina „Elbeboot" zu einem beliebten Liege- und Rastplatz für Segler und Motorbootfahrer entwickeln konnte.

Es war spät geworden, und Angelika verschob unseren ersten Landgang auf den nächsten Morgen, an dem ich ohnehin zu einer Signierstunde in die Stadt gehen mußte. Den Rest des Nachmittags verbrachten wir damit, die Kajüte bis in alle Ecken zu reinigen und den Motor zu warten. Dies gehörte zu den täglichen Notwendigkeiten. Während meiner Weltumsegelungen hatte ich gelernt, daß die ständige Kontrolle der drei Flüssigkeiten im Motor die beste Voraussetzung ist, um sich vor bösen Überraschungen zu schützen: Öl, Treibstoff und Kühlwasser mit ihren Leitungen, Pumpen und Filter sind die häufigsten Verursacher gefährlicher Pannen.

Die Russenjacke

Der folgende Tag war ein Sonnabend. Wir machten uns auf den Weg in das Zentrum der alten Hansestadt, nur fünfzehn Fußminuten von der Marina entfernt. Es war ein schöner Spaziergang: durch den Park zuerst, dann über die Zollbrücke und die Strombrücke zum Breiten Weg, dem Einkaufszentrum. Moderne Gebäude säumen, von wenigen Ausnahmen abgesehen, Magdeburgs Geschäftsmeile, die einst den Ruf hatte, Deutschlands schönste Barockstraße zu sein.

Trotz des schweren Bombenangriffs der Amerikaner am 16. Januar 1945, der Magdeburg fast völlig zerstörte, haben die wichtigsten Sehenswürdigkeiten der mehr als tausendjährigen Stadt, das Rathaus und davor das Standbild des „Magdeburger Reiters", der Dom und das Kloster „Unser Lieben Frauen", zum Teil

Magdeburgs Wahrzeichen: der 937 von König Otto I. gestiftete Dom, 1207 zerstört und dreihundert Jahre später wieder aufgebaut.

Magdeburg, die grüne Stadt:
Der Kulturpark Rotehorn liegt auf einer
großen Insel zwischen Stromelbe
und alter Elbe.

schwer beschädigt überlebt. In jahrelanger Arbeit wurden sie wie auch die meisten Kirchen wieder aufgebaut. Aber nur einige wenige der prächtigen Geschäfts- und Bürgerhäuser aus der Jahrhundertwende, die früher das Bild der Innenstadt geprägt hatten, blieben erhalten. Bürgerlicher Wohlstand paßte nicht ins Weltbild des Sozialismus. Magdeburg, schon einmal im Dreißigjährigen Krieg fast völlig zerstört, ist nun im Begriff, die Wunden seiner zweiten Zerstörung endgültig zu schließen.

In der Lebensmittelabteilung eines Kaufhauses fanden wir alles Nötige und gingen dann zur Autogrammstunde in die Buchhandlung gegenüber. Dort warteten bereits einige Mitglieder des Yachtklubs, und von ihnen wurde ich zu einer Versammlung am Nachmittag eingeladen. Die Segelfreunde gaben sich größte Mühe, uns zu helfen, holten uns sogar beim Boot ab und brachten uns in ihr schönes Klubheim im Kulturpark Rotehorn. Dieser Kulturpark ist für jeden Magdeburger ein Begriff. Auf einer großen Insel zwischen Stromelbe und Alter Elbe gelegen, ist der Park als Erholungsgebiet mit malerischen Teichanlagen, der Stadthalle und einem weiträumigen Ausstellungsgelände schon in den zwanziger Jahren entstanden und hat seither nichts an Beliebtheit eingebüßt.

Für Wassersportler besonders erfreulich: Die Marina „Elbeboot" liegt inmitten dieser Grünzone. An unserem Liegeplatz hörten wir außer dem Gesang verschiedener Vögel auch die hintergründigen, unmelodischen Schreie der Pfauen zu uns herübertönen. Der Flußarm Alte Elbe ist allerdings nur bei ausreichendem Wasserstand bis zum Cracauer Wehr befahrbar. An den Ufern oberhalb des Wehrs befinden sich die Steganlagen der Wassersportvereine, deren Klubhäuser sich idyllisch zwischen hohen Bäumen des Parks verstecken.

Wir wurden von den Seglern freundlich empfangen, und ich berichtete von meiner letzten Weltumsegelung – aber auch davon, wie bereits in der Südsee mein Plan entstanden war, nach der Wiedervereinigung mit einem Motorboot die Gewässer östlich der Elbe zu befahren. Die Zuhörer verstanden mich und fühlten mit, welches Glück ich als alter Dresdner bei dem nie mehr erhofften, aber nun möglich gewordenen Besuch der einstigen Heimat empfand. Auch der Magdeburger Yacht-Club war während der DDR-Zeit nach Hamburg verlegt worden; jetzt konnten seine Mitglieder am alten Platz eine neue Epoche des Klublebens beginnen.

Für Sonntagmittag hatte uns Oberbürgermeister Dr. Willi Polte zu einer Besichtigung des historischen Rathauses eingeladen und zu einem anschließenden Imbiß in der Gaststätte ,,Alter Dessauer''. Hier trafen sich an Sonntagen regelmäßig die Spitzen der Verwaltung, allen voran der Oberbürgermeister, bei einem Jazzfrühstück zu ungezwungenem Gespräch. Für die richtige Stimmung sorgte eine erstklassige Dixieland-Band. Die hauptsächlich jugendlichen Gäste aßen, tranken und tanzten in den romantisch ausgestalteten Räumen. Bei Wein und Bier gab es eine Menge zu erzählen – auch von den Sorgen und Problemen der Landeshauptstadt Sachsen-Anhalts. Mit vollem Einsatz, wir merkten es deutlich, waren der Bürgermeister und seine Mitarbeiter am Werk, die durch Kriegsfolgen und Umstellung auf ein neues Wirtschaftssystem hart getroffene Bürgerschaft besseren Zeiten entgegenzuführen.

Als wir zum Boot zurückkehrten, fanden wir einen aufgeregten Walter Hollenbach vor. ,,Sie kommen ein wenig zu spät!'' rief er. ,,Gerade eben sind die Taucher der Feuerwehr wieder abgefahren. Eine Stunde lang haben drei Männer gearbeitet, um das ganze Zeug, das sich um Ihren Propeller gewickelt hatte, wieder herauszuholen.'' Er führte uns zu einem Haufen auf einer Holzbank. ,,So etwas habe ich noch nie erlebt. Der Stoff saß unglaublich fest auf der Welle.''

Was da auf der Bank vor uns lag, überstieg unsere schlimmsten Befürchtungen: eine vollständige, dick wattierte Russenjacke – nicht einmal zerrissen – und noch dreißig Meter des restli-

Drei Stunden arbeiteten die Taucher der Feuerwehr, um eine dick wattierte Russenjacke und den etwa 30 Meter langen Packbandrest aus dem Propeller zu ziehen.

chen gelben Packbands aus dem Hamburger Hafen. Es hatte die meiste Arbeit gemacht, denn es mußte Stück für Stück von der Welle gelöst werden.

Wir hatten offenbar alle Elberekorde in der unfreiwilligen Mitnahme fremden Eigentums gebrochen.

Aber nun konnten wir sicher sein, daß der Propeller wirklich sauber war und die Welle keinen Schaden erlitten hatte; verhindern kann man solch ein Pech wohl nie. Aber für künftige Fahrten werde ich mir einen Naßbiberanzug zum Tauchen anschaffen, um auch in kaltem Wasser Schraube und Welle selbst kontrollieren zu können.

Vom Wasserstand hängt alles ab

Nach einem Arbeitstag, der angefüllt war mit Einkaufsgängen und Haushaltskleinarbeit an Bord – Angelika war zudem an einer Grippe erkrankt und fühlte sich sehr schlecht – rüsteten wir uns zur Weiterfahrt. Walter Hollenbach hatte uns 250 Liter Diesel in Kanistern bringen lassen, da wir auf der nächsten Etappe nicht so bald mit einer Tankstelle rechnen konnten. Mit Mühe und viel Zeitaufwand pumpten wir die zwölf Kanister in den Tank, immer darauf bedacht, daß kein Diesel auf das Teakdeck oder ins Wasser floß.

Abends besuchte uns ein Binnenschiffer und nahm sich viel Zeit, uns mit Hilfe seiner Stromkarten und seiner persönlichen Erfahrung eine Menge wichtiger Informationen zu geben. ,,Die große Schwierigkeit bei der Befahrung der Elbe mit Schiffen von einigem Tiefgang", erklärte er, ,,ist die ständig wechselnde Tauchtiefe in den einzelnen Streckenabschnitten." Tauchtiefe sei der Tiefgang eines Schiffes zuzüglich eines Abstands zum Flußbett von etwa zwanzig bis dreißig Zentimeter. Dann kam der Schiffer auf das große Problem der Elbe zu sprechen: ,,Wir hatten in den vorigen trockenen Sommern zeitweise Tauchtiefen von nur siebzig bis achtzig Zentimeter, da geriet die gesamte Schiffahrt in Schwierigkeiten. Ihr seid jetzt im April noch gut dran, nur müßt ihr auch rechtzeitig wieder zurückfahren, denn im Juni kann das Wasser in der Elbe schon knapp werden." Warnend betonte er, daß gerade im Bereich Magdeburg die Tauchtiefen sehr gering seien. Hinzu käme die besonders starke Strömung beim Domfelsen, einer Untiefe oberhalb von Stromkilometer 326, die Frachtschiffe nur im funkgeregelten Einbahnverkehr passieren konnten.

Ich hatte mir die Stromschnellen und das enge Fahrwasser beim Dom schon von der unterhalb gelegenen Brücke aus angesehen und war deshalb recht gut im Bilde.

Unser Freund fuhr fort: ,,Dabei ist vor allem der gesamte Frachtschiffverkehr zwischen Westdeutschland und Berlin von unserem Wasserstand hier abhängig. Die Schiffe, die aus dem Mittellandkanal über das Schiffshebewerk Rothensee kommen, müssen nämlich ein Stück durch die Elbe und fahren erst unterhalb, bei Niegripp, in den Elbe-Havel-Kanal. Und umgekehrt. Der Mittellandkanal sollte deshalb schon 1939 auf einer Brücke über die Elbe geführt werden. Die Anschlußkanäle und auch Teile der Brücke waren schon im Bau, als der Krieg ausbrach. Aber nach dem Krieg hatte die DDR kein Interesse mehr und wohl auch nicht die Mittel zum Bau des riesigen Projekts."

Wir erfuhren noch mehr: Hier bei Magdeburg soll jetzt das ,,Blaue Kreuz", die Weiterführung des Mittellandkanals auf der Brücke über die Elbe endlich gebaut werden. Dann ist der gesamte Ost-West-Verkehr auf dem Wasser unabhängig von den Pegelständen der Elbe: der wichtigste Teil des ,,Projekts 17" zum Ausbau der ostdeutschen Verkehrswege.

Es war spät geworden. Die Dunkelheit war hereingebrochen und ließ uns die Bäume auf dem Deich nur noch als Konturen vor dem hellen Lichtschein der Stadt erkennen. Zum Abschied gab uns der hilfsbereite Fahrensmann eine Tabelle, die er aufgrund seiner jahrelangen Praxis ausgearbeitet hatte. Mit dieser Tabelle ließ sich die jeweilige Tauchtiefe in Bezug auf die Pegelstände berechnen.

Mit einem Gefühl der Befreiung – wußte ich doch, daß Antrieb und Ruder des Bootes jetzt in Ordnung waren – steuerte ich am nächsten Morgen gegen 10.00 Uhr aus dem Hafen in die Elbe, wendete stromaufwärts in Richtung Dom und merkte sofort, daß wir nur sehr wenig Fahrt über Grund machten.

,,Also, mit einer schwachen Maschine sollte hier niemand weiterzukommen versuchen", stellte ich fest.

,,Wie dann?" fragte Angelika.

,,Nun, man kann sich ja schleppen lassen, wie es auch die Frachtschiffe und Kähne früher getan haben."

Angelika wurde unruhig. ,,Paß auf, daß du nicht eine der Fahrwassertonnen übersiehst, es wird jetzt sehr eng!"

Sie hatte recht, außerdem kam uns ein großes Motorschiff entgegen. Ich hielt mich am äußersten Rand des Fahrwassers, beobachtete intensiv das Echolot. Langsam arbeitete sich die

SOLVEIG V auf die Felsstrecke zu, deren Strudel bereits das Boot erfaßten und mich zu ständigem Gegensteuern zwangen. Angelika las am Echolot die Wassertiefen ab und rief mir zu: „Eins Komma sechs … eins Komma sieben … eins Komma neun …" Endlich kamen wir wieder auf tieferes Wasser, neben uns tanzte die grüne Tonne in den Wirbeln.

Noch drei lange Minuten, dann wurde das Wasser ruhiger. Das Ufer und dahinter die prächtige Kulisse des gotischen Doms und der Festungsmauern zogen im Morgenlicht vorbei. Der berüchtigte Felsen lag hinter uns.

Einen halben Kilometer oberhalb überspannt die in den Jahren 1846/47 erbaute Eisenbahn-Hubbrücke den Fluß. Die historische Brücke ist noch immer in Betrieb. Bei Hochwasser wird das Gleis mit dem Hubjoch um 2,80 m angehoben, in der übrigen Zeit des Jahres genügt die Durchfahrtshöhe von sechs Metern für einen ungehinderten Schiffsverkehr. Eine Ausnahme bilden nur die großen Kreuzfahrtschiffe, die seit 1991 regelmäßig verkehren; für sie muß die Brücke auch schon bei mittlerem Wasserstand angehoben werden.

Oberhalb der Brücke, dem Dom schräg gegenüber, liegt malerisch das Museumsschiff WÜRTTEMBERG, ein Seitenrad-Schleppdampfer, der seit 1908 auf der Elbe zwischen Hamburg und Aussig verkehrte. Das winterliche Hochwasser von 1974 bot der Stadt Gelegenheit, das inzwischen stillgelegte Schiff am Ufer des Kulturparks zu stationieren.

Ein bedrohtes Paradies

Angelika ging es gesundheitlich besser als am Vortag, sie hatte kein Fieber mehr und war bald eifrig damit beschäftigt, die Schönheiten der Uferlandschaft mit der Videokamera einzufangen. „Die Elbufer werden jetzt grün. Unglaubliche Vielfalt an Bäumen und Vögeln. Vogelliebhaber kommen voll auf ihre Kosten", schrieb sie in ihr Tagebuch.

„Wunderbare, einsame Flußlandschaft", notierte ich in meinen Aufzeichnungen. Bei Barby allerdings mußte ich schreiben: „Zwei hohe Schornsteine. Verlassene Industrieanlagen, leerer Hafen." Überhaupt waren geschlossene Fabriken mit Bergen von Schrott davor, mit geborstenen Fensterscheiben und verrotteten Verladeanlagen ein häufiger und bedrückender Anblick an den Elbufern.

Schon bald näherten wir uns der Saalemündung, bekannt als Naturschutzgebiet und Heimat der vielleicht letzten großen Biberpopulation Europas. In den Mündungsauen von Saale und Mulde (bei Dessau) sollen noch über 400 Biberburgen mit fast 2 000 Bewohnern zu finden sein.

Oberhalb der Flußmündung sah ich gute Liege- und Ankermöglichkeiten. Gern wäre ich einige Tage geblieben, vielleicht sogar die Saale hinaufgefahren, um Halle und Naumburg mit seinem herrlichen, romanisch-gotischen Dom und den berühmten Stifterfiguren zu besuchen. Aber die Route, die wir uns für diesen Sommer vorgenommen hatten, erlaubte einen solchen Abstecher nicht. So konnten wir nur hoffen, bei einer späteren Elbefahrt auch die Saale mit ihren landschaftlichen Schönheiten kennenzulernen.

Dichte Laubwälder standen ab jetzt zu beiden Seiten des Stroms. Das Flußbett wurde etwas schmaler, und das Echolot zeigte nur noch 1,80 bis 2,10 m unter unserem Kiel. Unzählige Vögel nahmen unsere Aufmerksamkeit in Anspruch, soweit es die Navigation zuließ. Überall – auf dem Strom, in der Luft oder an Land schwamm und flatterte es. Ruhig und versonnen, scheinbar teilnahmslos, standen nur die Reiher am Ufer oder auf den Buhnen, unbeweglich auf Beute wartend, die sie dann mit einem plötzlichen Zustoßen des Schnabels aus dem Wasser zogen. Auch Kormorane sahen wir oft, auf den Steinen oder Büschen der Buhnen hockend, die Flügel weit ausgebreitet, um ihr Gefieder zu

Kormorane waren kein seltener Anblick auf unserer Elbefahrt. Oft hielten sie die Flügel weit ausgebreitet, um ihr Gefieder zu trocknen.

trocknen. Wir erkannten diese Tauchvögel nicht nur an ihrem schwarzen Gefieder, sondern auch an ihrem eigentümlichen Schwimmverhalten: Fast ihr ganzer Körper blieb dabei unter der Oberfläche, und nur der lange Hals mit dem wippenden Kopf war sichtbar, bis auch dieser bei unserer Annäherung unter Wasser verschwand.

Weitere zehn Kilometer oberhalb der Saalemündung windet sich die Elbe durch dichte Wälder, unterbrochen nur durch die Schifferstadt Aken mit ihren Hafenanlagen. Hier wäre eine gute Übernachtungsmöglichkeit für uns gewesen, entweder im Verkehrshafen oder oberhalb der Ortschaft an den Schwimmstegen der Wassersportvereine. Aber es war erst 17.00 Uhr, und wir beschlossen deshalb, die Fahrt noch weitere zwölf Kilometer bis Dessau fortzusetzen. Zu verlockend war die Aussicht, mit dem Leopoldhafen einen der wenigen gut ausgebauten und günstig gelegenen Sportboothäfen an der oberen Elbe kennenzulernen.

Leopoldhafen gehört zwar nicht zum Stadtgebiet von Dessau, hat aber Omnibusverbindung und Einkaufsmöglichkeiten in der Nähe. Vor allem die schöne Umgebung in einem parkartigen Gelände wurde gelobt.

Wir wurden nicht enttäuscht.

Die Einfahrt in den Leopoldhafen, einen Altarm der Elbe, ist leicht zu finden: Ein dreistöckiger Regattaturm steht unübersehbar auf der Landspitze. Zwei Handwerker waren gerade dabei, dem Gebäude für die kommende Saison einen neuen Anstrich zu geben. Wir fuhren langsam ein, sehr langsam, denn das Hafengebiet ist strömungsfrei. Wir konnten also nicht abtreiben und hatten Zeit, die Umgebung zu betrachten. An Backbord lagen Bootsstege verschiedener Vereine, auf der Seite gegenüber dehnten sich grüne, unverbaute Uferwiesen; nur im hintersten Teil des Hafens befand sich eine schwimmende Halle für die Polizeiboote. Am ersten Ponton hatten zwei größere Motoryachten festgemacht, als nächstes folgten zwei lange Schwimmstege, die offenbar gerade erst zu Wasser gebracht und noch nicht besetzt waren. Dort wollten wir anlegen, wenn die Wassertiefe ausreichen würde. Mit einem Tiefgang von 1,30 m waren wir schon an der Grenze für die meisten Liegeplätze an der Elbe, obwohl der Monat April für den Wasserstand noch günstig war.

Zwei Sportkameraden hatten uns schon durch Zuruf eingeladen und schickten sich an, unsere Leinen wahrzunehmen. Ein paar Stufen in der Böschung führten hinauf zu den Bootshallen und einem kleinen Vereinshaus mit davorliegender Terrasse. Bootsbesitzer waren hier und dort beschäftigt, im letzten Sonnenlicht des Tages ihre Schiffe zu überholen, neu zu malen oder zu reinigen. Ein kleines Paradies für Freizeitschipper!

Einige der Herren baten uns an ihren Tisch auf der Terrasse. Die Sonne stand schon tief, aber es war noch warm genug, um hier draußen ein wenig zu plaudern. „Ihr habt ja hier ein wunderbares Plätzchen! Beneidenswert, wenn ich an die beengten Anlagen der meisten Vereine im Westen denke." So wollte ich meiner Freude Ausdruck geben über die vorbildlichen Liegemöglichkeiten nahe der Großstadt. Doch ich löste keine Zustimmung aus, bedrückt blickte jeder in sein Glas.

„Wissen Sie, wir haben zur Zeit große Schwierigkeiten", begann einer stockend. „Wir werden wohl bald das Gelände verlassen müssen, das wir viele Jahre lang gepflegt haben."

„Warum denn das?" Verblüfft starrte ich in sein verbittertes Gesicht.

„Wir sollen das Grundstück von der Stadt kaufen, es ist uns angeboten, aber zu einem Preis, den wir nie aufbringen können. Es haben sich schon einige Interessenten gemeldet, Spekulanten aus dem Westen natürlich, die den Betrag sofort zahlen würden. Dann müssen wir hier ausziehen."

In gemeinsamer jahrelanger Arbeit waren vorbildliche Hallen für Boote, eine Slipanlage und das nette kleine Klubhaus entstanden, und jetzt sollte alles an einen neuen Eigentümer verkauft werden: ein tragische Situation, die uns Westlern auf dem Gewissen lastete.

Verlegen verabschiedeten wir uns und traten auf die Straße hinaus. Nein, keine Straße, eine zauberhaft schöne Allee am Elbufer, von der aus wir im Abendlicht einen weiten und freien Blick auf den Strom genießen konnten. Angelika filmte die malerische Szene. Aber trotz der schönen Umgebung waren wir traurig. Mußte sich die Überführung von „Volkseigentum" in Privatbesitz so schlimm für die Betroffenen auswirken?

Im gut geschützten Leopoldhafen bei Dessau

Konnte nicht für Sportanlagen eine bessere Regelung gefunden werden? Und falls nicht: Mußte nicht der Verein für die geleistete Arbeit großzügig entschädigt werden? Fragen, die gewiß nicht nur an der Elbe, sondern überall in den neuen Bundesländern gestellt wurden.

Früh am nächsten Morgen setzten wir die Fahrt fort – leider ohne die Stadt Dessau besucht zu haben. Ich hatte einer Verpflichtung in Mannheim nachzukommen und wollte von Torgau aus über das nahe Leipzig die lange Bahnfahrt antreten.

Zum Einzugsgebiet von Dessau gehört auch Rosslau mit seiner großen Werft, die wir schon bald zu Gesicht bekamen. Eine riesige Halle stand im Mittelpunkt des Geländes, und dieser Betrieb war – schön zu sehen – noch nicht der großen Rodung zum Opfer gefallen, mit der die Industrie im Osten abgeholzt wurde. Erstaunlicherweise war es sogar ein seegehendes Fracht-

Die große Schiffswerft in Rosslau mit einem Neubau

schiff, dem Namen nach für Spanien bestimmt, das an der Ausrüstungspier lag und das später einmal bei genügend hohem Wasserstand die Reise nach Hamburg antreten würde. Ganz merkwürdig sah das hoch aus dem Wasser ragende Schiff hier am Rand des Stroms aus. Angelika hatte während der Fahrt Tee und Brote vorbereitet und löste mich jetzt ab. In einer Hand die Butterstulle, die andere am Lenkrad – auf der Elbe hatten wir Platz für solche Lässigkeit. Überhaupt: Tagelang die Weite und Breite des großen Stroms zu erleben, in einem ruhig dahingleitenden Fahrzeug, das war an sich schon eine Art Traumwanderung. Aber nicht nur die glitzernde Wasserfläche, die sich rings um das Boot dehnte, umrahmt von immer neuen Landschaftsbildern, vermittelte diesen ganz eigenen Reiz. Meine Sinne waren auch unablässig mit dem im Zeitlupentempo vorbeiziehenden Uferpanorama zu beiden Seiten beschäftigt. Von Minute zu Minute änderten sich Perspektiven und Beleuchtung, und das so langsam, daß jeder Baum, jedes Haus und ebenso die Menschen bei ihrer Arbeit oder beim Spiel deutlich in Erscheinung traten.

Als erstes Schiff begegnete uns an diesem Tag wieder einer der großen Schubverbände aus der Tschechischen Republik. Das viergliedrige Monster kam talwärts mit hoher Geschwindigkeit um eine Biegung herum auf uns zu. Ein sofortiges Ausweichmanöver war fällig. Angelika setzte ihre Kaffeetasse beiseite und überließ mir das Ruder. Wir grüßten den Schiffer, der im Steuerhaus am Ende des etwa zweihundert Meter langen Verbandes die schweren Kähne mit höchster Aufmerksamkeit auf Kurs hielt.

Abendstimmung bei Dessau

Deutsche Binnenschiffer sind auf der oberen Elbe leider kaum mehr anzutreffen. Die Tschechen fahren billiger. Allenfalls in Richtung Hannover und Rhein können sich noch Einzelfahrer behaupten. Aber durch die Rationalisierung auch dieser Arbeit ist die Beschaulichkeit des Lebens auf den Binnenschiffen vorbei und mit ihr auch die Kameradschaft unter den Fahrensleuten. Wer früher in einem Schleppzug hing, war auf den anderen angewiesen, keiner konnte ausscheren oder gar schneller sein. Die Schiffe waren nur bei Tageslicht unterwegs, und am Abend wurde irgendwo festgemacht.

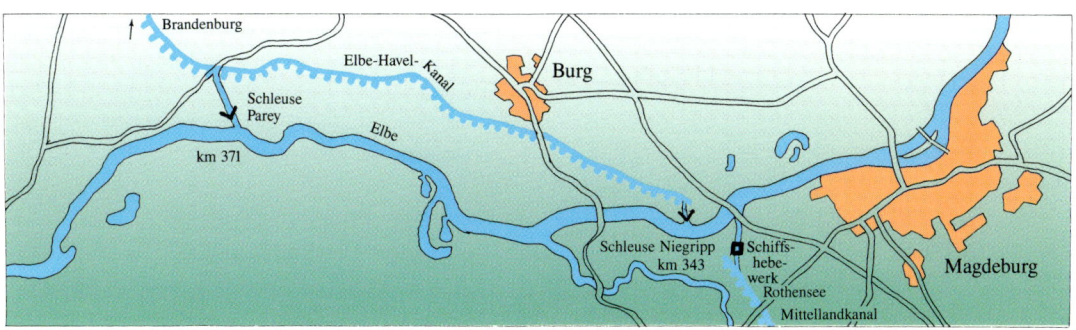

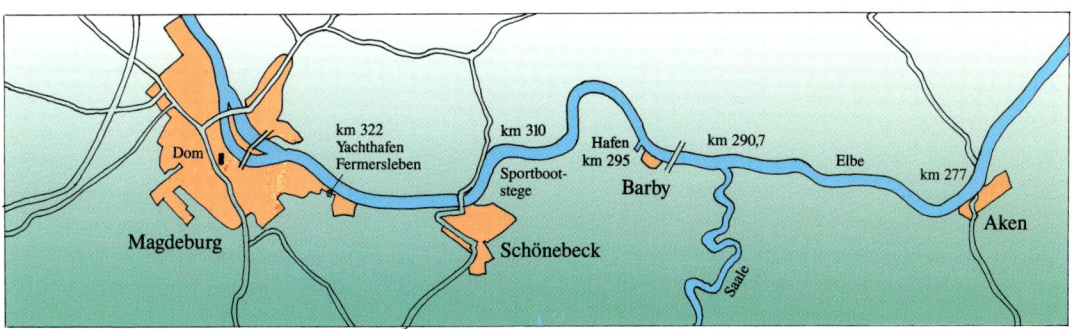

In kleinen Schifferkneipen, die es heute kaum mehr gibt, wurde den Schiffern die Post ausgehändigt oder eine Nachricht übermittelt. Bei Grog oder Bier und den Klängen des Schifferklaviers ging es gesellig zu. Die Wirte wußten oft besser über die Vorgänge Bescheid als die Reedereien. Das Leben war damals ruhiger und romantischer, ohne Hektik und Zeitdruck, und gelebt haben die Reedereien trotzdem.

Wen wundert es, wenn durch solche Veränderungen, die ja auf allen Gebieten stattfinden, sich auch die Menschen ändern und das geforderte Tempo kein rechtes Lebensgefühl mehr aufkommen läßt? Die Fahrt mit dem Sportboot, sei es Faltboot, Segelyacht oder Motorkreuzer, bietet dann noch am ehesten das Naturgefühl und die Romantik, die der Berufsfahrer früher gekannt hat.

Lutherstadt Wittenberg

Hinter einer Biegung türmten sich auf dem linken Flußufer zwischen Kiefernwäldern mächtige Festungsbauten – anscheinend aus dem vorigen Jahrhundert. Ich bemerkte aber bald, daß sich daran moderne Verteidigungsanlagen anschlossen, und während der folgenden Stunde fuhren wir durch ein militärisches Sperrgebiet, das mit entsprechenden Warn- und Verbotsschildern gekennzeichnet war.

Zwei gewaltige Landmarken unterbrachen bei Vockerode die beschauliche Fahrt: die Brücke der Autobahn Leipzig–Berlin und ein klotziges Kraftwerk. Kurz vor Mittag tuckerten wir an dem Städtchen Coswig vorbei, das direkt am rechten Elbufer erbaut wurde und offenbar im Krieg unzerstört blieb. Mit einer Gierfähre gelangt man von Coswig aus zu dem nur sechs Kilometer entfernten Landschaftspark Wörlitz. Er und das dazugehörige Schloß gelten als Wunderwerk, als ein Gesamtkunstwerk aus Kultur und Natur. Fürst Franz von Anhalt-Dessau, Enkel des „Alten Dessauers", ließ den Wörlitzer Park ab 1765 im englischen Stil anlegen. Goethe schrieb nach einem Besuch des Parks an Frau von Stein: „Mich hat's gestern abend – wie wir durch die Seen, Kanäle und Wäldchen schlichen – sehr gerührt, wie die Götter dem Fürsten erlaubt haben, einen Traum um sich herum zu schaffen."

Wenn man es recht betrachtet, so ist das Land Sachsen-Anhalt ein einziges Freilichtmuseum deutscher Geschichte: Klöster, Dome, Dorfkirchen, Stadtanlagen, Häuser und Burgen laden zu einer Studienreise in die deutsche Vergangenheit ein. Und da Flüsse seit jeher wichtige Verkehrsadern waren, liegen viele der interessantesten Orte an Elbe und Saale. Zu diesen gehörte mit Sicherheit auch unser Tagesziel, die Lutherstadt Wittenberg.

Dort wollten wir im Hafen des Wasser- und Schiffahrtsamts (WSA) festmachen, denn die sonstigen Einrichtungen waren sehr dürftig, und der Sportbootanleger bei Kilometer 213 lag ziemlich weit von der Stadt entfernt. Die Wasser- und Schiffahrtsdirektion hatte angeboten, uns in ihren Häfen nach Möglichkeit einen Liegeplatz einzuräumen. Ich machte von diesem großherzigen Angebot um so dankbarer Gebrauch, weil wir dadurch wichtige Informationen bezüglich der Wasserstraßen aus erster Hand erhielten und außerdem die Chance hatten, unseren Wasservorrat zu ergänzen, was sonst an der Elbe nicht überall möglich war.

Von Kilometer 233 an fuhren wir wieder inmitten besonders schöner Wälder, und ich erwähnte ein „hübsches Haus" in meinen Notizen. Seit Dömitz machten die meisten Häuser, sei es innerhalb von Ortschaften oder auch einzelstehende Gebäude außerhalb, einen mehr oder weniger mitgenommen Eindruck. Ein gepflegtes Häuschen wie dieses war eher die Ausnahme. Wer möchte wohl darin wohnen – ein Förster, ein Rentner? Wie dem auch war, es zog vorbei ...

Hübsches Haus bei km 233. Wem es wohl gehören mag?

Das Ufer wurde steiler und höher, das Strombett schmaler. „Wir haben weniger Wasser unter dem Kiel", stellte ich fest. Tatsächlich maßen wir meist nur 1,80 oder 1,90 m. Entweder war hier ständig weniger Wasser – oder die Trockenheit der letzten Wochen machte sich schon bemerkbar.

Wir gerieten in eine Elbschleife, die kein Ende nehmen wollte und uns am Ende regelrecht auf Gegenkurs führte. Erst nach der nächsten Biegung verlief der Strom wieder in die alte Richtung. Danach sahen wir zuerst nur einen hohen Schornstein, dann kam Wittenbergs Industrievorort Piesteritz in Sicht. Endlich mal eine Fabrik, in der gearbeitet wurde!

„Schau mal, wer diesen Betrieb gekauft hat. Die Schweizer sind da eingestiegen – Oerlikon." Angelika griff zum Fernglas, aber man brauchte es nicht, um den Firmennamen in riesigen Lettern zu entziffern. Ein Chemiewerk, das anscheinend Stickstoff produzierte. Schließlich lag südlich von uns das große Chemiezentrum Wolfen-Bitterfeld.

„Oerlikon, das ist doch die große Schweizer Rüstungsfabrik. Erinnerst du dich, damals in Zürich?" Ich sah die Firmenschilder wieder vor mir, an denen wir so oft zwischen Zürich und Bern vorbeigefahren waren. „Wenigstens ist der Betrieb nicht geschlossen", freute ich mich und hoffte, daß auch die jetzt noch stillgelegten Fabriken eines Tages wieder neue Verwendung finden würden.

Kurz nach 14.00 Uhr liefen wir in den WSA-Hafen von Wittenberg ein. Dicht vor uns ragten die beiden mächtigen Türme der Schloßkirche in den Himmel. Der Leiter des Wasser- und Schiffahrtsamts begrüßte uns und half, das Boot an einem Ponton zu vertäuen. Auch der erhoffte Wasseranschluß stand zur Verfügung. Aber jetzt wollten wir erst einmal Wittenberg erleben. Wir machten uns auf den Weg in die Stadt, vorbei an der Schloßkirche, deren Türme uns die Richtung ins Zentrum zeigten. Hier also hatte Martin Luther seine 95 Thesen an die Tür geheftet! Ob er, damals Professor an der eben neu gegründeten Universität Wittenberg, wohl geahnt hat, welche weltgeschichtlichen Folgen seine Tat haben würde? Auf dem Markt, vor dem Rathaus, steht sein Denkmal, und nicht weit entfernt das seines Mitstreiters Melanchthon. Auf den Stufen zum Denkmal hockten ein paar Jugendliche mit ihren Rucksäcken, in knallbunte Anoraks gekleidet. Waren sie hier auf der Durchreise? Oder war die Lutherstadt für sie gar das Ziel einer weiten Fahrt?

Es war ein warmer Frühlingstag, und vor dem Hotel gegenüber standen schon Tische und Stühle auf dem Gehsteig. „Hast du Lust, hier eine Tasse Tee zu trinken?" fragte ich Angelika und wies auf einen der Tische. Wir bekamen nicht nur Tee, sondern auch sehr guten Kuchen. Da noch kaum Touristen unterwegs waren, hatten wir freien Blick auf die Renaissancefassade des Rathauses und auf die dicht daneben in den Himmel ragenden Türme der Stadtkirche St. Marien.

Linke Seite: Wittenbergs Markt mit der Stadtkirche St. Marien, der Predigtstätte Luthers.

Links: Vor dem Rathaus stehen die Denkmäler von Luther und Melanchthon. Hier das Denkmal Melanchthons.

Unten: Die berühmtesten Söhne der Stadt waren neben Martin Luther Philipp Melanchthon und der Maler Lucas Cranach d.Ä.

Im nahen Reisebüro, wo ich meine Fahrkarte nach Mannheim besorgen wollte, wurde ich mit einer Freundlichkeit bedient, wie man sie im Westen kaum mehr kennt. Noch erstaunlicher: Die Dame nahm sich Zeit! Keine Ungeduld kam auf angesichts der Schwierigkeit, eine Telefonverbindung herzustellen, um meine Platzreservierung zu buchen. Hier Reichsbahn, dort Bundesbahn: Es war ein mühsames Suchen nach den günstigsten Verbindungen, aber nach einer halben Stunde nahm ich meinen Fahrschein entgegen. Wir bummelten noch ein wenig durch die kleinen Gassen der altertümlichen Stadt. Baustellen verengten allerorts die Straßen, vielleicht als Teil der Vorbereitungen für die 700-Jahr-Feier, die 1993 begangen wurde, denn Wittenberg hatte 1293 das Stadtrecht erhalten. Im übrigen waren wir beeindruckt von dem harmonischen Bild, das der Markt, die Straßen und Gassen boten. Wittenberg, im Siebenjährigen Krieg und während der Freiheitskriege schwer beschädigt, hatte im Zweiten Weltkrieg offensichtlich weniger gelitten als Magdeburg oder Dessau. Gewiß, in der Gestaltung der Schaufenster, in der Ausstattung der Geschäfte ließ vieles, an westlichem Standard gemessen, zu wünschen übrig.

Wittenberg: Morgenstimmung im Hafen
des Wasser- und Schiffahrtsamtes

Die Entwicklung, die in den letzten Jahrzehnten im Westen radikale Veränderungen bewirkte, hatte hier nicht stattgefunden. Die Zeit schien stehengeblieben zu sein.
Aber war das etwa nur negativ? Wog die positive Seite, das menschliche Klima, das Zeithaben für den anderen, nicht die technischen Mängel bei weitem auf? Vielleicht bin ich ungerecht gegenüber dem Fortschritt, der uns doch so viele Annehmlichkeiten gebracht hat, auf die wir nur sehr ungern verzichten würden. Aber ich freute mich, das Gefühl des Heimkommens um so stärker zu empfinden, als sich hier seit meiner Jugend scheinbar nur wenig verändert hatte. Manchmal standen mir fast Tränen in den Augen, wenn sich die Menschen etwa bei der Beschreibung eines Weges so um uns bemühten, als wären wir Familienangehörige. Ob sich diese Menschlichkeit wohl weiterhin erhalten wird? Wäre es nicht möglich, daß sogar eine Rückwirkung eintritt, daß auch wir im Westen etwas von dieser Wärme annehmen? Aber das waren wohl Träumereien, die harte Wirklichkeit sah anders aus. Schiller läßt Wallenstein sagen: „Wo eines Platz nimmt, muß das andre weichen …" Doch der dies sagte, verlor am Ende alles!

Der Tag von Torgau

Wir begannen die Weiterfahrt am folgenden Morgen schon um 06.30 Uhr, weil der Ponton, an dem wir festgemacht hatten, von einem Dienstfahrzeug gebraucht wurde. Vom Strom aus bewunderten wir noch einmal die Silhouette von Wittenberg, die bedeutenden Türme der beiden großen Kirchen. Aber wir sahen keinen Hafen für Sportboote, und der in der Karte angegebene Liegeplatz bestand nur aus wenigen Schwimmstegen. Erst sechs Kilometer oberhalb Wittenbergs bildete die Mündung eines Baches eine kleine Bucht, allerdings konnten wir dort die Wassertiefe nicht feststellen.

Die Elbe hatte jetzt weniger Strömung und wurde wieder sehr tief, bis zu vier Meter zeigte das Echolot unter dem Kiel. Die Landschaft zu beiden Seiten war flach.

Plötzlich sah ich in der Wiese auf der Böschung unseren ersten Storch! Stolz spazierte der weiße Vogel durchs Gras und ließ sich von der SOLVEIG nicht stören. Große Aufregung an Bord, denn auch dieses „Ereignis" sollte fotografiert und gefilmt werden – und steuern mußten wir schließlich außerdem!

Auch Störche sind in den Elbauen heimisch.

Unser Freund in Magdeburg hatte das hübsche Pretzsch als Übernachtungsplatz empfohlen, aber bei der Vorbeifahrt sahen wir nur das Schloß, die Fähre und eine Anlegemöglichkeit am gegenüberliegenden Ufer, längsseits an einem Wohnschiff des WSA. Plätze zum Anlegen, noch dazu mit direktem Zugang zu einer Stadt oder größeren Ortschaft, sind an der Elbe nicht eben reichlich zu finden. Einen Ausgleich bieten die vielen schönen Ankerplätze, wenn man über ein Beiboot verfügt. Schwierig wird es dann allerdings mit der Wasserversorgung und noch schwieriger mit einem Stromanschluß oder gar einer Tankstelle. Mit kleineren Booten, die nur wenige Kanister Diesel oder Benzin brauchen, hat man es sicherlich leichter, weil man sie an der nächsten Straßentankstelle auffüllen kann.

Aber sind solche Schwierigkeiten nicht auch das Salz in der Suppe, ein spezielles Abenteuer auf einer Flußfahrt, die dafür mit vielen hundert Kilometern unberührter Natur entschädigt? Die Einsamkeit ist es, welche die Elbe im Gegensatz zum verkehrsreichen Rhein auszeichnet, und die jeden Tag unserer Fahrt zu einem Erlebnis werden ließ.

Nach neun Stunden angestrengten Steuerns zeichneten sich am linken Elbufer die Umrisse von Schloß Hartenfels ab, der Burg von Torgau. Wir hatten es für diesmal geschafft, wenn auch ziemlich ermüdet. Der Hafen Torgau wird vom Wasser- und Schiffahrtsamt und als Verladeplatz eines großen Industriebetriebs genutzt und ist leider für die Sportschiffahrt gesperrt. Wahrscheinlich wird die gesamte Breite des Beckens benötigt, damit die großen Lastkähne wenden können.

Die malerische Einfahrt in den Hafen von Torgau führt unter einer Fußgängerbrücke hindurch in das durch einen hohen Deich geschützte In-

Rechts: Schloß Hartenfels in Torgau, bevorzugte Residenz der sächsischen Kurfürsten im 15. und 16. Jahrhundert

Die alte Brücke von Torgau: Hier trafen russische und amerikanische Verbände am 25. April 1945 zum ersten Mal zusammen.

nere. Der Leiter des WSA, von seinem Kollegen in Wittenberg benachrichtigt, empfing uns und wies uns einen Platz längsseits eines großen Arbeitsschiffes an. Ein romantischer alter Wachtturm, hoch oben auf der Böschung, gefiel mir besonders. „Bis vor einiger Zeit war der Turm noch besetzt", erklärte unser Gastgeber. „Er diente dazu, die ankommenden Schiffe zu melden." Wir besprachen anschließend meinen Weg zum Bahnhof, der ziemlich weit außerhalb lag, jenseits des Walles. Torgau war, wie schon vorher Tangermünde, eine einzige Baustelle – und wird es wohl noch für eine Weile bleiben. Aber es tat gut, soviel Bautätigkeit zu beobachten und die damit verbundene Hoffnung auf eine Besserung der wirtschaftlichen Verhältnisse zu spüren.

Schloß Hartenfels und die alte Elbbrücke dicht daneben erinnerten mich an die Ereignisse, die der Festungsstadt einen Platz in der Geschichte gesichert haben. Die Burg wurde schon zwischen 1485 und 1623 erbaut und diente den sächsischen Kurfürsten als Residenz, bis schließlich die ganze Stadt 1811 zur Festung ausgebaut wurde. Die Brücke und der Übergang über den Strom waren seit jeher von besonderer strategischer Bedeutung. So ist es kein Zufall, daß sich gerade hier die vorrückenden Truppen der Amerikaner und die von Osten eingedrungenen Kampfverbände der Russen am 25. April 1945 zum ersten Mal trafen. Das Schicksal der deutschen Armeen war damit endgültig besiegelt, das Reich in zwei Teile gespalten und die Er-

oberung von Berlin nur noch eine Frage von wenigen Tagen. Der Zweite Weltkrieg war zu Ende, die Naziführer tot oder auf der Flucht. Seither wurde deshalb der 25. April in Torgau von Amerikanern, Russen und Deutschen als „Elbe Day", als Mahn- und Festtag, gefeiert. Aber bereits 1945 hatte es die ersten Anzeichen für die künftige Feindschaft zwischen dem Sowjetreich und den USA gegeben. So sehr sich auch die kriegsmüden Soldaten, die einander auf der Brücke in die Arme fielen, über das endliche Zusammentreffen freuten – der Tag von Torgau wurde dennoch von den beteiligten Regierungen später mit eher gedämpftem Beifall bedacht.

Für das Festmachen im Strom mußten immer mehrere Leinen bereitliegen.

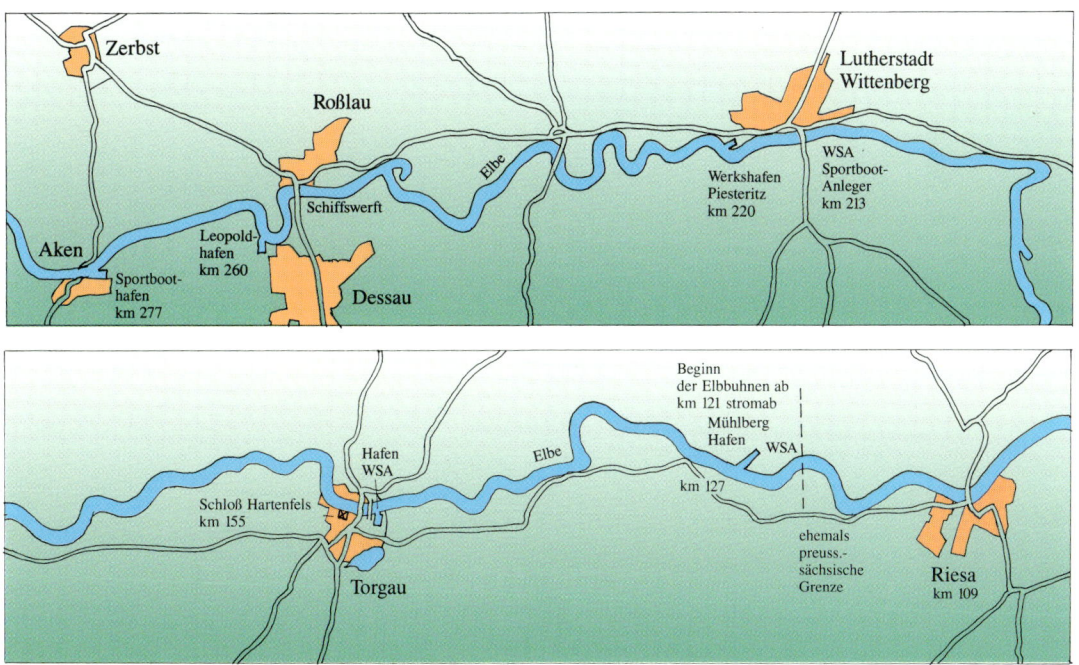

Einer jener erleichterten Soldaten war der Chicagoer Taxifahrer Joseph Polowsky. Er erhoffte sich einen Anstoß zur Völkerverständigung durch den „Geist der Begegnung" und setzte sich sein ganzes Leben lang für das Fest in Torgau ein. Vor seinem Tod erinnerte er nochmals an den Friedensschwur von 1945, indem er testamentarisch verfügte, daß er trotz des Kalten Krieges auf sowjetisch besetztem Territorium in Torgau beerdigt werden sollte.

„Übermorgen jährt sich der 25. April wieder", erinnerte mich Angelika.

Wir machten uns klar, daß es wegen der veränderten politischen Lage wahrscheinlich der letzte oder doch vorletzte „Tag von Torgau" für die russischen Soldaten sein würde. „Sie werden eher den Tränen nahe sein als dem Jubel, wenn ihr Musikkorps unter den Klängen von ‚Down by the Riverside' über die Brücke marschiert", sagte ich. „Die armen Kerle haben alles verloren, wofür ihre Väter damals kämpften." Wenn der vertraglich vereinbarte Truppenabzug planmäßig läuft, wird es in zwei Jahren keine russische Garnison mehr in Torgau geben.

Eine neue Straßenbrücke befand sich bereits im Bau und wurde noch im selben Sommer dem Verkehr übergeben. Die alte Brücke, die Blut, Angst und Tränen gesehen hatte und ob ihres Schicksals und dem der Völker baufällig gewor-

den war, wird 1994 abgerissen. Ein halbes Jahrhundert ist über sie hinweggeschritten und nichts von dem geblieben, was in jenen Apriltagen für eine ganze Generation zwischen Hawaii und dem Ural von Bedeutung war.

Als ich zwei Tage später von Mannheim nach Torgau zurückkam, erzählte mir Angelika mit feuchten Augen: „Da hast du etwas versäumt! Es war ein ganz großes Erlebnis, als die weißhaarigen Kämpfer von damals Arm in Arm zu den Klängen des russischen Musikkorps über die Brücke marschierten! Der Wunsch nach Frieden und Verständigung ist mir noch nie so deutlich zu Bewußtsein gekommen."
„Und was geschah dann auf der Brücke?"
Angelika schien die Organisation etwas konfus gewesen zu sein. „Die Russen kamen über die Brücke marschiert", erzählte sie, „in weißen Hemden und mit ihren großen Tellermützen, aber auf der anderen Seite blieb die Brücke leer. Schließlich näherte sich eine deutsche Dixieland-Band. Erst später trafen die Amerikaner ein, und es bildete sich eine breite Front mit der russischen, der deutschen und der amerikanischen Flagge. Alles wirkte ein wenig chaotisch, aber um so mehr beeindruckten mich die spontanen Umarmungen und die freundlichen Worte von Mensch zu Mensch."
Die Russen seien sehr nett gewesen, hätten sich Mühe gegeben, ein paar Worte Deutsch zu sprechen. Später, auf den Elbwiesen, saßen sie dann mitten unter den Zuhörern und machten wie alle beschwingt und lustig mit bei den Klängen der verschiedenen Jazzgruppen. Das Volksfest nahm am Sonntag seinen Fortgang und lockte noch viele Hunderte von Teilnehmern an, die bei der offiziellen Feier gefehlt hatten.
Mag auch die Begegnung zwischen den Stoßtrupps der Amerikaner und der siegreichen Armee Stalins für die junge Generation an Bedeutung verloren haben, so ist doch das große Volksfest geblieben: ein Treffen von Dixieland-Bands aus USA, Deutschland und Rußland. Dazu kamen Gastgruppen aus Riga und Reval, aus Schottland, Dänemark und den Niederlanden. Vielleicht wird der „Elbe Day" in Zukunft ein europäisches Befreiungsfest werden.

Links: Der „Elbe Day" in Torgau ist ein großes Volksfest auf den Elbwiesen. Im Hintergrund Schloß Hartenfels.

3 Wiedersehen mit Dresden

Und süßer noch wird die Erinnerung an unsere
Mond- und Sonnenjahre, wenn jäher Schrecken sie beendete.
Dann erst begreifen wir,
wie sehr es schon ein Glücksfall für uns Menschen ist,
wenn wir in unseren kleinen Gemeinschaften dahinleben,
unter friedlichem Dach, bei guten Gesprächen
und mit liebevollem Gruß am Morgen und zur Nacht.
(Ernst Jünger: „Auf den Marmorklippen")

Seit 1815 hatte Torgau zu Preußen gehört, wurde jedoch in der DDR-Zeit dem Bezirk Leipzig eingegliedert und kam somit nach der Wende zum neuen Freistaat Sachsen. So hatten wir, ohne es zu wissen, schon vor Torgau die Grenze nach Sachsen überquert. Eilig setzten wir am Bug der SOLVEIG die grün-weiße sächsische Flagge. Wie soll ich die Gefühle beschreiben, die ich bei dem Gedanken empfand, daß ich in wenigen Tagen mit eigenem Boot in der alten Heimat eintreffen würde? Überschwengliche Freude wollte nicht aufkommen, wohl aber Genugtuung darüber, daß ich endlich wieder dorthin gelangen würde, wo ein wichtiger Teil meines Lebens, vielleicht der wichtigste, einmal begonnen hatte. Gleichzeitig überfiel mich aber auch grimmige Wehmut, als mir rückblickend zu Bewußtsein kam, welch schlimme Schicksalsschläge die einstige Heimat in den vergangenen fünf Jahrzehnten hatte hinnehmen müssen. Oft hatte ich daran gedacht, die Stätten meiner Kindheit schon vor der Wende wieder zu besuchen. Doch ich fürchtete, die damit verbundenen Ärgernisse und Risiken würden mir mehr Schmerz als Befriedigung bringen. Ich war nicht bereit gewesen, meine Entscheidungsfreiheit auch nur zeitweise einer für mich unannehmbaren Staatsautorität unterzuordnen. Ich hatte mich auf meinen Weltumsegelungen auf fernen Inseln allen möglichen Eigenarten gerne angepaßt, das gehörte gewissermaßen zur Exotik der besuchten Völker und war ein absehbarer Vorgang. Aber mich freiwillig im eigenen Land einer unberechenbaren Polizeiwillkür auszuliefern, die mir Wege und Zeiten vorschreiben würde, das hätte ich nur schwer ertragen können. Lieber verschob ich das Wiedersehen auf eine ferne Zukunft.

Die Heimat von einst mit den Augen von heute

Aber nun war es soweit. Was kümmerte mich da, daß die Landschaft oberhalb von Torgau etwas eintönig wurde, daß die Sonne sehr heiß niederbrannte! Daß mir das Boot nicht schnell genug fahren wollte! In mir herrschte ein Ansturm von Gefühlen, wie ich ihn bisher nur selten erlebt hatte, etwa bei der Heimkehr von meiner ersten Weltumsegelung, als nach drei Jahren Fahrt die Roten Felsen von Helgoland in Sicht gekommen waren. Jetzt durfte ich nach fünfzig Jahren Abwesenheit die Orte und Ausflugsziele ansteuern, die ich als Kind mit der Familie oder als Schüler auf mehr oder weniger abenteuerlichen Wegen mit dem Fahrrad besucht hatte. Wie fest gefügt war mir seinerzeit die Welt erschienen! Unser Zuhause in Dresden, der wuchtige Sandsteinbau des traditionsreichen Gymnasiums, die berühmten Theater, unsere Verwandten und Freunde auf dem Land, das waren feste Bestandteile meines Daseins gewesen. Bald würde ich mit dem Studium beginnen, so glaubte ich damals. Auch das schien mir eine Selbstverständlichkeit zu sein, über die ich nie nachdachte. In graue Ferne war nun jene Zeit gerückt, die mir mit ihren langsam aufsteigenden Erinnerungen wie das Leben auf einer großen Insel der Träume erschien.

Selbst zu Beginn des Krieges war der Alltag noch in gewohnten Bahnen verlaufen. Doch dann brach plötzlich alles zusammen. Meine Welt stürzte ein. Dresden war zerstört, die Menschen, die ich gekannt hatte, die mir nahe standen, waren gestorben oder zu unbekannten Zielen geflohen. Das Land Sachsen hatte aufgehört zu bestehen. Ich war von einer großen Woge über Bord gespült worden, an ein neues, fremdes Ufer getrieben – aber ich hatte überlebt. Und nun fuhr ich die Elbe hinauf und suchte die Heimat von einst mit den Augen von heute.

Als ich in Magdeburg vor den Segelfreunden gesprochen und von meinen Plänen berichtet hatte, als ich ihre Gesichter vor mir gesehen hatte, da schien mir das Gestern wieder ganz nahe zu sein. Niemals hätte ich allerdings als Schüler oder auch später in Dresden daran gedacht, daß ich einmal die Welt umsegeln würde. Und noch viel weniger hätte ich vor zehn Jahren an die Möglichkeit geglaubt, jemals im Leben ein eigenes Boot elbaufwärts nach Dresden zu steuern!

Bei solchen Gedanken, die mich weit aus der Realität hinaus trugen, geschah es dann öfter, daß ich gewaltsam in die Gegenwart gerufen wurde: Die Anzeige des Echolots vor mir sprang plötzlich auf 0,9 m, sogar auf 0,7 m! Erschrocken riß ich am Steuerrad, um nicht weiter aus dem Fahrwasser zu geraten. ,,Paß auf! Wo steuerst du denn hin?" hörte ich auch schon Angelikas anklagende Stimme. Wieder hatte ich eine der großen, farbigen Markierungstafeln an der Uferböschung übersehen, die den Wechsel der Fahrrinne von einer Seite des Stroms zur anderen ankündigen. Wer die Elbe befährt, sollte die Augen offen halten. Hier gibt es kein gemütliches Steuern in der Mitte eines breiten Flusses. Das Fahrwasser schlängelt sich, bestimmten Gesetzen der Fliehkraft folgend, mal zum rechten, mal zum linken Ufer, ohne daß man sich der Windungen sogleich bewußt würde. Und außerhalb des Fahrwassers trifft man auf viele Flachstellen.

Rechte Seite: Ein häufiger Anblick: Schafherden, die friedlich an den Elbdeichen weiden.

Eine Stunde oberhalb von Torgau, wir hatten gerade das unterwegs eingenommene Frühstück beendet, begegnete uns eine Motoryacht aus Dresden, dem Aussehen nach ein Eigenbau, ein umgebautes Arbeitsschiff. Ich erkannte den Namen am Heck: „Zukunft – M.C. Elbe". Schon in Dömitz hatten wir einen Jollenkreuzer mit dem Namensschild Hoffnung gesehen: Begriffe, die für die Stimmung der Menschen hier bezeichnend waren.

Die Elbe floß in diesem Abschnitt schneller, deutlich konnten wir breite Strudel an den Buhnen und auch in der Mitte des Fahrwassers neben dem Boot erkennen. Es war Frühjahr, der Wasserstand noch hoch, und mächtig wälzten sich die Wassermassen vom Riesengebirge und von Böhmen her der Nordsee zu.

Wie die meisten Dörfer entdeckten wir auch Belgern nur auf der Karte. Es blieb hinter hohen Deichen und breitästigen Bäumen verborgen, die das Ufer säumten. Wir bemerkten seinen kleinen Hafen für Sportboote am linken Flußufer und notierten ihn als möglichen Liegeplatz für eine Übernachtung. Nur langsam zogen die Bilder an unseren Augen vorbei, denn die stärkere Strömung verzögerte unsere Fahrt.

Noch achtzig Kilometer bis Dresden.

Viele Chancen für Investoren

Erst am Spätnachmittag machten wir im Hafen Mühlberg fest, zuerst am Anleger der Köln-Düsseldorfer, die schon einen regelmäßigen Verkehr mit Fahrgastschiffen auf der Elbe eingerichtet hatte. Ein Zeichen für den beginnenden Aufschwung war dieser Personenverkehr für meine Begriffe nicht. Ich hätte mir die Sächsische Dampfschiffahrt in Dresden als Veranstalter der Stromreisen gewünscht, so wie die Köln-Düsseldorfer auf dem Rhein ihre Reisen anbietet.

Um möglichem Ärger auszuweichen, zogen wir es nach einer kurzen Erkundigung vor, die Brücke der „KD" lieber zu verlassen und wieder an einer Schute des WSA längsseits zu gehen, zumal man uns dort bereits von Torgau aus angemeldet hatte. Dank unserer häufigen Besuche bei Außenstellen der Wasser- und Schiffahrtsämter und der Gespräche mit den jeweiligen Amtsleitern war mir der enorme Umfang der notwendigen Strombauten und der Aufwand für deren Erhaltung erst bewußt geworden. Auch begann ich, mich für die sehr vielgestaltige Geschichte der Elbschiffahrt zu interessieren.

Älteste Dokumente gehen zurück bis auf die Zeit Karls des Großen, der im Jahr 806 mit einem Heer über den Strom setzte. Damals war das Befahren des Flusses ein ausgesprochenes Abenteuer. Große Uferabbrüche, wandernde Sandbänke, Gabelungen, unzählige im Strom liegende Baumstämme, Felsblöcke und Schiffsmühlen, auf breiten Schwimmkörpern verankert, behinderten die Schiffahrt oder machten sie, zumindest zeitweise, unmöglich. Daran änderte sich im Lauf der Jahrhunderte nicht viel. Spätere Uferbauten dienten vorwiegend dem Schutz vor Hochwasser und Eisgang. Es blieb erst Friedrich dem Großen vorbehalten, um 1743 die ersten Baumaßnahmen an der Elbe zu veranlassen, die dann im 19. Jahrhundert durch weitere Verbesserung der Schiffahrtsbedingungen so weit gediehen, daß der Strom um 1890 zu einem bedeutenden Verkehrsweg in der Mitte des Deutschen Reiches ausgebaut war. Grundlage für die Finanzierung und Planung dieser Arbeiten war die von allen Anrainerstaaten auf dem Wiener Kongreß vorbereitete und 1821 in Dresden unterzeichnete „Elbschiffahrtsakte".

Große Projekte zum Ausbau der Bundeswasserstraße Elbe werden neuerdings im Rahmen der Verkehrsplanung „Aufbau Ost" in Angriff genommen, damit in Zukunft aus Kostengründen, aber auch im Sinne des Naturschutzes, ein größerer Teil des Frachtverkehrs von Schiene und Straße aufs Wasser verlegt werden kann. Ist die

Achse Prag–Hamburg erst einmal uneingeschränkt nutzbar, wäre Hamburg das natürliche Überseetor für die Tschechische Republik. Mancher Hafen an der Elbe ließe sich erweitern und ausbauen, auch das idyllisch an einem Seitenkanal gelegene Mühlberg.
Schon heute können hier Sportboote an grünen Ufern und unter hohen Bäumen festmachen oder auch ankern. Wahrscheinlich werden schon in absehbarer Zeit durch die Stadtverwaltung Schwimmstege angelegt. Die vormals zu Kursachsen, jetzt zu Brandenburg gehörige Stadt ist gewiß einen längeren Aufenthalt wert. Uns aber mußte ein kurzer Rundgang durch die Altstadt genügen, denn am nächsten Morgen sollte es weitergehen, und zwar zeitig, damit wir schon nachmittags in Meißen eintreffen würden.
Als wir zum Eingang des WSA zurückkamen, rief Angelika plötzlich: „Schau mal da, am Briefkasten!"
AUSSER BETRIEB stand da in großen Lettern auf einem Schild zu lesen und sinngemäß weiter: Brütende Vögel! Post bitte im Büro abgeben! Soviel Herz für Tiere hätten wir eigentlich bei einer Behörde nicht vermutet; um so größer war unsere Freude.

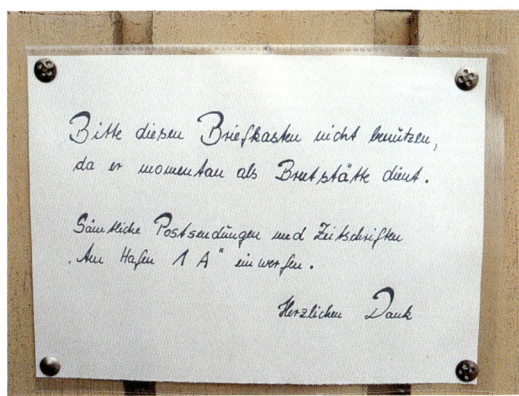

Im Wasser- und Schiffahrtsamt Mühlberg hat man ein Herz für Vögel.

Strahlender Sonnenschein begrüßte mich am Morgen, als ich schon früh ins Cockpit trat. Mir war richtig feierlich zumute, denn nun wurde es ernst: Meißen würde das erste Stück meiner Kindheit sein, dem wir begegneten.
Voller Erwartung warfen wir die Leinen los. Nach einer halben Stunde, bei Kilometer 126, fiel uns an Backbord die Einfahrt zur stillgelegten Kiesgrube Borschütz auf. Als Markierungspunkt war ein kleiner Steinturm am Ufer errichtet. In ein paar Jahren könnten hier wie an vielen Stellen durch den Aus- und Umbau alter Industriehäfen weitflächige Einrichtungen für den Wassersport entstehen, denn die Elbe mit ihrem geringen Berufsverkehr bietet hervorragende Reviere für Segler und Motorbootfahrer. In Borschütz befindet sich eine große Freizeitanlage bereits in der Planung.

Warum ist die Elbe so gelbe?

Wieder war ich ins Träumen geraten, und das rächte sich prompt, denn wir hatten beide vergessen, die Fender ins Cockpit zu nehmen. Zufällig drehte ich mich für eine Sekunde um und sah eines unserer guten Stücke achteraus treiben, dem Ufer zu. Ich fuhr eine 180-Grad-Wende, und wir suchten erst einmal, bis wir den schwarzen Plastikballon wieder entdeckt hatten. Doch es war schon zu spät. Gemütlich drehte er sich in einem Wirbel zwischen den Buhnen, unerreichbar mit unserem Tiefgang.
Ein wenig traurig schoben wir uns weiter gegen die Strömung flußaufwärts. Die Landschaft wurde hier wieder abwechslungsreicher, und wir passierten bei Kilometer 121 die ehemalige Grenze zwischen Sachsen und Preußen, wie sie 1815 nach den Freiheitskriegen gezogen worden war und wie ich sie bis 1945 gekannt hatte. Sachsen hatte damals auf dem Wiener Kongreß mehr als die Hälfte seiner Landfläche an Preußen verloren, als Vergeltung für das Bündnis

des sächsischen Königshauses mit Napoleon. Ich erinnere mich noch gut, wie „beliebt" der nördliche Nachbar in Sachsen früher war. Man zitierte oft, schon wegen der bräunlichen Färbung des Elbwassers, die Zeilen:

„Warum is' denn bei Dresden
die Elbe so gelbe?
Se härmt sich zuschanden,
muß bald aus den Landen,
denn gleich hinter Meißen,
pfui Spinne, liecht Preißen!"

Eigensinnig hatten seinerzeit Sachsen und Preußen ihr jeweiliges System der Fluß-Kilometrierung beibehalten. Und damit nicht genug, auch die Fahrwassermarkierungen blieben verschieden. Der Kilometer 121 ist deshalb zweimal auf den Tafeln zu sehen, und die Fahrrinne, bisher durch Landbaken an den Ufern markiert, wird in Sachsen durch Schwimmstangen, auch Balkenbober genannt, gekennzeichnet.

Diese dünnen Stangen, bei Gegenlicht oft schwer erkennbar und nur an besonders gefährlichen Stellen ausgelegt, sorgten von jetzt an für einige Unruhe an Bord der SOLVEIG, zumal das Flußbett schmaler und die Strömung stärker wurde. „Siehst du die grüne Stange da vorne, dicht neben dem Häuschen mit dem roten Dach?" Auf diese Weise vergewisserten wir uns jedes Mal, ob der andere die Markierung auch wirklich erkannt hatte.

Die durchschnittliche Wassertiefe hatte inzwischen weiter abgenommen, was einmal auf die lange Trockenperiode zurückzuführen war, zum anderen auf die in der oberen Elbe geringere Tauchtiefe. Nur 1,2 bis 1,5 m hatten wir meist noch unter dem Kiel. Immer wieder wurde es notwendig, den Rudergänger zur Aufmerksamkeit zu ermahnen, denn die zahlreichen Vögel lenkten unsere Blicke zu den mit mächtigen Bäumen bestandenen Ufern hin oder gar in die Höhe. Bald sahen wir einen Storch, dann wieder Bussarde, Falken und Milane, daneben unzählige Enten mit ihrem prächtigen Gefieder, Reiher, Kormorane und stolze Schwäne. Viele von ihnen schwammen jetzt im Frühjahr als Familienverband, eine Reihe grauer Küken zwischen Vater und Mutter aufgereiht, ungestört von Straßen- oder Bahnlärm.

Bäume und Sträucher zeigten stärkeres Grün, und die Sonne ließ ihr gleißendes Licht zwischen den Zweigen spielen, während wir langsam stromauf zogen. Als besonders stimmungsvoll empfanden wir die frühen Morgenstunden, wenn leichter Nebel über dem Wasser lag und das noch schwache Licht nur graue Schleier über den Fluß zog.

Hinter der Grenze zu Sachsen gab es auch keine Buhnen mehr, sie waren durch sogenannte Längswerke ersetzt, Steinschüttungen und an-

Größte Aufmerksamkeit am Ruder ist bei Flußfahrten notwendig.

Schloß Strehla bei Riesa

dere Befestigungen an der Böschung. Hohe Schornsteine und Strommasten kündigten die Industriestadt Riesa an, deren umfangreiche, zum großen Teil stillgelegte Fabrikanlagen wir, Friedhöfen gleich, an Steuerbord vorbeigleiten sahen. Der traurige Anblick der Schrottberge gemahnte uns wieder an die Not, die in diesem Teil Deutschlands herrscht. Riesa war seit jeher eine wenig reizvolle, aber um so betriebsamere Industriestadt an der Bahnstrecke Dresden-Leipzig und ist heute von zahlreichen Firmenzusammenbrüchen schwer betroffen.

Der Nebel hatte sich aufgelöst, eine intensive Frühjahrssonne brannte vom Himmel, und von Stunde zu Stunde wurde es heißer. Gegen Mittag kletterte das Thermometer im Steuerhaus auf über dreißig Grad. Wir genossen das herrliche Wetter in vollen Zügen. Abwechselnd saßen wir im Cockpit, während zu beiden Seiten immer steiler ansteigende Hügel und Weinberge vorbeizogen. Gegen drei Uhr nachmittags kam voraus die Albrechtsburg, hoch über Meißen gelegen, in Sicht.

Welch ein Anblick! Wieder wurden Erinnerungen in mir wach: wie ich mit der Schulklasse, später auch mit meiner Mutter, Burg und Porzellanmanufaktur besichtigt hatte. Mit dem Raddampfer waren wir von Dresden elbabwärts gefahren, nachdem vorher der Lehrer versucht hatte, uns die Geschichte des unglücklichen Johann Heinrich Böttger nahezubringen, der, von August dem Starken in der Burg gefangengehalten, durch Zufall statt Gold das „weiße Gold" erfand. Viel mehr als die Geschichte des Porzellans und seines Erfinders beeindruckte mich damals die Schiffsreise auf der Elbe. Fasziniert verfolgte ich jedes Anlegemanöver des für meine Begriffe riesigen Dampfers. Und nun –

es war kaum zu fassen – näherte ich mich der stolzen Burg in meinem eigenen Boot, stand selbst am Ruder und steuerte durch die sanften Wirbel des Flusses der alten Markgrafenstadt entgegen.

Mir wurden die Augen feucht, denn zu überwältigend war dieser Moment, zu riesig der gefühlsmäßige Sprung über Jahrzehnte, der mich an die Anfänge meiner Schiffsbegeisterung, meiner Sehnsucht nach Wasser und See erinnerte. Wie heiß hatte ich mir damals ein Paddelboot gewünscht! Es war mir auch versprochen worden, für später ...

Dom und Albrechtsburg über der Stadt Meißen im Herzland des alten Sachsen. Türme und Mauern bilden den vielgliedrigen Komplex der „sächsischen Akropolis".

Das Panorama von Meißen

Der Anblick der nun im strahlenden Sonnenschein rasch näherkommenden Burg tat seine Wirkung auch auf Angelika, die entzückt die Harmonie von Landschaft und Architektur bewunderte. Ein Frachtschiff aus Prag schob sich um die nächste Biegung uns entgegen, alle Aufmerksamkeit galt jetzt wieder dem Kurs. „Da vorne, die Stange, die müssen wir rechts liegen lassen und dann irgendwie an dem Koloß vorbeikommen!" Mit schäumender Bugwelle hielt das schwarze Ungetüm auf uns zu. Ich mußte mich rasch entscheiden, auf welche Seite des Stroms ich ausweichen wollte. Im Vorbeifahren dann ein freundliches Grüßen und Winken, und schließlich gehörte das Flußbett wieder uns allein.

Die Elbbrücke in Meißen

Nun entrollte sich das prächtige Bild der tausendjährigen Stadt Meißen zu beiden Seiten des Stroms, umgeben von Weinbergen und gekrönt von der gewaltigen Burg und dem gotischen Dom. Ich war so ergriffen und begeistert, daß ich es nicht über mich brachte, schon jetzt in den unterhalb von Meißen gelegenen Hafen zu steuern, sondern Angelika damit überraschte, daß ich weiter stromauf und unter der Brücke hindurch fuhr, um für eine halbe Stunde die ganze Uferfront und die Burg vom Boot aus betrachten zu können. Stromab gelangten wir dann schnell zurück. Ich schwenkte in den Winterhafen ein und fand den Leiter des dortigen Wasser- und Schiffahrtsamts Thürmer in ziemlicher Aufregung, weil er geglaubt hatte, wir wären versehentlich an der Hafeneinfahrt vorbeigesteuert. Vom Amt Mühlberg hatte man uns angemeldet – aber wir fuhren einfach vorbei! Herr Thürmer bereitete uns einen besonders herzlichen Empfang und kam zu einem längeren Gespräch an Bord. Sofort fiel mir auf, daß der Ponton, an dem wir festmachen durften, sauber gekehrt war und ein Stromanschluß vorbereitet wurde. Es hatte sich gewiß herumgesprochen, daß ich nicht nur als Buchautor, sondern in erster Linie als alter Dresdner gekommen war, um die einstige Heimat zu besuchen.

Unser Aufenthalt in Meißen verlief geruhsam, wir fanden Zeit zu einem ausgedehnten Bummel durch die romantische Altstadt und zur Burg. Seit der Wende hatte man sich hier um einen intensiven Auf- und Ausbau bemüht. Die meisten Fassaden leuchteten in frischer Farbe, und fast überall, an Kirchen und Häusern, standen noch Gerüste. Die Burg selbst und der Dom waren zum Teil schon renoviert. In den malerischen Gassen waren noch einige Bürgersteige aufgegraben, wo Kabel und Rohrleitungen verlegt wurden. Die Schaufenster aber glänzten mit Waren erster Qualität und geschmackvollen sächsischen Spezialitäten. Und wie es sich für eine historische Altstadt gehört, lockten mehrere originelle Gaststätten mit reichhaltigen Speisekarten und gemütlichen Stuben. Wir genossen unser erstes Mittagessen an Land in der kleinen Restauration „Zum Ritter" nahe der Brücke und waren angenehm überrascht über die besonders freundliche Bedienung und den mäßigen Preis.

Im Hafen des Wasser- und
Schiffahrtsamtes Meißen.
Auf dem Hügel das „Scheechhaus".

Rechts: Malerische Gasse in der Altstadt
von Meißen

Die Weinberge ringsum luden zu einer Wanderung ein. Auf dem Hügel oberhalb des Hafens, in traumhaft schöner Lage, stand ein kleines weißes Winzerhaus. Von dort mußte man einen herrlichen Blick ins Elbtal haben!
Herr Thürmer ermutigte uns. „Das ist gar nicht weit, ein schöner Spaziergang, auf der hinteren Seite des Hügels kommt man in zwanzig Minuten hinauf." Er räusperte sich. „Aber wissen Sie, was das für ein Haus ist? Ein Scheechhaus! Jetzt wohnt dort eine nette Dame ganz allein. Gehen Sie ruhig hinauf, die Aussicht lohnt sich."

Oben: Der gotische Dom auf dem Burgberg

Der Markt von Meißen (links)

Unten: Blick von der Burg auf die Dächer der Altstadt

„Was ist eigentlich ein Scheechhaus?" fragte mich Angelika später. „Du kannst doch noch Sächsisch."

Ich mußte wirklich weit zurückdenken. Das Wort klang mir vertraut, aber doch ferne im Ohr. Ich grübelte eine Weile, dann fiel es mir wieder ein: „Ja, richtig, meine Mutter gebrauchte das Wort ‚scheechen' oft, wenn sie von Spukerscheinungen im Schloß ihrer Eltern erzählte."

Leider kam es nicht mehr zu diesem Ausflug, denn Dresden wartete. Außerdem lernten wir bereits hier das Grundproblem jeder Elbefahrt mit einem Boot von mehr als einem Meter Tiefgang kennen. Normalerweise führt die Elbe bis Mitte Juni oder sogar Juli genügend Wasser. Aber das Frühjahr war so außergewöhnlich trocken gewesen, daß der Pegelstand schon einen Meter niedriger lag als in der Vorwoche. Auch die Sommer der letzten drei Jahre hatten Rekordwasserstände mit zeitweise nur siebzig Zentimeter Tauchtiefe gebracht.

„Soll das heißen, daß wir mit unseren 1,30 m Tiefgang nicht mehr weiterkönnen?" wollte ich von Thürmer wissen.

„Nein, das nicht! Sie haben hier vorläufig noch genug Tauchtiefe. Aber sehen Sie mal zum Ufer: Dort erkennen Sie deutlich einen grauen Streifen im Gras. Um soviel ist das Wasser seit gestern wieder gesunken, etwa zwanzig Zentimeter. Wenn das Wetter so bleibt, wird der Wasserstand jeden Tag weiter sinken, und Sie wollen doch wieder zurück nach Magdeburg?"

Das wollten wir unter allen Umständen. Also hieß es so planen, daß wir spätestens Mitte Mai die Rückfahrt antreten konnten. Und falls wir noch die Sächsische Schweiz besuchen wollten, mußten wir möglichst bald von Dresden aus weiter stromaufwärts fahren. Ich konnte mich nur beglückwünschen, daß ich die Reise trotz der anfangs noch bitteren Kälte so früh angetreten hatte. Denn damit standen uns wenigstens noch zwei Wochen zur Verfügung: nicht viel allerdings für das landschaftlich vielleicht schönste und kulturell interessanteste Flußgebiet Europas.

Dresden ist vielen Besuchern eine weite Reise wert. Für mich als Wasserwanderer war außerdem die Elbe oberhalb der Stadt bis zur Sächsischen Schweiz das Fahrtziel, auf das ich nicht verzichten wollte. Am 29. April machten wir uns auf, das letzte Stück nach Dresden zurückzulegen. Es wurde ein schwieriger Start. Das Wasser war schon so niedrig, daß ich mehrere Versuche brauchte, um über die Barre aus dem Winterhafen Meißen zu kommen. Nur 0,60 m zeigte das Echolot, was bedeutete, daß die tiefste Stelle am Schiffsboden bereits den Grund berührte.

Nur wenig oberhalb von Meißen fiel uns ein langer Sportbootanleger auf, der wohl meist auch Plätze für Gastlieger freihaben dürfte. Sonstige Liegemöglichkeiten für durchreisende Yachten sind in Meißen kaum vorhanden, da das Bollwerk unterhalb der Stadt für Fahrgastschiffe reserviert ist.

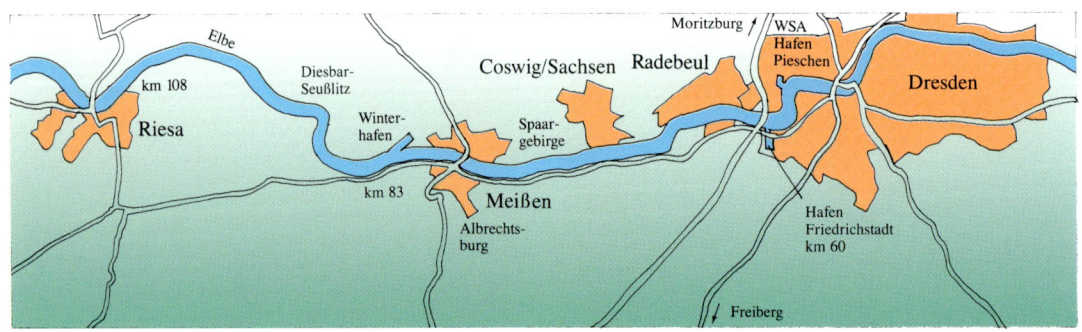

Nach dem Spaargebirge an Backbord und den von Laubwäldern bedeckten Hügeln auf der anderen Seite wurde das Land wieder eben. Wir kamen in die Lößnitz, eine fruchtbare Ebene vor den Toren Dresdens. Reiche Obstgärten, schmucke Häuser und Villen zogen bei Coswig, Kötzschenbroda und Radebeul vorüber. Die Gedanken schweiften kurz ab zu Karl May, dem wohl berühmtesten Sohn Radebeuls.

An Steuerbord fiel uns eine Sportanlage auf, mit breiten Schienen zum Aufslippen von Booten und einem großen Klubhaus. Nun war es nicht mehr weit zu unserem Ziel, dem Hafen des WSA in Pieschen. Aber war dieser Hafen wirklich der erträumte Ankunftsort in meiner alten Heimatstadt? Ich überlegte kurz und schlug dann vor: „Laß uns noch eine Stunde länger fahren und eine Schleife durch Dresden ziehen!" Angelika, die nach meinen tagelangen Erzählungen mit ebensoviel Spannung wie ich das berühmte Stadtbild erwartete, stimmte freudig zu.

Altes und neues Dresden

Als erstes Wahrzeichen Dresdens tauchte unvermittelt die glitzernde Kuppel der einstigen Zigarettenfabrik auf, in exotisch-orientalischem Stil einer Moschee aus dem Morgenland nachempfunden. Hinter der nächsten Biegung wurden dann schon beide Stadtteile, Altstadt und Neustadt, mit ihren Türmen und Großbauten sichtbar. Vor uns lagen die alte Eisenbahnbrücke, die großen Stadien und Hallen im Ostra-Gehege, wo wir uns als Schüler an Samstagnachmittagen zum Sportunterricht getroffen hatten.

Das Fahrwasser wurde enger, wir waren in der halbkreisförmigen Elbschleife, die den Bereich der Neustadt umfließt. Mein Herz schlug bis zum Hals: Ich erkannte die Umrisse der Semper-Oper, die ich fast täglich besucht und als schönste Kunststätte Deutschlands geliebt hatte.

Dahinter sah ich den charakteristischen Turm der Hofkirche, tausendfach gemalt und fotografiert, die eleganten Bögen der Augustusbrücke und das Schloß, noch im Wiederaufbau, mit seiner goldenen Turmspitze.

Angelika war ebenso aufgeregt wie ich, und das nicht allein wegen der großartigen Barock-Kulisse. Sie fürchtete, daß mich meine Begeisterung zu sehr vom Steuern ablenkte, und versuchte nun ihrerseits, auf die Fahrwassermarkierungen zu achten, die uns einen Kurs nahe dem Altstadtufer vorschrieben. Wir glitten an der Brühlschen Terrasse entlang, sahen darunter die Anlegeplätze der Weißen Flotte, wo Schiff an Schiff lag, bereit für die täglichen

Eine auffällige Landmarke:
Die ehemalige Zigarettenfabrik in Dresden

Ausflugsfahrten. Einer der alten Raddampfer, als echtes Dampfschiff am dunklen Rauch erkennbar, der aus dem hohen Schornstein wehte, legte gerade ab. Es war die STADT WEHLEN.

,,Mit der bin ich schon als Kind gefahren!" Ich schämte mich ein wenig für die Erregung in meiner Stimme.

Am Neustädter Ufer dachte ich beim Anblick der ausgedehnten Gärten und Grünanlagen an mein erstes Rendezvous, dem ich dort an einem Frühlingsnachmittag entgegengefiebert hatte. Dahinter, auf hoher Böschung, erhoben sich die monumentalen Bauten der Ministerien. Das ganze berühmte Stadtbild entfaltete sich, bildete ein einziges, großartiges Panorama des Barock. Wir fuhren unter der Carola-Brücke hindurch; heftig schoß das Wasser an den dicken Sandsteinpfeilern entlang. Über uns wölbten sich die wuchtigen Bögen, die die Fahrbahn tragen.

Vom Strom aus gesehen bot die Stadt einen fast unbeschädigten Anblick. Die Wunden des Krieges und die häßlichen Neubauten traten weniger in Erscheinung. Eine schmerzliche Lücke zeigte sich nur dort, wo früher die Kuppel der Frauenkirche das Panorama beherrscht hatte. Sie soll und wird vermutlich mit Hilfe von Spendengeldern wieder aufgebaut werden – aber wann? Ohnmächtiger Zorn steigt in mir auf, sooft ich an die Luftangriffe der Engländer und Amerikaner denke, die, militärisch völlig sinnlos, am 13./14. Februar 1945 unersetzliche Kulturgüter wie die Frauenkirche und eine der schönsten Städte der Welt zerstört haben.

Hinter der letzten Brücke wendeten wir über den Strom und glitten rasch zu Tal. Die Bilder wurden flüchtiger; auch waren unsere Augen ermüdet.

Im Pieschener Hafen, der ein gutes Stück unterhalb der Stadtmitte hinter einem hohen Deich liegt, fanden wir beim WSA wieder gastliche

Anlegeplatz der Weißen Flotte in Dresden. Im Hintergrund die berühmte Semper-Oper und die Augustusbrücke.

Aufnahme. Unser Platz war, gemessen an der Lage in der Großstadt, durchaus reizvoll. An einem großen Ponton machten wir fest und erreichten über eine Laufplanke das Ufer: ringsum Wiesen, eine steile Böschung am Deich, mit vielen Büschen bewachsen. Dort saßen ein halbes Dutzend Angler, und wir konnten beobachten, wie sie mit reicher Beute heimgingen. Das widerlegte die Behauptung, in der Elbe gäbe es kaum noch Fische.

Herr Finke, verantwortlich für Hafen und Schiffe, hatte uns begrüßt und eingewiesen. Bei einem Gin-Tonic an Bord sprachen wir über den vernachlässigten Frachthafen Dresden-Friedrichstadt und über die deshalb daniederliegende deutsche Binnenschiffahrt an der oberen Elbe. Unsere drängendste Frage betraf die Liegemöglichkeiten im Raum Pirna, achtzehn Kilometer oberhalb von Dresden. Aber: „Der Hafen von Pirna", erklärte Herr Finke, „ist schon beim jetzigen Pegelstand für Ihr Boot nicht mehr tief genug."

Das war ein Schock! Ich hatte fest damit gerechnet, zu dieser frühen Jahreszeit noch in Pirna liegen zu können, um von dort aus mehrere Ausflüge in die Sächsische Schweiz zu unternehmen. Meine Enttäuschung war riesengroß.

Herr Finke beschrieb die derzeitige Lage so: „Der Hafen Pirna ist völlig verschlammt. Wir würden ihn für Sportboote schon mal ausbaggern, das wäre machbar, auch kostenlos, aber der Umweltschutz läßt das nicht zu. Der Schlamm ist durch die Industrie verunreinigt, vielleicht sogar giftig, und wir müßten ihn entsorgen lassen. Dadurch käme für Transport und Endlagerung eine Kostenlawine auf uns und die Sportvereine zu. Also bleibt der giftige Dreck am Grund, leider, und der Hafen wird mehr und mehr unbrauchbar."

Sind die Aussichten für Sportschiffer auf der oberen Elbe also schlecht? Ich glaube es nicht, denn neben dem schweren Erbe erkennt man auch eine positive Entwicklung auf marktwirtschaftlicher Grundlage. Die strengen Vorschriften zum Schutz der Umwelt und die Fabrikstilllegungen haben schon jetzt dafür gesorgt, daß die Elbe erstaunlich sauber geworden ist. Von starker Verschmutzung hatten wir nichts bemerkt, und Herr Finke bestätigte unsere Beobachtung.

Ich glaube, daß in naher Zukunft Investoren Liegemöglichkeiten mit modernsten Einrichtungen erstellen werden, wie wir es am Beispiel Magdeburg bereits erlebt hatten. Auch an der oberen Elbe wird es neue Anlagen geben. Die Landschaft ist viel zu reizvoll, als daß diese Chance, zusätzliche Besucher anzulocken, seitens der Gemeinden nicht genützt würde. Zur Zeit allerdings beschränkten sich die Liegeplätze mit einigermaßen tiefem Wasser auf einzelne Pontons oder am Ufer vertäute kleine Schwimmstege.

Der schönste Sportboothafen von Dresden befand sich in Loschwitz, nur wenige Meter unterhalb der berühmten Stahlbrücke, die besser bekannt ist unter dem Namen „Blaues Wunder". Dort war auch volle Versorgung mit Wasser, Strom, Duschen und Toiletten gegeben. Aber zumindest die Einfahrt in den Hafen wäre bei unserem Tiefgang schon riskant gewesen, und wenn der Wasserstand noch weiter abnahm, mußte es schon in den nächsten Tagen kritisch werden. So waren wir froh, in Pieschen einen geeigneten Liegeplatz gefunden zu haben.

4 Ein Abenteuer der Gefühle

Ihr bringt mit euch die Bilder froher Tage,
Und manche liebe Schatten steigen auf;
Gleich einer alten, halbverklungnen Sage
Kommt erste Lieb und Freundschaft mit herauf;
Der Schmerz wird neu, es wiederholt die Klage
Des Lebens labyrinthisch irren Lauf
Und nennt die Guten, die, um schöne Stunden
Vom Glück getäuscht, vor mir hinweggeschwunden.
(Johann Wolfgang von Goethe: „Faust")

Wir hatten uns für Dresden – den Höhepunkt unserer Elbefahrt – viel vorgenommen. Doch zunächst standen die Aufnahmen für eine Fernsehsendung des Bayerischen Rundfunks im Vordergrund. Mein guter Freund Felix Heidenberger, selbst alter Dresdner, hatte Redaktion und Regie für den geplanten Filmbericht übernommen. Mit zwei Kameraleuten des Mitteldeutschen Rundfunks (MDR) sollten nun einige Szenen im Raum Dresden aufgenommen werden. Von der Direktion der Weißen Flotte hatte Felix die Erlaubnis erwirkt, die SOLVEIG V neben den Fahrgastschiffen an einem der großen Pontons vor der Brühlschen Terrasse festzumachen, um für die Filmaufnahmen das berühmte Panorama als Hintergrund zu haben. Die Stunden, in denen ich an der malerischen Wasserfront vor der Hofkirche und dem Albertinum liegen durfte, werden mir für immer unvergeßlich bleiben. Dies sind die Augenblicke im Lebensablauf, die zählen, in denen Vergangenheit und Gegenwart, aber auch Zukünftiges gemeinsame Bedeutung erlangen.
Die weiteren Ereignisse des Tages prägten sich mir auf ganz andere Weise ins Gedächtnis. Ich sollte ein Stück elbaufwärts fahren, möglichst bis Schloß Pillnitz, um vom Boot einige Szenen außerhalb der Stadt einzufangen. Der Kameramann wünschte sich auch Aufnahmen des fahrenden Bootes von Land aus. Dazu mußte ich ihm natürlich eine Möglichkeit geben, mit der Kamera ans Ufer zu kommen. Und das war leichter gesagt als getan! Nach zwanzig Minuten näherten wir uns dem „Blauen Wunder", der imposanten Elbbrücke bei Loschwitz, fuhren unter der riesigen Stahlkonstruktion hindurch und an Weinbergen und Schlössern vorbei flußaufwärts. „Wir sollten jetzt unseren Kameramann an Land setzen, das Panorama ist ja wunderbar", schlug Felix vor, aber ich konnte keinen geeigneten Schwimmsteg oder Ponton zum Festmachen entdecken. Mehrere Klubanlagen zogen vorüber, deren Anleger aber alle zu klein und auf zu flachem Wasser verankert waren. Unruhe breitete sich aus, denn das Team hatte nur beschränkte Zeit zur Verfügung. Endlich, etwa fünfzig Meter voraus, sah ich einen Schwimmsteg, der ein gutes Stück in den Strom hinausreichte und an dem ein Motorboot bereits festgemacht hatte.

Linke Seite: Blick von der Bastei ins
Elbsandsteingebirge

Mit SOLVEIG V weiter elbaufwärts. Im Hintergrund das „Blaue Wunder", die Brücke in Loschwitz

Gerettet vom großen Bruder

Langsam und vorsichtig steuerte ich auf die Pontons zu. Aber da krachte es schon! Ich riß sofort den Gang heraus, doch mit einem häßlichen Knirschen, mit Rumpeln und harten Stößen schleifte der Kiel über die Steine am Grund. Wir lagen fest. Die Strömung drückte das Boot quer, wir bekamen Schlagseite. Ein kurzer Versuch, mit Rückwärtsfahrt wieder tiefes Wasser zu erreichen, scheiterte. Wir bewegten uns keinen Zentimeter.

Was nun? Ich fluchte erst einmal gehörig, dann versuchten wir, über Schiffsfunk Hilfe herbeizuholen – vergeblich. Jetzt aber näherte sich ein Fahrgastschiff der Weißen Flotte aus Richtung Dresden. Es war die BAD SCHANDAU, und sie fuhr natürlich vorbei. „Der hat eben seinen Fahrplan und kann keine private Hilfe leisten", bemerkte Angelika traurig.

„Wenn jetzt ein Schubverband vorbeikommt und uns mit seinem Schwell auf die Steine setzt, ist unsere Reise zu Ende", sagte ich verzweifelt. Doch plötzlich – ich traute meinen Augen nicht – stoppte das Fahrgastschiff und drehte in weitem Bogen auf uns zu. Ein Freudenschrei: „Der kommt zurück! Legt eine Leine bereit, eine lange Trosse!"

Was jetzt begann, war kein einfaches Manöver. Schließlich wollte der Kapitän des Fahrgastschiffs nicht selbst auf Grund geraten. Sehr, sehr langsam und gekonnt schob er sein großes Schiff in der Strömung so nahe heran, daß wir die Schleppleine hinüberwerfen konnten. Eine Deckshand belegte das Ende, und der Dampfer zog an. Mit einem Ruck spannte sich die Trosse, ich spürte einen kurzen Stoß auf den Steinen, ein Zittern ging durch die SOLVEIG. Dann richtete sie sich auf, unter dem Kiel knirschte es – und wir waren frei! Frei auf tiefem Wasser!

Mir wurde erst einmal übel, der Schreck wirkte nach. Dann verdrängte Erleichterung die Aufregung. Wir waren noch gut zwanzig Meter vom Ufer entfernt gewesen, das Wasser hatte tief genug ausgesehen, aber mit der Elbe ist oberhalb Dresden überhaupt nicht zu spaßen. Ich hätte das Fahrwasser keinesfalls verlassen dürfen – Herr Finke hatte mir diese Warnung doch mit auf den Weg gegeben!

Ein wenig bedrückt versuchten wir, die weiteren Aufnahmen doch noch in den Kasten zu bekommen, und hatten schon wenige hundert Meter oberhalb endlich Erfolg: vor der bekannten Werft in Laubegast lag ein Frachtschiff vor Anker. Dort erlaubte uns die Crew, längsseits zu gehen. Der Kameramann konnte mit seinem schweren Gerät übersteigen und vom Deck des Frachters aus ein paar wirkungsvolle Szenen mit der SOLVEIG in Fahrt drehen.

Pillnitz mußten wir an diesem Tag aufgeben, dazu war die Zeit zu knapp geworden. Mein Gemütszustand war etwas wackelig, Propellerwelle und Ruder aber blieben fest und unbeschädigt. Dank sei dem hilfsbereiten Kapitän der BAD SCHANDAU!

Wir kehrten in den Hafen Pieschen zurück und verabschiedeten uns von Felix und seinen Kollegen vom MDR. Das Wetter blieb anhaltend sonnig, und immer mehr braunes Gras kam an den Ufern zum Vorschein. Gerne hätte ich zur Sicherheit einen Blick auf unser Unterwasserschiff geworfen, aber Herr Finke winkte ab. Die Wassertiefe reichte schon nicht mehr für den Slipwagen. Also mußte ich die Untersuchung von Ruder und Propeller verschieben.

Neben dem WSA lagen Schwimmstege eines Motorbootklubs, von denen einige auch für Gäste bereitstanden. Die Schwimmer und Planken hatten sich die Sportler auch hier in ihrer Freizeit selbst zusammengeschweißt. Zusammengeschweißt wurde in den Zeiten des Mangels auch die Kameradschaft und das Gefühl der Zusammengehörigkeit. Wo ist es im Westen nur geblieben?

Ein Klubmitglied kam später mit seiner Frau zur SOLVEIG und bat mich: „Ich wollte meiner Frau Ihr Boot zeigen. Dürfen wir mal das Teakdeck betrachten? Wissen Sie, wir haben noch nie Teak gesehen, so was hat's bei uns ja nicht gegeben." Fast schämte ich mich für die komfortable Ausstattung unseres Bootes, als er an Bord kam und ich bemerkte, wie er mit den Fingerspitzen so vorsichtig über das glatte Holz strich, als wäre es kostbarer Samt: voll Zartgefühl und Hochachtung für das edle Naturprodukt.

Später dachte ich lange über diese Szene nach. Einen vergleichbaren Vorgang wie die Vereinigung der beiden Teile Deutschlands nach vierzig Jahren grundverschiedener Lebensbedingungen und Weltanschauungen hat es meines Wissens in der Geschichte noch nie gegeben. Es wird viel Verständnis und stille Behutsamkeit im Umgang miteinander brauchen, wenn diese Verschmelzung zu einer echten Gemeinsamkeit führen soll.

Wiedersehen mit der Semper-Oper

Für unsere Fahrten in die Stadt nahmen wir die Straßenbahn, die alle zehn Minuten verkehrte. Auf dem Weg zur nahegelegenen Haltestelle und während der Einkaufsgänge stellten wir fest, daß von Dresdens alter Bausubstanz, gerade in der Neustadt, an einigen Stellen noch ziemlich viel erhalten war. Ich machte mir deshalb Hoffnung auf eine baldige Wiederherstellung der früher so prachtvollen Fassaden und versuchte, davon auch Angelika zu überzeugen, die das alte Stadtbild ja nie gekannt hatte.

Was uns an Dresden besonders beeindruckte, war die rührende, ja fast peinliche Liebenswürdigkeit und Hilfsbereitschaft, die uns bei allen Gelegenheiten entgegengebracht wurde. Ob es der Schaffner in der Straßenbahn war, der meinte, ich solle mir den Fahrschein fürs nächste Mal aufheben, weil ich den Entwerter nicht gleich gefunden hatte, oder einfach ein Vorübergehender, der sah, daß ich im Stadtplan suchte, und daraufhin sofort seine Hilfe anbot – jedermann schien bemüht, dem Besucher beizustehen. Einmal ließ sogar ein Fahrer seinen Straßenbahnzug halten, weil er geglaubt hatte, wir wollten aussteigen; er fuhr erst weiter, nachdem ich ihm erklärt hatte, daß wir es uns anders überlegt hätten.

Natürlich führte unser erster Rundgang in der Altstadt zur wiederaufgebauten Semper-Oper. Sie ist und bleibt für mich – neben Wien – das schönste Opernhaus der Welt. Viele Jahre lang war ich dort Stammgast gewesen, denn als Schüler hatte ich kurzfristig Karten für die unverkauften Plätze bekommen – für sechzig Pfennige! Es war die große Zeit der Dresdner Oper gewesen, als Chefdirigent Karl Böhm zweimal wöchentlich am Pult stand und über ein Ensemble von Gesangstars verfügte, um die ihn jedes Opernhaus der Welt beneidete. Und es war dem besonderen Flair von Dresden zu danken, daß diese Größen meist ein Leben lang dem Haus und der Stadt treu blieben. Allerdings konnten sie auch auf ein großartiges Publikum zählen. Oft erkannte ich in den Pausen berühmte Schauspieler oder auch Dichter wie Gerhart Hauptmann, der seine ständige Loge im Ersten Rang hatte.

Da ich nicht der einzige war, der sich einen preiswerten Opernbesuch mit Schülerausweis erhoffte, mußten wir bei diesem allabendlichen Roulettespiel immer voraussehen, wie groß die Nachfrage bei der jeweiligen Vorstellung sein würde. Dabei waren die Besetzung, das Werk selbst, der Wochentag, die Jahreszeit und das Wetter in die Kalkulation einzubeziehen. Nach einem Jahr war ich darin so erfahren, daß ich nur sehr selten nach Hause gehen mußte, ohne die Vorstellung gehört zu haben.

Andächtig stand ich jetzt nach über fünfzig Jahren auf den niedrigen Stufen vor der Tür zum Kassenraum, auf denen ich so manche Stunde mit klopfendem Herzen gewartet hatte. Als wir danach über den Opernplatz gingen, fiel uns eine Gruppe von Fremden auf, die eben aus einem Omnibus gestiegen waren. Unter ihnen befand sich ein alter Herr, der, offenbar blind, von seiner Frau geführt wurde. Auch er näherte sich langsam der bekannten Tür, streckte auf den Stufen die Arme aus und betastete erst den rauhen Sandstein der Mauer, dann das Holz der Tür und den Griff. Auch das war wohl eine Art von Wiedersehen ... Es leben gewiß noch viele Menschen, die dieses Haus und die Stadt Dresden geliebt haben und weiter lieben werden.

Prunkgondeln auf der Elbe

Vor der nächsten Ausfahrt wollte ich unter allen Umständen einen Ölwechsel durchführen, denn wir hatten dem Motor bereits 150 Stunden Flußfahrt mit demselben Öl zugemutet. Zum ersten Mal auf dieser Reise mußte ich darangehen, das Altöl abzupumpen und den Filter zu wechseln. Diese Arbeit vollzog sich mitten im Steuerhaus, in der „Guten Stube" des Bootes, weil dort unter den Bodenbrettern mittschiffs der Motorraum untergebracht war. Vorsichtiger Umgang mit der schwarzen Ölbrühe war da dringend geboten! Auch der Dieseltank war ziemlich leer, und da es in Dresden keine Tankmöglichkeit an der Elbe gab, mußten wir den Kraftstoff in Kanistern von der nächsten Straßentankstelle holen: dreihundert Liter! Wenigstens stand uns für diese mühsame Arbeit der Wagen von Angelikas Mutter, die zu Besuch gekommen war, zur Verfügung.

Vorsichtiges und mühevolles Auftanken mit Kanistern

Blick von den Loschwitzer Höhen
auf das „Blaue Wunder" und
die Dresdner Altstadt

Am frühen Morgen des 2. Mai begannen wir unsere Tagesfahrt in die Sächsische Schweiz. Diese Bezeichnung für den schönsten Teil des Elbsandsteingebirges hat tatsächlich mit der Schweiz zu tun. Sie geht nämlich auf zwei Schweizer Professoren zurück, die 1766 an die Dresdner Kunstakademie berufen wurden und die bis dahin fast unbekannte Wildnis erforschten. Ihre Begeisterung über die Naturschönheiten des von den Dresdnern noch gemiedenen Felsengebirges lockte weitere Schweizer an, und die Künstler machten in den folgenden Jahren durch ihre Bilder, Zeichnungen und Stiche die „Sächsische Schweiz" als romantisches Ausflugsziel nachhaltig beliebt und bekannt.

Diesmal ohne Zwischenfall, steuerten wir erwartungsvoll stromaufwärts und bewunderten die malerischen Weinberge und die von Parkanlagen umgebenen Schlösser an den Uferhängen, denen die Landschaft bei Loschwitz und Wachwitz ihren besonderen Charme verdankt. Nur wenige Kilometer weiter oberhalb liegen die Schloßanlagen von Pillnitz, die den Wasserwanderer allein schon durch den Anblick des Wasserpalais und seiner breiten Freitreppe beeindrucken.

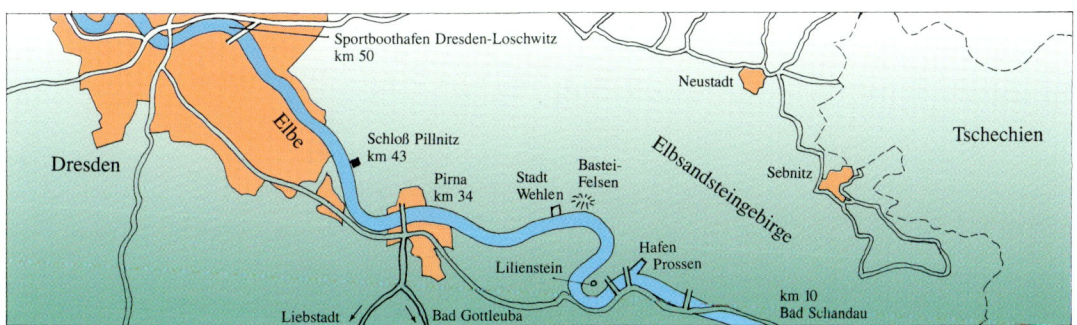

Schloß Pillnitz, das Lustschloß August des Starken, mit der Freitreppe zum Elbufer

Für kleinere Boote ist hier sogar ein kurzfristiger Aufenthalt (noch?) möglich. Ein Ruder-Achter aus Köln legte gerade an, und die Herrenmannschaft machte sich einen Spaß daraus, ihren luxuriösen Liegeplatz auf Erinnerungsfotos festzuhalten. Ihr schnittiges Boot schaukelte eben dort, wo sich einst die festlich gekleideten Höflinge und Maitressen August des Starken in venezianische Prunkgondeln eingeschifft hatten. Häufigstes Ziel dürfte damals die gegenüber gelegene Pillnitzer Insel gewesen sein, die dem Kurfürsten und späteren König von Polen als Vergnügungspark für besondere Feste diente. August der Starke hatte das Lustschloß Pillnitz um 1725 von seinem Hofarchitekten Matthäus Daniel Pöppelmann, dem Schöpfer des Dresdner Zwingers, erbauen lassen. Stationen der Gondeln auf der Elbe waren hafenartige Wassertreppen, über die sich Schloß Übigau, das Japanische Palais in Dresden und die Pillnitzer Anlage zum Strom hin öffneten.

Hans-Günther Hartmann schrieb in seinem Büchlein über Pillnitz: „Selbst dem Strom war eine besondere Rolle zugedacht: Venedigs Canale Grande sollte im Norden wiederkehren, um der Lebensader des Tales unverwechselbare Züge zu geben. Canalettos Dresdner Veduten zeigen, wie bereits die Kuppel der Frauenkirche Erinnerungen an Santa Maria della Salute weckte und der elegant sich über den Strom schwingende Brückenlauf Pöppelmanns den Rialto zitierte … Zumindest mit der eleganten Treppenanlage (ist) eine der beschwingtesten Architekturschöpfungen des Barocks auf uns gekommen."

Die Baukunstwerke Dresdens und die in ihrer Art einmalige Landschaft des oberen Elbtales machen denn auch das ganz besondere Erlebnis einer Elbefahrt aus. Und wie mir alle Binnenschiffer versicherten, wäre auch eine Fortsetzung der Reise auf dem böhmischen Teil des Stroms, der immerhin bis Aussig schiffbar ist, eine lohnende Unternehmung. Auf der stauge-regelten Elbe und Moldau wäre sogar eine Fahrt bis Prag möglich. Denn es ist ja wahr: Auch Böhmen liegt am Meer, und es sind von dort nur ein paar Tage bis Hamburg. Ein Fluß ist eben viel mehr als nur eine bestimmte Strecke fließenden Wassers – ein Fluß ist Geschichte, vor allem Kulturgeschichte.

Bald nachdem wir das Industriegebiet um Heidenau passiert hatten, erreichten wir die zu beiden Seiten der Elbe gelegene Stadt Pirna, das „Tor zur Sächsischen Schweiz", wie sich die bedeutende Vorstadt von Dresden gerne nennt. Blickfang vom Fluß aus ist neben der schönen alten Brücke das auf hohem Fels gelegene Schloß Sonnenstein aus dem 16. Jahrhundert.

Zu Wasser durch die Sächsische Schweiz

Der nun folgende Stromabschnitt ist schwer zu beschreiben, man muß dieses Tal gesehen und erlebt haben, um seine vielseitige Schönheit und seine Menschen zu verstehen. Glücklich, wer wie wir an einem sonnigen Frühlingstag auf dem stillen Fluß in das romantische Zauberland Sächsische Schweiz eindringen kann!

In diesem breiten Tal herrschte eine Stille, die wir so intensiv und umfassend nicht erwartet hatten. Die Luft schien uns sanfter als anderswo, die Geräusche aus den Ortschaften drangen nur verhalten an unser Ohr. Kein Wunder, daß uns öfter Paddler und Kanuten begegneten, die sich, mit Ausrüstung schwer beladen, auf ihrer Fahrt vom Strom schieben ließen und zwischendurch an den Ufern ein Plätzchen zum Rasten oder Zelten fanden. Auch Segeljollen mit Außenbordern und kleine Motorboote waren wegen des besonders schönen Wetters unterwegs; im Gegensatz zu uns fanden sie an Mauern oder Fährpontons immer wieder eine Möglichkeit zum Festmachen.

Die Ausflugsorte Wehlen, Rathen und Bad Schandau ziehen sich Haus für Haus auf dem schmalen Uferstreifen unter Bergwänden entlang und verzweigen sich landeinwärts in Talstraßen, die, einem Bach folgend, in die Wälder und Schluchten des Gebirges führen.

Zu Wasser geht es
in die Sächsische Schweiz.

Überwältigt sahen wir später zu den senkrecht aufragenden Sandsteintürmen der Bastei empor. Schwer zu sagen, ob der Blick von oben in das Elbtal oder das bewundernde Schauen von unten beeindruckender ist. Fest steht aber, daß die Fahrt in der Ruhe und Einsamkeit des dahinströmenden Gewässers ein stärkeres Naturerlebnis bietet als die Begehung der Felsen zwischen Hunderten von Touristen. Die Fahrt mit dem Schiff nach Rathen oder Bad Schandau war deshalb schon in meiner Kindheit ein heiß begehrter Ausflug. Tatsächlich verkehrten bereits seit 1837 Dampfschiffe zwischen Dresden und der Sächsischen Schweiz, und noch heute sind neben vielen Neubauten auch zwei der inzwischen über hundert Jahre alten Oldtimer im Einsatz.

Gegenüber von Bad Schandau, wo die Elbe in weitem Bogen den Lilienstein umfließt, ragen auf einem gewaltigen Gipfelplateau die Bauten der Festung Königstein auf, des größten noch erhaltenen Festungsbaus Deutschlands. Der Weg um die in langem Oval fast eben verlaufende Mauerkrone ist 1,7 Kilometer lang. Bis ins 19. Jahrhundert hinein dauerte der Ausbau dieser weitläufigen Anlage, die heute wegen des einmalig schönen Ausblicks jedes Jahr von unzähligen Touristen besucht wird.

Rechts: Die Sandsteintürme
der Sächsischen Schweiz

Unten: Stadt Wehlen an der Elbe,
im Vordergrund eine Gierfähre

Vorangehende Doppelseite:
Blick von der Festung Königstein
auf den großen Elbbogen und
den Lilienstein

Bewegende Heimkehr

Nicht weit vom Königstein und nur fünfzehn Kilometer von Pirna entfernt liegt Schloß Kuckuckstein, Stammsitz der Familie meiner Mutter. Die Burg mit ihren bis zu vier Meter dicken Mauern, mit Wehrgang, Turm und Zugbrücke wurde vermutlich um das Jahr 930 zur Zeit von Heinrich I. erbaut, ist also ebenso alt wie Meißen. Sie befand sich seit 1774 im Besitz der Familie von Carlowitz. Ein Wiedersehen mit dem Schloß, in dem ich als Kind glückliche Tage verbracht hatte und das mir als Heimat meiner Mutter und meiner Großeltern ans Herz gewachsen war, bildete folglich nach Dresden den zweiten Höhepunkt meiner Flußfahrt nach Sachsen.
In einem Reiseführer heißt es über Kuckuckstein: ,,Mit seinen Zinnen und Türmen kommt das Schloß der Vorstellung von einem Märchenschloß sehr nahe". Verständlich also, daß die Burg mit Wallgraben und Zugbrücke auf einen abenteuerlustigen Jungen ungeheure Faszination ausübte. Dazu kam noch das heimliche Grauen vor den gewundenen Gängen und dunklen Treppen, denn meine Mutter erzählte mir oft von einem Gespenst, der ,,Weißen Frau", die öfter gesehen worden sei und die vor allem, wie sie mir anschaulich zu schildern wußte, nachts von den Hunden winselnd wahrgenommen wurde.
Liebstadt mit Schloß Kuckuckstein liegt am Eingang des Ost-Erzgebirges in einem Talkessel und wurde 1286 erstmals urkundlich erwähnt. Das auf schroffem Felsen über der Ortschaft aufragende mächtige Schloß prägt noch heute das Bild der Landschaft.
Von Pirna kommend, fuhren wir beide mit klopfendem Herzen auf schmaler Straße durch das verschlungene, immer enger werdende Tal der Seidewitz, eine Waldlandschaft, die man am ehesten mit dem Wort ,,lieblich" beschreiben könnte. Wir fühlten uns wie Schatzsucher, die mit Hilfe geheimer Aufzeichnungen ein seit langem vergessenes Versteck zu finden hofften. Die wenig befahrene Straße folgte den Windungen des Baches, und es war ein bewegender Eindruck, als dann unvermittelt hinter einer Biegung die ersten Häuser von Liebstadt und hoch darüber das Schloß auftauchten. Welch beherrschende Rolle hatte dieses Schloß in allen Erzählungen meiner Mutter gespielt! Und natürlich stand Kuckuckstein auch im Mittelpunkt all meiner Erinnerungen an Kindheit und Familie. Weil mir Dresden und Liebstadt durch den Eisernen Vorhang weit entrückt gewesen waren, hatten sie in meiner Vorstellung geradezu märchenhafte Züge gewonnen.
Das Schloß vor Augen, hielt ich den Wagen erst einmal an und stieg aus, um meine Fassung zurückzugewinnen. Nach fünfzig Jahren stand ich der Wirklichkeit von einst gegenüber, einer Wirklichkeit, die für mich nichts von ihrem Zauber eingebüßt hatte. Kuckuckstein im goldenen Schein der Frühjahrssonne: Das war ein Anblick, der mich schlagartig zurückversetzte in die Tage, an denen ich, mit dem Fahrrad von Dresden kommend, das gleiche Bild zwischen den Bäumen hatte auftauchen sehen.
Langsam fuhr ich weiter in die vertraute kleine Stadt und versuchte bei jedem Haus zu erkennen, ob und wie es sich verändert hatte. Ich fand auch die Mühle wieder, in der meine Mutter eine Zeitlang gelebt hatte; ihr Mühlrad freilich war längst einem Umbau zum Opfer gefallen. Wir kamen an einem bescheidenen Haus jenseits des Baches vorbei, das meinem Onkel gehört hatte. Dort fand er Zuflucht, nachdem das Schloß versteigert worden war.
Nach dem Krieg war Kuckuckstein zunächst ,,Volkseigentum" geworden und dann in den Besitz der Stadt übergegangen, die das Schloß der Allgemeinheit als Museum zugänglich machte.

Schloß Kuckuckstein bei Liebstadt (oben)
mit Wehrturm und Zugbrücke (darunter)

Mit viel Idealismus war es in der DDR-Zeit möglich gewesen, das Gebäude in gutem Zustand zu erhalten, was vor allem den Initiativen des Stadtrats und dem früheren Museumsdirektor Thörner zu verdanken war.

Ich machte Angelika auf das Gasthaus ‚Zum Kleeblatt' aufmerksam, das früher zum Schloß gehört hatte: „Eine Gaststätte ist es nicht mehr, aber das Familienwappen kannst du noch sehen." Ein Stück noch rollten wir über das schmale Sträßchen, dann kamen wir an die Brücke über den Bach. Wir ließen den Wagen auf einem kleinen Parkplatz und gingen hinauf, dem alten Tor zu. Angelika versuchte, meine Gedanken zu erfühlen. „Wie ist dir denn jetzt zumute?" fragte sie.

„Das weiß ich nicht genau, aber schon sehr merkwürdig." Ich schüttelte den Kopf. „Ich glaube, es war ein Fehler, daß ich diesen Besuch nicht früher gewagt habe."

Da stand sie nun vor mir, die Burg meiner Vorfahren. Verwittert, aber nicht brüchig. Trotzig, nicht gebrochen. Tausend Jahre Geschichte hatten ihre felsigen Mauern miterlebt. Wie im Traum setzte ich einen Fuß vor den anderen, näherte mich vorsichtig dem Wallgraben und wandte mich dann zu Angelika um: „Siehst du, das ist Kuckuckstein." Mehr fiel mir in diesem Moment nicht ein.

Die Carlowitze auf Kuckuckstein

Ich hatte meinen Besuch angemeldet, und nach kurzer Zeit trat der Leiter des Museums auf uns zu, begleitet von Frau Schwenke, der Sekretärin des Vereins „Freunde von Kuckuckstein". Wir gingen hinein, und er wies auf die Zugbrücke. „Die haben wir erneuert, sie kann jetzt wieder hochgezogen werden. Wir haben uns viel Mühe gegeben, die einzelnen Teile originalgetreu zu rekonstruieren."

Schweigend folgten wir ihm durch das Eingangstor und standen dann im ersten Innenhof. Was meine Familie hier erlebt hatte, die großen Feste und die menschlichen Tragödien, das war nun täglich Thema gut besuchter Führungen. Langsam stiegen wir in die Vorhalle hinauf, wo ein Bild meines Großvaters, hoch zu Roß in Ritterrüstung, an der Wand hing. Die Räume waren ziemlich leer, alle Möbel verschwunden.

Seinerzeit war von einem Geheimgang die Rede gewesen, der die Burg mit der Kirche auf der anderen Seite des Tals verbunden hatte. Meine Mutter hatte mir die Stelle des Eingangs anvertraut und geschildert, wie ihr Bruder als junger Mann hindurchzukriechen versucht hatte, aber auf halbem Weg steckengeblieben war. Jetzt war der Zugang verschüttet und auch für mich nicht mehr auffindbar. Sorgfältig wiederhergestellt fand ich die einstige Freimaurerloge, mit der es eine besondere geschichtliche Bewandtnis hatte. Zur Zeit des Urgroßvaters meiner Mutter hatte das Schloß seine große Zeit erlebt. Dieser Carl Adolph von Carlowitz war eine bedeutende Persönlichkeit gewesen, nicht nur als Majoratsherr von Kuckuckstein, sondern als russischer und preußischer General, als Festungskommandant von Mainz, Magdeburg und Breslau und vor allem als Führer des „Banners Freiwilliger Sachsen" im Kampf gegen Napoleon. Weithin berühmt war seine Bibliothek von rund sechstausend Bänden, und dieser Bibliothek wegen kam Napoleon nach der Eroberung von Dresden auf das Schloß. Er fand dort nicht nur die geheime Freimaurerloge und wertvolle Kunstschätze, sondern auch ein Bild des abtrünnigen französischen Generals Moreau, der zu den Preußen übergelaufen war und an der Seite des Schloßbesitzers von Carlowitz gegen Frankreich gekämpft hatte.

Statt Kuckuckstein niederbrennen zu lassen, entschloß sich Napoleon, selbst Freimaurer, die Bibliothek und die Kunstschätze des sächsischen Freimaurers zu schonen. Er griff zu einem Messer, schnitt die blau-weiß-rote Kokarde aus dem Hut des französischen Generals und klebte sie unter das Bild. Mit Bleistift schrieb er daneben: „Der Verräter war ihrer nicht würdig" (le traître en était indigne).

Das kostbare Dokument wie auch die Bibliothek gerieten bei der Versteigerung des Schlosses 1931 in unbekannte Hände. Meine Mutter hatte jedoch vorher eine Fotokopie des Stichs anfertigen lassen. Von dieser Kopie, die wiederum beim Luftangriff auf Dresden mit unserer gesamten Habe verbrannte, hatte sie einigen Verwandten Abzüge zukommen lassen, und so kam es, daß ich bei unserem Rundgang durch das Schloß ein solches Duplikat an der Wand entdeckte.

Im Rittersaal, wo meine Mutter ihre Hochzeit gefeiert hatte, erklärte uns der Museumsleiter mit berechtigtem Stolz: „Es ist uns gelungen, den Original-Kronleuchter wiederzufinden und zu restaurieren." Er drehte das Licht an, und das prächtige Stück erstrahlte in hellem Glanz. Es beleuchtete den großen Kamin und die hölzerne Wandverkleidung, die ebenfalls erhalten geblieben war.

Manche historisch interessante Ecke und viele uralten Steine wurden mir gezeigt, zuletzt auch das Burgverlies, in dessen engem Gemäuer tatsächlich einmal ein Gefangener geschmachtet hatte. Als Kind hatte ich solche Verstecke und Winkel nicht aufsuchen dürfen, das hatte mein Großvater verboten, und vor dem hatte ich mächtigen Respekt. Er war der Schloßherr, für mich etwas unvorstellbar Großartiges. Ich sehe ihn noch mit seiner Zigarre im Mund am Schreibtisch sitzen. Er war Majoratsherr auf Kuckuckstein gewesen, Kammerherr beim letzten König von Sachsen. Und ich erinnere mich, wie der alte Herr die bekannte Geschichte von der Abdankung des Königs erzählte: Eine Abordnung der Arbeiterschaft war im November 1918 in das Dresdner Schloß vorgedrungen und stand nun etwas verlegen und hilflos vor dem außerordentlich beliebten und volkstümlichen Monarchen. Der fragte die Männer nach ihrem Begehr, und als diese scheu hervorbrachten, daß man seine Absetzung beschlossen habe, sagte er nur: „Na scheen, dann machd eiern Dregg alleene!"

Nur fünfzehn Jahre lang war es danach dem Freistaat Sachsen vergönnt, seinen „Dregg alleene" zu machen. Die große Wirtschaftskrise der dreißiger Jahre beendete nicht nur die Epoche der Carlowitze auf Kuckuckstein, sondern auch die der jungen Demokratie. Am Ende folgten Gewaltherrschaft und Terror, und nach dem Zweiten Weltkrieg verließen neben den Adelsfamilien, die ohnehin enteignet wurden, auch fast alle bedeutenden Künstler, Schauspieler, Sänger und Dirigenten das Land. Von den Westmächten bereits durch vernichtende Bombenangriffe auf Dresden und Leipzig geschlagen, wurde dem Land Sachsen nun von den Ostmächten eine neue Tyrannei aufgezwungen. Unermeßliche Reparationsforderungen stürzten es in bitterste Armut.

Die großen Schöpfungen auf dem Gebiet der Kultur und Kunst wirken indessen bis in die Gegenwart fort. Ob es die Burgen und Schlösser des Adels, die Kirchen, die Gehöfte der Bauern, die Häuser der Bürger und vor allem die prächtigen öffentlichen Bauten und Brücken sind – überall in Stadt und Land trifft man auf eindrucksvolle Zeugen vergangener Epochen.

Unzerstörbar lebendig blieben die musikalischen Werke von Heinrich Schütz, Johann Sebastian Bach, Robert Schumann, Richard Wagner und die Aufführungen weltbekannter Klangkörper wie des Thomaner und des Kreuzchors oder der Sächsischen Staatskapelle.

Besonders beeindruckt waren wir von den Erfahrungen, die wir im Umgang mit den Menschen Sachsens gemacht hatten, und nur ungern dachten wir an unsere Rückfahrt, die wir bereits nach so kurzer Zeit antreten mußten. Aber sehr heißes und trockenes Wetter ließ den Wasserstand der Elbe weiter sinken. Uns blieb keine andere Wahl. Wir mußten sogar noch froh sein, wenn wir Magdeburg ohne ernsthafte Schwierigkeiten erreichen konnten. Denn das Wasserstraßenkreuz Magdeburg sollte unser Ausgangspunkt zur weiteren Erkundungsfahrt in die Seen und Kanäle Brandenburgs, Mecklenburgs und Vorpommerns werden.

Gelegentlich saßen wir auch zu zweit am Steuer, um gemeinsam den Ausblick zu genießen.

5 Wasserwandern im Havelland

Alle Religionen sind gleich und gut, wenn nur die Leute, so sie professieren, ehrliche Leute sind. Und wenn Türken und Heiden kämen und wollten das Land peuplieren, so wollen wir ihnen Moscheen und Kirchen bauen.

(Friedrich der Große)

SOLVEIG stromabwärts zu steuern, das war für uns eine ganz neue Erfahrung. Vorbei war es mit der Beschaulichkeit, an die wir uns von der Bergfahrt her gewöhnt hatten. Die Geschwindigkeit der Strömung mußten wir zur eigenen Fahrt hinzuzählen, statt sie wie bisher abzuziehen. Außerdem wurde das neun Tonnen schwere Boot bergab an sich schon schneller. So schossen wir mit dreimal höherer Fahrt als sonst auf Markierungen, Untiefen und entgegenkommende Fahrzeuge zu. Bei Ausweichmanövern, aber auch bei der Umfahrung von Tonnen, blieb uns nicht viel Zeit zum Nachdenken. Einen Acht-Stunden-Tag am Ruder konnten wir nur durchstehen, wenn wir einander häufig ablösten.

Vor Dessau, im Bereich des militärischen Sperrgebiets, gerieten wir in eine Pionierübung der Bundeswehr. Mehrere Fährpontons wurden gerade zu einer Brücke zusammengeschoben, Schlauchboote kurvten mit schäumender Bugwelle kreuz und quer über den Strom. Erschreckt hielt ich ein paarmal die Luft an, zumal die Soldaten kräftig winkten und mich dadurch zusätzlich verunsicherten.

Durfte ich hier vielleicht nicht fahren?

Doch bald merkte ich: Das Winken galt nicht meiner Fahrweise, sondern meinem weiblichen Bootsmann Angelika. Dann winkt mal schön, dachte ich, Spaß muß sein. Weniger Freude machte uns ein paar Kilometer weiter die Fähre in Aken. Überhaupt wurden die Gierfähren bei der Talfahrt zu einer echten Gefahr für uns. Befand sich das Fährschiff gerade auf der falschen Seite und konnte es die Beladung nicht rechtzeitig beenden, so mußten wir unser Boot wenden, und zwar schon vor dem ersten gelben Schwimmer, an dem das Stahlseil befestigt war. Bei dem schnellen Tempo war das so ähnlich, als ob man einen Schlitten in Schußfahrt plötzlich herumreißen müßte.

Vor Aken kamen wir bei einem solchen Manöver in ziemliche Bedrängnis. Die Fähre setzte sich nämlich genau in dem Augenblick in Bewegung, als wir den ersten Schwimmer passiert hatten, und schnitt uns mit ihrem Seil den Weg ab. Aber Sportboote müssen gegenüber der Berufsschiffahrt stets zum Ausweichen bereit sein, Höchstfahrt hin oder her. Die Strommitte war uns durch die Stahltrosse versperrt, mir blieb für das Wenden nur noch ein schmaler Streifen Wasser. Jeden Augenblick rechnete ich mit

Linke Seite: Der Berliner Dom

einer Grundberührung. Grundberührung – was für ein verharmlosender Ausdruck für den gewaltigen Schlag, wenn das schwere Boot mit voller Fahrt im Strom auf Steine oder Felsen krachen würde! In Gedanken hörte ich diesen Schlag bereits, fühlte schon den Aufprall, als wir nicht schnell genug drehen konnten und zu nahe ans Ufer gerieten. Aber diesmal hatten wir Glück, das Wasser war hier tief. Eine Viertelstunde Wartezeit, dann konnten wir – nach einer weiteren Wende – an der Fähre vorbei unsere Reise fortsetzen.

Mit einer Durchschnittsfahrt von 18 bis 20 Stundenkilometern über Grund glitten wir rasch stromab. Für die 270 Kilometer von Dresden bis Magdeburg benötigten wir nur zwei Tage, gönnten uns lediglich eine Übernachtung in Torgau. Der Wasserstand war seit unserer Bergfahrt mächtig gesunken und reichte nur noch gerade eben für unsere Sicherheit aus. Das Echolot zeigte meist nur 1,1 bis 1,2 m unter dem Kiel. Einen halben Meter weniger, und wir hätten nicht mehr fahren können.

Bei ermüdender Hitze machten wir schließlich am Abend des 11. Mai in der Hollenbach-Marina in Magdeburg fest. Angelika hängte das Moskitonetz übers Cockpit und bereitete ein schnelles Abendessen, dann sanken wir erschöpft auf unsere Koje.

Am Morgen des 14. Mai steuerten wir wieder in den Strom, um unterhalb Magdeburgs in die Havel zu gelangen. Diesmal wollten wir uns die Mühe des Kanisterschleppens ersparen und lieber am BP-Tankschiff bunkern. Aber wir hatten uns verrechnet. Zunächst mußten wir über eine Stunde lang warten, da das Schiff gerade bei einem Frachter längsseits gegangen war und dessen Vorrat ergänzte. Danach konnten wir zwar am Tankschiff festmachen und hatten in wenigen Minuten die benötigte Menge Diesel im Bauch der SOLVEIG, aber dann folgte eine böse Überraschung: Für jeden Liter zahlten wir 1,50 DM, also für 200 Liter fast 80 DM mehr als an der Straßentankstelle! Der Treibstoff wird an die Berufsschiffahrt steuerfrei abgegeben und hat vielleicht deshalb einen höheren Grundpreis, der die Unkosten für das Tankschiff decken soll. Bei Sportbooten kommt die Steuer nachträglich hinzu, und so stand auf unserer Rechnung am Ende eine stattliche Summe. Die Beschaffung von Kraftstoff ist für Boote zum Problem geworden, seit die schwimmenden Tankstellen zum Schutz der Umwelt mit so hohen Auflagen belastet sind, daß ihr Betrieb zum Verlustgeschäft werden muß. Und die wenigen Straßentankstellen aus DDR-Zeiten haben fast alle aufgeben müssen. So braucht der Skipper zum Einkauf des nötigen Saftes meist ein geliehenes Fahrzeug oder Taxi und eine genügende Anzahl Kanister.

Drei Wege nach Berlin

Einen Monat Flußfahrt auf der Elbe hatten wir erlebt, genau zur richtigen Zeit, denn nur wenig später hätten wir wegen des niedrigen Pegelstandes die Reise nach Dresden nicht mehr wagen dürfen. Seit den dreißiger Jahren hat es Pläne gegeben, die Elbe durch Staustufen zu regulieren und so für die Schiffahrt eine Mindesttiefe von zwei Metern zu sichern, auch auf der Moldau bis Prag. Dieses Projekt ist aber seit geraumer Zeit aus Umwelt- und Kostengründen vom Tisch. Leider wird dennoch von einigen Umweltschützern das Gespenst einer kanalisierten und regulierten Elbe an die Wand gemalt und damit Stimmung gemacht. Wozu? Der für den umweltgünstigen Transport von Massengütern so wichtige Wasserbau gerät auf diese Weise in ein schiefes Licht. Eine Stauregulierung auf der Elbe wird es mit Sicherheit nicht geben. Vielmehr hat man auf der Werft Rosslau bereits begonnen, einen neuen, leichteren Frachtschifftyp zu entwickeln, der weniger Wasser verdrängt und seine Lasten auch bei einer Tauchtiefe von nur 70 bis 80 Zentimetern wirt-

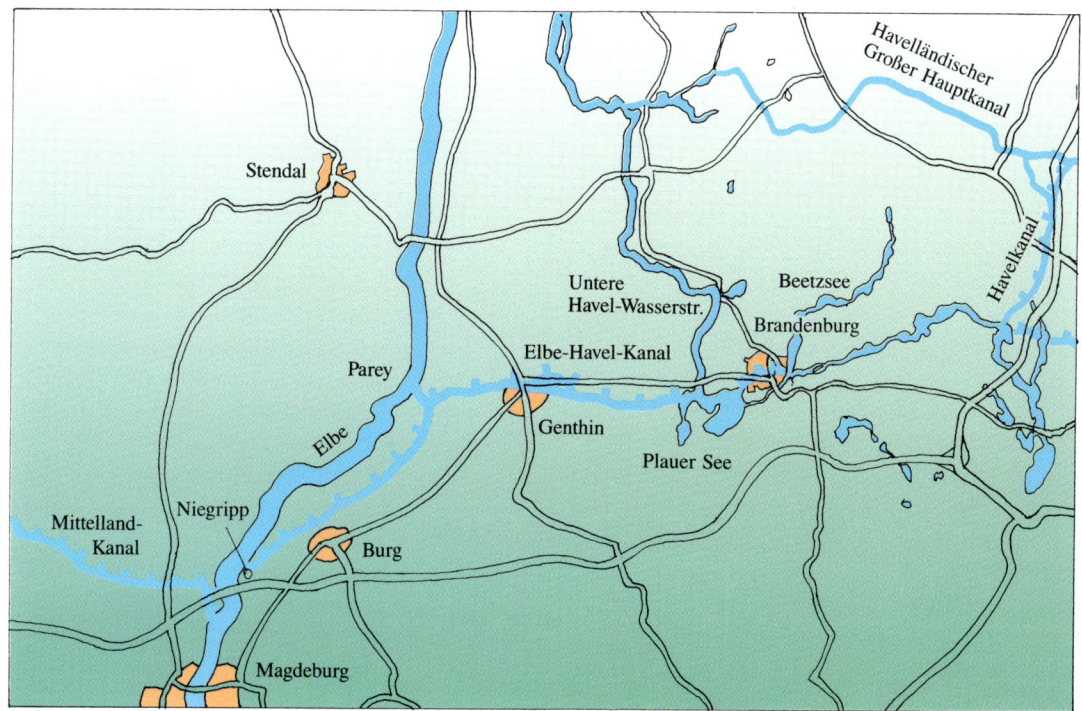

schaftlich befördern kann. Die Fahrgastschiffe der Weißen Flotte haben sich übrigens schon immer an einem Tiefgang orientiert, der eine ganzjährige Fahrt zuläßt.

Um von der Elbe in die Havel und nach Berlin zu gelangen, gab es für uns als Talfahrer drei Wege: Einmal mündet wenig unterhalb von Magdeburg der Niegripper Verbindungskanal zum Elbe-Havel-Kanal quasi als Fortsetzung des Mittellandkanals; dann gibt es dreißig Kilometer weiter zu Tal bei Parey nochmals einen Verbindungskanal. Die Mündung der Unteren Havel-Wasserstraße bei Havelberg ist die dritte Möglichkeit, schon nahe an Niedersachsen, und bildet die kürzeste Wasserverbindung zwischen Hamburg und Berlin.

Auf Anraten unseres Freundes von der Berufsschiffahrt wählten wir den zweiten Weg, um noch für dreißig Kilometer nach Magdeburg die Strömung der Elbe nutzen zu können. Auf diese Weise vermieden wir das parallel zur Elbe verlaufende Kanalstück und sparten außerdem Zeit und Treibstoff. Bei Parey gingen wir durch die Schleuse in den Verbindungskanal und durchfuhren an einem Tag den eher etwas langweiligen Elbe-Havel-Kanal bis zum Plauer See. Dort fanden wir am Seeufer vor Kirchmöser einen guten Liegeplatz. Mehrere Segelvereine mit ausgedehnten Steganlagen, Klubhäusern und Gaststätten sind am Plauer See angesiedelt.

„Die Havel", schrieb Fontane, „ist ein aparter Fluß." In der Tat läßt sich ihr eigenartiger Lauf nur mit Mühe veranschaulichen. Sie fließt in weitem Bogen bei sehr geringem Gefälle von der Mecklenburger Seenplatte nach Süden bis Berlin, dann ein Stück nach Westen bis Brandenburg und schließlich nach Norden, um nur wenige Kilometer von ihrem Quellgebiet entfernt in die Elbe zu münden. Auf ihrem 340 Kilometer langen Weg durch flaches Land bildet die Havel eine unglaubliche Zahl von Seen und Sümpfen, die ihrer Flußlandschaft den einmaligen Charakter verleihen. Die Fischerei auf der Havel ist gewiß ebenso alt wie die Besiedelung und geht bis in die Steinzeit zurück. Noch heute leben in der Havel und ihren Seen 37 verschiedene Fischarten, von denen inzwischen einige leider vom Aussterben bedroht sind. Jährlich müssen jetzt 1 500 Kilo Aalbrut angekauft und ausgesetzt werden, damit sich die Bestände langsam wieder erholen.

Seit jeher war dieser strömungsarme und verhältnismäßig tiefe Fluß für den Transport von Gütern geeignet; er wurde schon vor 1914, zumindest streckenweise, kanalisiert. Die Arbeiten begannen in den Jahren 1905 bis 1912 und dienten in erster Linie dazu, das Hochwasser der Elbe schneller abfließen zu lassen, damit die riesigen Flächen guten, aber überschwemmten Bodens landwirtschaftlich genutzt werden konnten. Grundlage dieser Bauarbeiten war ein „Gesetz über die Verbesserung der Vorflut- und Schiffahrtsverhältnisse auf der unteren Havel" aus dem Jahr 1904.

Stilles, fast stehendes Wasser der kanalisierten Havel war auch für uns das markanteste Zeichen unseres Übergangs vom Elbestrom in das Fluß- und Seengebiet der Mark Brandenburg. Das Gefälle der Havel beträgt nur etwa vier Zentimeter auf einen Kilometer. Wir konnten nun langsamer fahren, leichter manövrieren und mußten nicht ständig eine Grundberührung befürchten.

Brandenburg und seine Seen

Als ersten der märkischen Seen durchquerten wir den Plauer See. Hier bekamen wir einen Eindruck von der typischen Havellandschaft und ihrer Vielfalt an Wasserläufen. Allein im Gebiet um Plaue könnte man leicht eine Woche bleiben, wollte man alle Windungen und Seitenarme des etwa zwölf Kilometer langen Sees ausfahren. Das gut betonnte Fahrwasser zieht sich dann immer weiter durch die angrenzenden Seen, die ringartig um die Ortschaften Plaue und Kirchmöser angesiedelt sind. Nur die Namen seien genannt: der Breitlingsee, der Mössersche See, der Quenzsee, der Große Wendsee und der Wusterwitzer See. Daneben locken verschiedene Altarme, Lanken und sonstige Nebengewässer der Havel zu einem Abstecher.

Was ich als noch aufregender empfand: den gesamten weiteren Lauf der Havel bis Potsdam und Berlin könnte man als einen einzigen langgestreckten See ansehen! Gelegentlich wird das Fahrwasser zwar etwas enger, dann aber weitet sich die Wasserfläche wieder, verzweigt sich in Nebenarme oder bildet tiefe Einbuchtungen.

Wir übernachteten an der Steganlage des Eisenbahner-Segelclubs von Kirchmöser und fanden schon am nächsten Vormittag wieder einen ausgezeichneten Liegeplatz im Herzen der Stadt Brandenburg.

Brandenburg, von mehreren Kanälen und einem Arm der Havel durchflossen, ist ein bedeutendes Wassersportzentrum. Zwischen grünen Gärten hindurch steuerten wir auf das Stadtzentrum zu und glaubten unseren Augen nicht zu trauen, als wir am schönsten Uferbollwerk vor der Jahrtausendbrücke Schilder entdeckten, die den Platz ausdrücklich als Anleger für Sportboote auswiesen. Wir machten fest, immer gewärtig, daß wir falsch gelesen hatten und eine Aufsichtsperson uns vertreiben würde. Doch niemand kam, der an unserem Boot Anstoß nahm.

Es war ein gemütlicher Platz. Tagsüber saßen ältere Herrschaften auf den Parkbänken, in der Mittagszeit wohl auch Berufstätige für eine kurze Pause, und abends gaben sich Liebespärchen in der Geborgenheit der Büsche und Bäume ein Stelldichein. Auf der anderen Seite des Kanals blickten wir in gepflegte Grünanlagen, und an unserem Ufer überragte die mächtige Ruine der St. Johanniskirche die anschlie-

Im Herzen von Brandenburg:
Jahrtausendbrücke, davor
Uferbollwerk zum Festmachen.
Links die Ruine der St. Johanniskirche.

ßenden Geschäftshäuser. Bei einem Rundgang durch die mittelalterliche Stadt mit ihren Baudenkmälern wie dem Dom und dem alten Rathaus waren wir dennoch bedrückt zu sehen, wie sehr gerade Brandenburg unter den Ereignissen der jüngsten Geschichte zu leiden gehabt hatte. Dutzende malerischer Häuser waren in der DDR-Zeit sträflich vernachlässigt worden, so daß ihre Restaurierung beachtliche Summen verschlingen wird.

Aber Brandenburgs Wiederaufbau ist allerorten in Gang gekommen. An mehreren arg verfallenen Häusern fand ich Tafeln mit Aufschriften wie: „Dieses historische Haus wird demnächst erneuert." Die Stadtverwaltung hat unter dem Motto „Neues Leben – alte Stadt" einen systematischen Aufbauplan entworfen, der in einer ständigen Ausstellung (Heidrichs Mühlen) zu besichtigen war. Schon in wenigen Jahren dürfte die romantische Kulisse der alten Straßen und Gassen weitgehend wiederhergestellt sein.

Eine zusätzliche und für die Menschen härtere Belastung war die Schließung des großen Stahlwerks. Tausende wurden arbeitslos, und eine bedenkliche Zahl junger Menschen verließ die Stadt, um anderswo eine Existenz zu finden. Aber wir lernten auch einen jungen Fotografen kennen, der nicht so schnell aufgeben wollte und auf eine baldige Gesundung der Wirtschaft hoffte. Er gehörte zu den Aktiven, die aus jeder Lage das Beste zu machen wissen, und arbeitete an den Wochenenden für ein Museum. „Mit diesem Zuverdienst kann ich meine Familie ernähren, bis sich die Wirtschaft der Stadt erholt hat", sagte er.

Brandenburg ist eine Wasserstadt. Auf der Dominsel entstand die erste Burg, die im Jahr 929 von König Heinrich I. eingenommen, später

Der historische Steintorturm

An der Stadtschleuse Brandenburg

aber von den Slawen zurückerobert wurde. Seit 1411 regierte hier der Nürnberger Burggraf Friedrich I., ab 1415 Kurfürst, als erster aus dem Hause Hohenzollern, das dem Land Brandenburg und später Preußen bis 1918 seine Herrscher gab.

Die Wasserwege der Stadt teilen sich in einen alten und einen neueren Zweig, die Brandenburger Niederhavel und den Silokanal. Der letztere bleibt der Berufsschiffahrt vorbehalten. Dagegen gehört der alte Stadtkanal den Sportbooten und der Fahrgastschiffahrt allein, da die Stadtschleuse für Schubverbände zu klein und die historische Steintorbrücke zu niedrig ist.

Wir nützten die kurzen Wege ins Zentrum zur Ergänzung unserer Vorräte. Zwei Tage später ließen wir uns in der Schleuse einen Meter höher auf das Niveau des Stadtkanals heben. War die alte Schleuse selbst schon malerisch gewesen, so öffnete sich danach ein wahrhaft romantischer kleiner Hafen, nach vorn abgeschlossen

Brandenburg, die Stadt am Wasser, aus der Luft gesehen.

Begegnung auf der Havel

vom historischen Steintorturm und der Steintorbrücke. In einer Parkanlage neben dem Turm, an prominentester Stelle, steht das mächtige Ehrenmal für die sowjetischen Kriegshelden. Als ehemaliger Frontsoldat finde ich es gut, daß es solche Gedenkstätten gibt und daß sie gepflegt und erhalten werden. Mich stört nur die Tatsache, daß hier wie anderswo eine entsprechende Ehrung für die deutschen Gefallenen fehlt.

Die Steintorbrücke, unter der wir früh morgens durch mußten, hat nur eine lichte Höhe von 2,80 m im Bogenscheitel. Ich hatte unser Boot sehr sorgfältig mit 2,60 m Höhe vermessen. Das sollte eigentlich genügen. Die Durchfahrt war dennoch eine ziemliche Nervensache, weil es schwerer war als gedacht, die Wölbung genau im rechten Winkel und in der Mitte anzusteuern. Aber es klappte, und wir hielten weiter in das Fahrwasser der Havel und ihrer Seen in Richtung Potsdam.

Wegen der Wassertiefe brauchten wir uns keine Sorgen mehr zu machen, sie betrug meist zwischen 2,5 und 3 m, solange wir auch in den Seen die betonnten Fahrrinnen einhielten. Abenteuerlich sah es aus, wenn sich auf einem der Seen plötzlich zwischen den Bäumen ein riesiger Verband von Lastkähnen hervorschob, aus einem Verbindungskanal oder um eine Biegung kommend. Aber ich wußte nach solch einer Begegnung wenigstens sofort, in welche Richtung ich zu steuern hatte, um den Ausgang in das nächste Flußstück zu finden, durch das ich wieder in einen neuen See gelangen würde. Mir erschien diese Art des Fahrens unglaublich aufregend, weil mir die Frachtschiffe das kitzelnde Gefühl gaben, auf einer internationalen Wasserstraße mit Anschluß an die großen Häfen der Nord- und Ostsee unterwegs zu sein.

Noch im Stadtgebiet von Brandenburg verzweigt sich die Havel nach Norden in den langgestreckten Beetzsee und den Riewendsee, eine landschaftlich reizvolle, 21 km lange „Nebenstrecke". Nur wenige Kilometer oberhalb Brandenburgs gelangt man in den Emster Kanal, der in südlicher Richtung verläuft; er führt über den Rietzer See, den Netzener See und den Klostersee zu dem geschichtsträchtigen Städtchen Lehnin mit dem ehemaligen Zisterzienserkloster „Himmelpfort am See". Ich hielt indessen weiter Kurs auf Potsdam.

Historisches Potsdam

Durch Wald- und Sumpfgebiete legte die SOLVEIG V mit schäumender Bugwelle zunächst die Strecke bis zum Trebelsee, nach Ketzin und Paretz zurück. Das Bett der natürlichen Havel verläuft hier in wahren Schlangenlinien. Um diese Strecke zu verkürzen, wurden schon vor langer Zeit Durchstiche gegraben. So entstanden viele Abzweigungen und Altarme, die nach einigen Kilometern wieder in das Hauptfahrwasser münden, um sogleich nach der anderen Seite erneut abzuzweigen. Das wäre ein rechter Irrgarten, hätte man die gerade Route nicht dann und wann gekennzeichnet. Etwas Aufmerksamkeit am Ruder ist dennoch nötig. Gelegentlich hieß es bei uns: „Hast du das Schild eben gesehen? Was stand da drauf? Sind wir noch richtig?" Uns erinnerte die Havel an den Intracoastal Waterway in den USA, der, immer wieder mit dem Ozean verbunden, in vielen Verzweigungen über Flußläufe und Seen von Norfolk bis Miami führt.

Nach zehn Kilometern verbreitert sich die Havel und dehnt sich zum Trebelsee aus, umfließt danach in mehreren Armen die Ortschaft Ketzin und mündet in das Wasserstraßenkreuz bei Paretz. Auf drei Arten kann man von dort aus nach Berlin gelangen. Oder, überspitzt gesagt: „Alle Wege führen nach Berlin!"

Die nördliche Route ist für die Berufsschiffahrt gedacht und führt als Havelkanal unter Umgehung des Stadtgebiets von Berlin in die Obere Havel und den Oder-Havel-Kanal. Dies wäre auch der kürzeste Weg zur Mecklenburger Seenplatte. In West-Ost-Richtung verläuft der Sacrow-Paretzer-Kanal, die direkte Wasserstraße nach Berlin-Spandau und ins Zentrum. Da wir aber möglichst viel von der herrlichen Landschaft der Havelseen erleben wollten, wählten wir die dritte und längste Route. Sie folgt dem natürlichen Lauf der Potsdamer Havel zunächst in südlicher Richtung durch den Kleinen und Großen Zernsee, um nach dem Schwielowsee wieder nordostwärts in den Templiner See zu münden und sich, an Potsdam vorbeiführend, im Jungfernsee wieder mit der direkten Route zu vereinen.

Am Spätnachmittag waren wir durch das Caputher Gemünd in den Templiner See eingebogen. Das einstige Dorf Caputh ist berühmt geworden, nicht nur wegen seiner zauberhaft erhöhten Lage am Südende des Templiner Sees, sondern weil hier ein begeisterter Segler seine vermutlich glücklichsten drei Jahre verbrachte: Albert Einstein. Nur einmal in seinem Leben hatte er sich ein Haus bauen lassen, und das stand in Caputh am Templiner See. Er schilderte es so: „Mein Paradies befindet sich an einem Havelsee. Es besteht nur aus Holz, sandigem Boden und duftenden Kiefern." Und Einsteins Frau Elsa schrieb in einem Brief: „Es ist wohl die beschaulichste, schönste Sommerfrische, die ich jemals mit Albert verbrachte … Unser Schiff ist herrlich; Albert hat seinen eigenen Landungssteg am Garten, er genießt dieses Segelglück sehr ausgiebig."

Und so herrlich verträumt ist es am Templiner See noch heute, trotz der vielen Bootstege, die inzwischen auch weniger Berühmten das gleiche Freizeitglück ermöglichen. Hier begannen wir mit der Suche nach einem Gastliegeplatz. Möglichst nahe an Potsdam sollte er sein, denn ein Besuch von Schloß Sanssouci stand seit vielen Jahren auf meiner Reise-Wunschliste.

Wir fuhren dicht ans Ufer heran und genossen die Aussicht auf das bezaubernde Landschaftsbild. Kiefernwälder, Parks, Dörfer, Kirchen, Schlösser, Gaststätten, Villen, Yachtklubs, Strände und manche berühmten Sehenswürdigkeiten zogen vorbei. Aber die Bootsstege waren alle mit Segel- und Motoryachten belegt und außerdem deutlich als private Klubanlagen kenntlich. Schließlich entdeckten wir am West-Ufer vor der Eisenbahnbrücke, hübsch versteckt neben einer kleinen Landzunge, einige Anlegestege. Hier schien noch nicht alles besetzt zu sein. Wir hielten darauf zu und drehten vorsichtig eine Runde, um die Wassertiefe zu erkunden.

Als erstes fiel uns ein schwarzer Fluß-Schleppdampfer ins Auge, anscheinend ein Arbeitsschiff; von dort wurden wir sogleich angepreit und aufgefordert, längsseits zu kommen. Wir nahmen das Angebot um so lieber an, als wir sicher sein konnten, neben diesem Koloß gewiß nicht auf Grund zu geraten. Es war offenbar der Schiffer selbst, der uns zugerufen hatte, aber wir sahen auch eine Frau, die unter einem Sonnenschirm saß. Das war merkwürdig und paßte nicht zum Bild eines Schleppers. Beide halfen uns, nahmen unsere Leinen wahr, und wir hatten sofort das Gefühl, hier gastfreundlich aufgenommen und gut bewacht zu sein. Dies war wichtig wegen der geplanten längeren Landgänge. Auch war hier laut Karte die S-Bahn in der Nähe, und wie sich später herausstellte, auch ein Bahnhof. Ein Kuriosum, denn die kleine Station, weit ab vom Stadtzentrum und mitten im Grünen, nannte sich „Hauptbahnhof Potsdam". Sicherlich war dies nur eine Übergangslösung im noch nicht wieder ausgebauten S-Bahnnetz. Wie auch immer, wir würden keine Schwierigkeit haben, in die Stadt zu gelangen, und konnten in Ruhe unser Besuchsprogramm planen.

Zunächst erfuhren wir von unserem Gastgeber, daß es sich bei seinem Schiff um einen alten russischen Schlepper handelte, den er kurz nach der Wende von der Sowjetarmee erworben hatte. Welch ein Abenteuer! Schiffer Berg zeigte mir sein gutes und in den Brandenburger Seen sicher einmaliges Fahrzeug mit berechtigtem Stolz. MS VICTORIA stand in großen Lettern auf der Wand des Steuerhauses. Salon, Kombüse und alle kleinen Räume waren gemütlich eingerichtet und gepflegt. Vor allem der Motorraum war wirklich sehenswert. Und der Geruch – herrlich: eine Mischung der Düfte von Öl, Bilge und altem Holz. Die viel zu gewaltige und Treibstoff fressende russische Maschine war gegen ein kleineres Modell ausgetauscht worden, ansonsten aber waren alle Einrichtungen geblieben und gaben dem Schiff einen Hauch von Geschichte, Abenteuer und Exotik.

Schiffer Berg zeigte mir die Rudermaschine. Man konnte sich richtig vorstellen, wie das bullige Fahrzeug jahrelang auf den großen Strömen Dnjcpr und Wolga breite Lastkähne oder riesige

Holzflöße durch die endlosen Weiten Rußlands gezogen hatte. Alle Hebel, Ventile, Schieber und der Druckmesser waren blitzblank und in gebrauchsfähigem Zustand. „Menschenskind", sagte ich, „was könnte man mit so einem Dampfer alles anstellen!" Vorstellungen von begeisternden Fahrten mit mehrköpfiger Crew über das Schwarze Meer, zur Türkei und in die griechische Inselwelt nahmen sofort in meiner Phantasie Gestalt an. Damit hatte ich bei ihm einen schmerzlichen Gedanken wachgerufen. „Ja, gewiß …" Manfred Berg sah jetzt traurig vor sich hin. „An solche Reisen habe ich auch gedacht, aber wie soll ich das noch schaffen? Meine Gesundheit ist angeschlagen, und mir fehlen auch die Mittel dazu."

Ich sah ihn betroffen an, und er fuhr fort: „Meine Frau und ich wohnen jetzt auf dem Schiff. So bin ich doch wenigstens auf dem Wasser und kann ein wenig träumen – von der weiten Welt." Er hielt inne. „Nebenbei verwalte ich hier die Marina, kümmere mich um die Boote, kassiere die Liegegebühren für den Verein. Ich bin sozusagen der Hafenmeister."

Potsdam: Längsseits MS Victoria (oben). Bei Kapitän Berg fanden wir freundliche Aufnahme.

„Und Sie fahren nie mit dem Schiff?" Ich konnte es nicht fassen.

„Doch, doch. Gelegentlich fahren wir schon mal über die Seen, aber für uns zwei ist der Schlepper nicht leicht zu handhaben. Wir leben eben im Sommer auf dem Wasser, nahe dem Strand, dem Wald. Wir hören die Vögel singen, beobachten die Schwäne. Und ich weiß, ich habe ein Schiff und könnte ablegen, wenn ich wollte." Er strahlte. „Die Maschine ist in gutem Zustand, auch die Batterien sind voll. Wir haben immer Strom, 220 Volt, sogar ein Schweißgerät ist an Bord." Er zeigte mir seine perfekt ausgestattete Werkstatt. „Ich kann jede Reparatur an Bord ausführen." Wie zur Bestätigung kam kurz darauf ein Freund und lieh sich das Schweißgerät für eine größere Arbeit.

Ich verabschiedete mich und kletterte zurück auf die SOLVEIG. Am Abend bereiteten wir uns auf den für den nächsten Morgen geplanten Besuch von Potsdam vor. Mit dieser Stadt verbinden sich bedeutende geschichtliche Ereignisse, an deren letzte in den Jahren 1933 und 1945 ich mich noch gut erinnern kann. Potsdam war Mittelpunkt und Geburtsstätte einer bestimmten Geisteshaltung gewesen, die dem Staat Preußen inneren und äußeren Halt gab, ihm eine tragende Staatsidee verlieh. Dazu gehörte auch die Toleranz. Friedrich Wilhelm, der Große Kurfürst, hatte nicht nur das Potsdamer Stadtschloß erbauen lassen, sondern 1685 im Edikt von Potsdam auch den an Leben und Existenz bedrohten Hugenotten eine sichere Zuflucht gewährt.

Sein Enkel, der so oft – und nicht zu Unrecht – gescholtene „Soldatenkönig" Friedrich Wilhelm I., sorgte nicht nur für Militär und Verwaltung, sondern auch für die Trockenlegung von Sümpfen, die Begradigung der Wasserläufe und die Neulandgewinnung für den Häuserbau. Er schuf damit die Infrastruktur des noch jungen Staates Preußen. Sein Sohn Friedrich II., der Große – ein Schöngeist, Künstler und staatsmännisches Genie – erhob Preußen schließlich zur europäischen Großmacht. Er leistete Unvergängliches für den Ausbau und die Verschönerung der Stadt Potsdam und für die Kultivierung des Umlandes. In unserem Jahrhundert schließlich folgte der traurige Teil und zuletzt das Ende preußischer Geschichte.

Als sich Adolf Hitler am 21. März 1933, dem sogenannten Tag von Potsdam, in der Garnisonskirche über dem Grab Friedrichs des Großen vor Feldmarschall von Hindenburg verneigte, hatte die große Lüge des nationalsozialistischen Regimes bereits begonnen. Geheuchelt war die Ehrfurcht vor dem Freidenker Friedrich II., geheuchelt war auch die Ehrerbietung vor dem Feldmarschall. Andersdenkende wurden von nun an verfolgt und getötet, zivile und militärische Widerstandkämpfer, so aus dem traditionsreichen Potsdamer 9. Infanterie-Regiment, hinterhältig ermordet, die Losung „Üb' immer Treu' und Redlichkeit" der Potsdamer Garnisonskirche wurde in ihr Gegenteil verkehrt.

Noch einmal hat danach Potsdam Weltgeschichte gemacht. Die „Großen Drei", Sieger des Zweiten Weltkriegs, saßen hier über Deutschland zu Gericht. Am 2. August 1945 unterschrieben Churchill, Stalin und Attlee (für Truman) das „Potsdamer Abkommen". Unter anderem sollte es auch verhindern, daß jemals wieder in Potsdam Weltgeschichte gemacht werden konnte.

Dennoch sind Potsdams historische Reize für Besucher nicht verlorengegangen, zumindest nicht alle. Neben Sanssouci locken mehr als zwanzig weitere Schlösser und großartige Parklandschaften, von denen wir einige schon vom Wasser aus bewundert hatten, zu weiten Spaziergängen. Daneben zeugen Häuser der Bürger und Handwerker, sogar ein holländisches und ein russisches Viertel, von der Weltoffenheit dieser Stadt und ihrer einstigen Herrscher.

Bei strahlendem Wetter machten wir uns zeitig am Morgen auf den Weg, schlenderten zunächst in das Stadtzentrum und durch das in Potsdam bescheidenere Brandenburger Tor in eine der Hauptgeschäftsstraßen. Danach gingen wir nachdenklich in den Park Friedrich des Großen und stiegen die berühmten Stufen zum Schloß Sanssouci hinauf. Trotz aller Schönheit und Rokokopracht – oder gerade deshalb – war der Geruch des Vergangenen, auch des Überwundenen, hier deutlich zu spüren.

Eine schifferfreundliche Metropole

Das außergewöhnlich warme und trockene Frühlingswetter hielt an, aber irgendwann, das war sicher, mußte es umschlagen. Bis dahin wollte ich jeden Tag ausnützen. Schon für den folgenden Morgen war deshalb die Weiterfahrt nach Berlin angesetzt. Vorher führten wir noch ein langes Gespräch mit Schiffer Berg. Er erzählte uns von seiner Liebe zum Wasser, zur See und zum Angelsport, den er mit Leidenschaft betrieb. „Wissen Sie, früher haben wir hier Aale gefangen, so große Burschen ..." Er breitete die Arme aus und zeigte über einen Meter. „Aber dann, in den letzten Jahren vor der Wende, wurde das Fangsoll der Fischer ständig erhöht, wegen der Devisenbeschaffung. Die Aale gingen ja alle in den Westen." Er schüttelte den Kopf. „Als ob das der Wirtschaft noch geholfen hätte! Doch die Fischer fingen an, elektrisch zu fischen, mit starken Stromschlägen. Die gingen durch den ganzen See, aber keiner sagte was, obwohl es ja verboten war. Und bald gab es keine Aale mehr. Jetzt sind wieder ein paar da, aber das Fischen lohnt trotzdem nicht. Wenigstens wird es jetzt nicht mehr so kriminell und rücksichtslos betrieben."

Wir gaben uns die Hand, die Leinen wurden losgeworfen, und er verschwand schnell aufs Achterdeck. Noch lange standen beide Bergs oben auf der Brücke ihrer VICTORIA und winkten uns nach. Wir winkten zurück, bis wir der Eisenbahnbrücke zusteuerten und die Boote der kleinen Marina Pirschheide außer Sicht kamen. Ein Zug donnerte über unsere Köpfe und holte meine Gedanken in die Wirklichkeit des Tages zurück.

Vorbei an der Halbinsel Hermannswerder glitten wir mitten durch Potsdam. So grün waren die Ufer, daß wir die Stadt kaum bemerkt hät-

Erinnerungen an die Südsee werden wach: Familie mit Kindern, unterwegs im Kanu.

ten, wären da nicht die Straßenbahnen und Busse gewesen, die über die Brücken fuhren, und natürlich die Karte der Wasserstraßen, die mir zeigte, daß wir bald zur Rechten den Park von Babelsberg sahen, danach die Glienicker Brücke und auf der anderen Seite Schloß Cecilienhof. Weiter ging es Richtung Berlin auf der sich wieder zum See weitenden Havel, vorbei am Wannsee, der nur eine der vielen Einbuchtungen in der langgestreckten Wasserfläche ist. Viel Zeit könnte man aufwenden und viel Freude erleben, wollte man hier alle Sehenswürdigkeiten und die berühmten Inseln wie Pfaueninsel und Schwanenwerder besuchen und kennenlernen. Wir aber umfuhren sie allesamt. Unser Ziel war für diesmal Spandau, weil wir dort den Leiter einer Aktionsgruppe unseres Delphinschutz-Vereins treffen wollten. Wir hatten uns am Lindenufer verabredet, wo die Fahrgastschiffe anlegen.

Wie zu vermuten, war dies nicht der rechte Ort, um mit einem Sportboot festzumachen. Aber zu unserer Freude und zu meinem Erstaunen fanden wir gegenüber, am Schiffbauerdamm neben der Charlottbrücke, eine geeignete Liegestelle. Berlin ist eben „schifferfreundlich"; sogar die verschiedenen Kanäle, die durch das Herz der Metropole führen, bieten dem durchreisenden Kapitän immer mal wieder Gelegenheit, sein Boot anzubinden und zum Einkauf oder Imbiß in das Gewirr der Straßen einzudringen.

Die ersten Berliner waren Fischer gewesen, erschlossen sich dann aber bald die Wasserwege und wurden Kaufleute. Im 14. Jahrhundert waren sie angesehene Mitglieder der Hanse. Obwohl die Stadt ihre Entstehung einer Kreuzung von Land- und Wasserstraßen verdankt, ist Berlin erst verhältnismäßig spät zur Hafenstadt geworden. Der Ausbau geschah zwischen 1850 und 1927. Schon 1906 rückte Berlin nach Duisburg an die zweite Stelle der deutschen Binnenhäfen. Bis zum Zweiten Weltkrieg brachten die Lastkähne, die „Zillen", neben Baumaterial (Berlin ist aus dem Kahn erbaut!) auch sehr viel Obst und Gemüse in die Stadt. Oft wurde an den Anlegestellen vom Schiff direkt an die Hausfrauen verkauft. Die Bezeichnung „Äppelkahn" stammt wohl aus dieser Zeit.

Nur wenige Meter oberhalb unseres Liegeplatzes in Spandau befindet sich neben der Zitadelle die alte Schleuse. Danach verbreitert sich die Havel wiederum zum See und wird zur Havel-Oder-Wasserstraße, während vor der Schleuse die Untere Havel-Wasserstraße, auf der wir gekommen waren, endet. Gleichzeitig mündet hier von Osten die Spree in die Havel. So ist dieses Flußdreieck auch der Kilometer null, von dem aus die drei wichtigsten Berliner Wasserwege ihren offiziellen Anfang nehmen.

Die Schleuse Spandau war wegen Baufälligkeit gesperrt und wird wahrscheinlich erst in einigen Jahren wieder für den Verkehr freigegeben. Doch wir wollten ohnehin nicht in die Schleuse einfahren, sondern auf der Spree mitten durch die Vier-Millionen-Stadt. Sofort nach dem Ende unseres Gesprächs machten wir los und kreisten bereits eine halbe Stunde später vor der Schleuse Charlottenburg. Wir hatten Glück, es dauerte nicht lange, bis die Ampel Grün zeigte und ein Lastkahn einfuhr. Dahinter blieb noch reichlich Platz für unser Boot, aber als disziplinierte Wassersportler warteten wir geduldig auf ein Zeichen des Schleusenmeisters.

„Ich fahre mal dicht ran, und du fragst den Schleusenwärter", sagte ich in der Befürchtung, daß die Tore vor unserer Nase geschlossen würden.

Angelika rief aus Leibeskräften vom Vorschiff: „Dürfen wir auch einfahren?"

Die Antwort kam prompt: „Braucht ihr noch 'ne Flaschenpost?"

Nun wußte ich mit Sicherheit, daß wir im schlagfertigen Berlin waren. Anderswo kann es Ärger geben, wenn man nach eigenem Ermessen in eine Schleuse einfährt. Schleusenwärter können sehr verschieden reagieren, und etwas Vorsicht und Höflichkeit ist allemal angebracht.

Liegeplatz am Reichstag

Die Stadtfahrt durch Berlin, zwischen den grünen Ufern der großen Parkanlagen, zwischen Häusern und Palästen, unter den verschiedensten Brücken hindurch, ist so aufregend und abwechslungsreich, daß die Ausflugsschiffe bei schönem Wetter fast immer reichlich Fahrgäste an Bord haben. Von unserem Liegeplatz beim Wasser- und Schiffahrtsamt an der Marschallbrücke, gegenüber dem Reichstag, konnten wir die schmucken weißen Schiffe den ganzen Tag über beobachten. Wir hatten direkt am Bollwerk des Schiffbauerdamms festgemacht, nur wenige Minuten vom S-Bahnhof Friedrichstraße entfernt.

Tiergarten, Brandenburger Tor, die Prachtstraße Unter den Linden, die Reste der Mauer und viele andere geschichtsträchtige Plätze befanden sich in unserer Nähe. Auf eben diesem Gelände wird – hoffentlich bald – das neue Regierungsviertel entstehen. Geschichtsträchtig ist auch das langgestreckte Backsteingebäude des WSA selbst. Da früher vor dem Reichstag die Mauer verlief, war in diesem Bau die Grenztruppe untergebracht. „Wo heute Wohnungen für die Mitarbeiter eingerichtet sind, befand sich noch vor wenigen Jahren der Hundezwinger", erzählte uns der Leiter der Dienststelle, Haferburg. „Wir fanden nach der Wende Kabel, folgten ihrem Verlauf und entdeckten im Keller einen geheimen Abhörraum der Stasi, von dem selbst die Wachtruppe nichts gewußt hatte."

Herr Haferburg zeigte auf das Dienstgebäude: „Dahinter war ein geheimer Eingang in diesen Kellerraum. Die Stasi-Leute konnten kommen und gehen, ohne gesehen zu werden. Von hier wurden sowohl die Telefonate der Grenzsoldaten als auch Gespräche im Westberliner Netz abgehört."

Bei dem Gedanken an die einstige Grenze gingen wir trotz drückender Hitze mit leichtem Frösteln am Ufer der Spree entlang zum Bahnhof Friedrichstraße, um kleinere Einkäufe zu erledigen oder mit der wegen Bauarbeiten noch unregelmäßig verkehrenden S-Bahn in andere Teile der Stadt zu fahren.

Berlin ist eine faszinierende Stadt, großzügig und weiträumig angelegt. Sie besitzt noch immer so sehr den Charakter einer Weltstadt, daß mir der Gedanke an die bloße Möglichkeit eines anderen deutschen Regierungssitzes absurd erscheint. Wo ich auch hingekommen bin, selbst auf den fernsten Inseln, habe ich Menschen getroffen, für die Berlin viel mehr ein Begriff war als das ganze übrige Deutschland. Und schließlich kannte ich Berlin bis 1944 als Mittelpunkt von Kunst und Kultur, mit einem schier unbegrenzten Bildungs- und Unterhaltungsangebot für jeden Geschmack und jedes Alter. In einem Berlinheft des ADAC schrieb der Schriftsteller Jurek Becker: „Wer mit wachen Augen nach Berlin kommt, kann sich gar nicht dagegen wehren, daß er umzingelt ist von Möglichkeiten."

Wo sollte ich da anfangen, Ratschläge zu geben? Erwähnt sei nur ein besonderes und ganz persönliches Erlebnis: Der Name „Solveig", den ich allen meinen fünf Booten seit 1957 gab, ist Henrik Ibsens Drama „Peer Gynt" entnommen. Solveig wartet ihr ganzes Leben lang auf die Heimkehr von Peer, der sich auf der Suche nach Selbstverwirklichung, wie man heute sagen würde, in der weiten Welt verloren hat. Ein in mancherlei Hinsicht sehr zeitgemäßes Drama, das aber wegen seiner hohen Anforderungen an Ensemble und Bühnentechnik leider nur noch selten gespielt wird. Während meiner Schulzeit in Dresden hatte ich mehrere Aufführungen des „Peer Gynt" besucht, später auch im Münchener Prinzregententheater.

Als ich nun am Tag nach unserer Ankunft in Berlin eine Zeitung durchblätterte, entdeckte ich überrascht und erfreut, daß am selben Abend im Deutschen Theater „Peer Gynt" auf dem Spielplan stand. Obwohl wir unser Boot gewiß nicht nach Berlin gesteuert hatten, um

dort ins Theater zu gehen, empfanden wir die Gleichzeitigkeit von „Solveig" auf dem Wasser und auf der Bühne als so zwingend, daß ich sofort zur Kasse des nahegelegenen Theaters ging und uns Karten sicherte.

Jetzt herrschte an Bord ganz ungewohnte Aufregung. Angelika wühlte in allen Ecken, um passende Kleidung für sich und für mich zu finden. Es war ein prickelndes Gefühl, aus dem einfachen Bordleben in die elegante Atmosphäre des Deutschen Theaters zu wechseln. An diesem denkwürdigen Abend erlebten wir eine großartige Aufführung, die unserem Aufenthalt in Berlin besonderen Glanz gab. Beschwingt wanderten wir danach in der warmen Frühlingsnacht zu unserer SOLVEIG V zurück.

Drei Tage blieben uns für Berlin, dann begannen wir die erste Rundfahrt in die Gewässer

Der geschichtsträchtigste Liegeplatz unserer Reise: SOLVEIG V vor dem Berliner Reichstag. Wir machten am Bollwerk des Schiffbauerdamms an der Stelle fest, wo früher die DDR-Grenztruppe untergebracht war.

Brandenburgs. Bis zuletzt hatten wir noch überlegt, in welche Richtung wir zunächst steuern sollten; schließlich entschieden wir uns für einen Törn nach Südosten, in die Dahme. Der Mai ging zu Ende, und im Sommer konnten die Wassertiefen im Gebiet des Spreewaldes zu gering werden. Mit einem Gast an Bord, der Kunstmalerin Sigrid Mahncke aus Aschaffenburg, legten wir am 23. Mai vom Wasser- und Schiffahrtsamt ab.

6 Erlebnisse in der Mark

*„Ich bin die Mark durchzogen und habe sie reicher gefunden, als ich
zu hoffen gewagt hatte. Jeder Fußbreit Erde belebte sich und
gab Gestalten heraus, und wenn meine Schilderungen unbefriedigt lassen,
so werd' ich der Entschuldigung entbehren müssen, daß es eine
Armut war, die ich aufzuputzen oder zu vergolden hatte."*
(Theodor Fontane: Wanderungen durch die Mark Brandenburg)

Kurz nach dem Ablegen tauchte Berlins sehenswerteste Kulisse am Spreekanal vor uns auf – Museumsinsel und Dom. Sigrid zog ihren Skizzenblock aus der Tragetasche und begann, während ich vorsichtig Runden drehte, die Linien der Architektur auf Papier festzuhalten. Die Spree windet sich hier zwischen hohen Ufermauern durch das pulsierende Herz der Weltstadt wie die Seine durch Paris. Abzweigungen in den Landwehrkanal und in den Neuköllner Schiffahrtskanal, in den Rummelsburger See und den Britzer Zweigkanal, der wiederum die Verbindung zum Teltowkanal herstellt, zeigen anschaulich, wie die Wasserwege gleich Lebensadern den Stadtkern Berlins durchziehen. Und doch lebten wir auf dem Wasser in einer anderen Welt. Mochte das Dröhnen der Stadtbahnen, die Geräusche der Straßen und der Menschen noch so deutlich an unser Ohr branden, das Leben an Land gehorcht anderen Gesetzen und ist, wenn überhaupt, vom Boot aus nur durch Überwindung des trennenden Ufers zu erreichen.
In Köpenick nutzten wir die Vielarmigkeit der Wasseradern und schlugen, statt auf der Dahme zu bleiben, in die wir später wieder einlaufen wollten, einen weiten Bogen auf der Spree in Richtung Müggelsee. Sehr malerisch ist das hafenartige Becken, das sich am Zusammenfluß von Dahme und Spree in Köpenicks Mitte bildet und an dem Rathaus und Kirche liegen. Auf der Seite gegenüber stehen mehrstöckige Häuser dicht am Wasser, und vor den schmalen Gärten liegen Boote an hölzernen Stegen vertäut.
Wir tuckerten noch ein Stück weiter zur Schloßinsel. Da es Mittagszeit war und ich ein befestigtes Ufer am Schloßpark fand, machte ich dort fest und bot Sigrid Gelegenheit zu einem Spaziergang durch den Park und zu dem im Schloß untergebrachten Kunstgewerbemuseum. Am Nachmittag durchquerten wir den Großen Müggelsee und gelangten über die Müggelspree weiter in den Dämeritzsee. In diesem ehemaligen Sumpfgebiet ist eine Art Ferienkolonie entstanden. Das Gelände wird von Kanälen durchzogen, die wie Straßen rechtwinklig angelegt sind, so daß jedes der Sommerhäuser einen direkten Zugang zur Spree besitzt, mit eigenem Bootshaus und Anlegesteg. Neu-Venedig nennt sich das gar nicht so kleine Paradies für Was-

Linke Seite: Im Storkower Kanal vor der
Schleuse

Blick auf das Rathaus von Köpenick

An der Dahme-Wasserstraße

sersportler mit seinen gepflegten Gärten und farbigen Blumenbeeten. Am anderen Ende des Dämeritzsees liegt die Ortschaft Erkner, unser Tagesziel. Neben der Brücke für die Fahrgastschiffahrt, direkt am Stadtpark, waren einige Poller frei, an denen wir für die Nacht festmachen konnten. Ein idyllischer Platz im Grünen!

Der Dichter Gerhart Hauptmann, dessen Spuren wir auf Hiddensee wiederbegegnen sollten, hat mehrere Jahre in Erkner gelebt; sein ehemaliges Wohnhaus kann als Gedenkstätte besichtigt werden. Erkner ist übrigens noch nicht der Endpunkt dieses Gewässerarms, der sich vielmehr in den sogenannten Rüdersdorfer Gewässern fortsetzt, die sich danach wiederum in einen nördlichen und östlichen Arm verzweigen. Wir hätten also von hier aus weitere vierzehn Kilometer bis zum Stienitzsee und nochmals elf Kilometer bis zum Möllensee fahren können. Die Möglichkeiten für Wasserwanderer sind, wenn man die kleinen Flußarme und Fließe mit einschließt, die in alle Richtungen abzweigen, schier unerschöpflich. Für Kanuten und Paddler, deren Boote wenig Tiefgang haben und die schon mal ein Stück am Ufer entlang treideln können, sind noch viele weitere Wasserläufe befahrbar.

Im Labyrinth der Wasserwege

Wir „wanderten" mit der SOLVEIG am folgenden Tag über den Dämeritzsee zurück, dann durch den Gosener Kanal in den Seddinsee, kreuzten den Oder-Spree-Kanal und gelangten von Schmöckwitz aus schließlich wieder in die Dahme, die wir zuvor bei Köpenick verlassen hatten.

Ich habe hier eine verwirrende Fülle von Seen, Flüssen und Kanälen erwähnt, weil ich von der großen Zahl der befahrbaren Wasserwege selbst überrascht und beeindruckt war, und weil diese Kanal- und Seen-Vernetzung für die Mark Brandenburg südlich und nördlich von Berlin, ja bis hinauf nach Mecklenburg und Vorpommern typisch ist. Überall öffnet sich ein wahrer Irrgarten von Wasserläufen, in dem die Orientierung zuweilen schwierig wird. Eine gute Karte ist erforderlich, will man sich nicht auf sein Glück verlassen und hoffen, daß man an der nächsten Kreuzung einen Wegweiser vorfindet, auf dem die Zielorte wie auf einer Speisenkarte angegeben sind.

Mir wurde jedenfalls sehr bald klar, daß sich meine ursprüngliche Idee, in jedes einzelne waldumsäumte Gewässer vorzudringen, in einem einzigen Sommer nicht verwirklichen ließ. Aber die wichtigsten dieser zum Teil wenig befahrenen Wasserwege wollte ich doch kennenlernen. Dabei hatte für mich die Vorstellung etwas Abenteuerliches, daß ich von jedem dieser noch so kleinen Gewässer in ein oder zwei Tagen die offene See erreichen konnte, ohne das Boot über Land transportieren zu müssen. Welch glückliche Ausgangslage für Berliner Segler oder solche, die es werden wollen: mit einem seegehenden Boot haben sie jederzeit direkten Zugang zu den Weltmeeren!

Wir steuerten die Dahme aufwärts nach Königs Wusterhausen. Hier wurde der Wasserweg schon enger, aber das verursachte keine Schwierigkeiten, im Gegenteil: Wälder und Wiesen am Ufer traten näher heran, wir waren umgeben von einer kräftig wachsenden, lebensvollen Natur. Reiher, Enten, Schwäne, verschiedene Greifvögel, der Kuckuck und die Elster sind hier heimisch. Schon vor 350 Jahren ist die Dahme zum schiffbaren Gewässer ausgebaut worden, gehört aber heute fast ganz allein den Sportbooten, wenn man von einigen Ausflugsschiffen absieht. Die alten Uferbefestigungen sind längst von Schilf, Gräsern und Büschen überwuchert. Königs Wusterhausen ist ein Begriff für die Radiobastler der zwanziger und dreißiger Jahre. Hier stand der Deutschlandsender, den man als einzigen Sender im ganzen Reich, von Ostpreußen bis zum Rhein, nach Sonnenuntergang empfangen konnte. Es war an jedem Abend die aufregende Frage, ob die Trennschärfe des Heimradios ausreichen würde, um „Königswusterhausen" aus dem Getöse der Nachbarsender noch herauszuhören; auch das Wetter hatte da ein gewichtiges Wort mitzureden. Klappte der Empfang, dann lauschten wir hingerissen der Ansage des Sprechers: „Das Große Unterhaltungsorchester des Deutschlandsenders unter der Leitung von Otto Dobrindt spielt jetzt – jaaa, ich sehe dich, Otto, er lächelt mir zu – eine Folge beliebter Melodien von Paul Lincke!" So oder ähnlich tönte es aus dem Lautsprecher. Die Sendungen wurden fast alle live ausgestrahlt, nur gelegentlich mußten Schallplatten die Zwischenstunden überbrücken. Rückblickend erscheint mir das, was die Rundfunksender damals an Unterhaltung boten, als eine großartige

Vor der Schleuse Neue Mühle

kulturelle und technische Leistung; nach England und seiner BBC hatte Deutschland das beste Rundfunkprogramm der Welt.

Über derartigen Erinnerungen war die Schleuse Neue Mühle vor dem Krimnicksee herangekommen, die meine ganze Aufmerksamkeit verlangte. Wieder einmal bot sich uns ein malerischer Anblick, denn vor der Schleuse überspannt eine alte Hubbrücke den Fluß. Als hölzerne Schiffsschleuse 1739 zum erstenmal erwähnt, wurde „Neue Mühle" schon 1868/69 in Massivbauweise erneuert und blieb seither unverändert erhalten. Sie ist eine der ältesten Schleusen in Brandenburg, ja in ganz Deutschland.

Am Spätnachmittag erreichten wir den Dolgensee und dann das Städtchen Prieros. Es war unglaublich heiß in diesen Tagen, obendrein spürte ich die Wärme des Motors durch die Bodenbretter. Schwärme von Mücken schwebten in den Abendstunden um die erleuchteten Fenster unseres Bootes. Wir machten am städtischen Anleger für die Ausflugsschiffe fest, nachdem wir uns am Fahrplan überzeugt hatten, daß er in den fraglichen Stunden nicht benutzt wurde. Eine andere Möglichkeit zum Anlegen hätte es in Prieros bei unserem Tiefgang nicht gegeben.

Der wütende Schwan

Rasch befestigte Angelika das in Magdeburg erstandene Moskitonetz rings um das Achterdeck, damit wir im Cockpit essen konnten. Die Sonne war kurz vor dem Untergehen, als sich ein Schwan dem Boot näherte. Ich beachtete ihn nicht weiter, bis ich auf einmal ein heftiges Klopfen an der Bordwand hörte.
„Was war denn das?"
Angelika blickte aufs Wasser. „Ein Schwan! Er greift unser Boot an!"
Jetzt sah auch ich, daß der Vogel in voller Fahrt auf die Bordwand zuschwamm und mit dem Schnabel gegen den Stahl hackte.
„Das muß ich filmen!"
Angelika brachte mir rasch die Kamera, ich ging damit aufs Vordeck; es war gerade noch hell genug. Zischend und mit weit ausgebreiteten Schwingen begann der Schwan eine neue Attacke und prallte mit der ganzen Wucht seines Körpers gegen unsere Bordwand. Danach zog er sich erschöpft für einige Minuten zurück, aber nur, um seine Angriffe alsbald noch mehrmals zu wiederholen. Erst als die Dunkelheit hereinbrach, gab er den ungleichen Kampf auf.
„Was hatte der nur gegen das Boot?" fragte ich mich. „ Da hat sich doch gar nichts bewegt."
Wir rätselten noch eine Weile, und schließlich fand Angelika die einleuchtende Erklärung:
„Der hat gegen sich selbst gekämpft, gegen sein Spiegelbild auf dem glänzenden Lack!"
Am Morgen kam der streitbare Schwan prompt wieder, umschwamm zögernd das Boot, pochte mit dem Schnabel einige Male – diesmal vorsichtiger – gegen die Bootshaut, widmete sich dann aber lieber seiner wonnigen Schar hellbrauner Küken.

Wir lagen mit dem Boot mitten im Grünen zwischen Parkanlagen. Gegenüber sahen wir die Wegweiser der sich hier verzweigenden Wasserstraße: Links ging es auf der Dahme nach Märkisch Buchholz, unserem Ziel, und rechts durch eine Seenkette nach Teupitz. Hier, an dieser Biegung der Dahme, begann eine der romantischsten Flußfahrten, die ich je erlebt habe: eine Strecke von fünfzehn Kilometern, die, ohne eine einzige Ortschaft zu berühren, durch Wälder und Sümpfe in das Gebiet des Spreewaldes führt.

Wälder, Schilf und Einsamkeit

Wir waren schon um 06.00 Uhr aufgestanden und hatten die im Morgennebel verzauberte, fast unwirkliche Szenerie rundum bewundert. Frühstück gab es erst später, dafür aber mit hervorragend frischen Brötchen aus einer nahen Bäckerei. Wir hatten viel Zeit, denn die nächste Schleuse öffnete erst um 10.00 Uhr. Ich nutzte die Stunde, um im Motor Ölstand und Kühlwasser sowie das Fett in der Stopfbuchse der Welle zu kontrollieren. Mit großen Erwartungen machten wir danach von der Landebrücke los. Der Himmel leuchtete in hellstem Blau, und durch die hellgrünen Blätter der riesigen Laubbäume rieselten die Strahlen der Morgensonne. Darin liegt der besondere Reiz der herrlichen Buchen- und Eichenwälder in der Mark, daß sie bei schönem Wetter von Licht durchflutet sind, an trüben Tagen aber ein tiefes Dunkel über den Waldboden breiten, das Märchenfiguren und Sagengestalten zwischen den knorrigen, hundert Jahre alten Stämmen ahnen läßt.

Pünktlich um 10.00 Uhr standen wir vor der Schleuse Prieros. Sie ist recht klein, denn in diese flachen, engen Gewässer wagen sich nur noch wenige Ausflugsboote und Frachtschiffe fast gar nicht mehr. Ich sah eine gutgekleidete Dame neben dem Schleusenhaus im Garten arbeiten. War sie etwa die Schleusenwärterin? Tatsächlich kam sie nach einigen Minuten, die Schaufel noch in der Hand, um uns das Schleusentor zu öffnen. Zu unserer Überraschung fanden wir in der Kammer keine senkrechte Spund-

In einer Schleuse mit schrägen Wänden ist das Manövrieren schwierig.

wand zum Festmachen, sondern nur eine Reihe von Holzpfählen. Sie verhinderten, daß sich das Boot den schrägen Schleusenmauern nähern konnte.

Bald hatten sich die Tore hinter uns wieder geschlossen, und wir steuerten langsam, jeden Kilometer genießend, die Dahme weiter aufwärts. „Zauberhafte Landschaft auf beiden Seiten: Kiefernwälder, Laubbäume und Wiesen", notierte ich in meinem Tagebuch.

Nach zehn Minuten glitten wir über den Streganzer See. Glitzernd und verträumt lag seine Fläche vor uns, die wir in ihrer ganzen Länge durchfuhren. Am Ufer sahen wir zwischen Schilf und Wald einige Bootshütten und Anlegestellen. Und wie in allen Seen mit flachem Wasser standen auch hier zu beiden Seiten des

Fahrwassers die Pfähle zahlreicher Stellnetze. Fischerei war in der Mark schon immer ein wichtiger Erwerbszweig; infolge der Arbeitslosigkeit sind jetzt viele gezwungen, sich durch Fischfang zusätzlich Geld zu verdienen. Daher sitzen Tag für Tag Angler an den Ufern der Flüsse und Kanäle. War das Flußbett so schmal wie hier, mußte ich scharf aufpassen, um die oft versteckten Angler nicht zu stören oder zu vermeiden, daß sich ihre Angelschnüre um unseren Propeller wickelten.

Schleuse Hermsdorfer Mühle

Der Streganzer See ist sehr flach, wir hatten nur 1,3 m Wasser unter dem Kiel; seine südliche Ausfahrt führte uns in einen auch seitlich eng begrenzten Wasserlauf, der mich zwang, die Drehzahl weiter zu verringern. Still und einsam, nur am Auspuff dumpf blubbernd, zog das Boot zwischen Schilf, weiten Wiesen und Sümpfen seiner Bahn. Dahinter standen, mal näher, mal ferner, die dunklen Kiefernwälder, die der Landschaft ihr Gepräge gaben. Dann wieder traten Laubbäume dicht ans Ufer heran, berührten mit ihren Blättern das Wasser und spiegelten sich in der dunklen Fläche.
Wasservögel flogen auf, die grau gefiederten, gravitätischen Reiher zumeist, aber auch ver-

Im „Zaubergarten" der Dahme: Ufer mit Büschen, Schilf und Reiher, links die Blüte einer Seerose

schiedene farbenprächtige Entenarten, die wir anhand eines Vogelbuches identifizierten, außerdem hier und da wilde Schwäne oder Kormorane. Die Tiefe in der Fahrrinne betrug 1,70 m, war also völlig ausreichend für eine sichere Fahrt. Von den hölzernen Uferbefestigungen, den Faschinen, war nur gelegentlich etwas zu sehen, oft waren sie von Schilf und Gräsern überwachsen. Ganze Felder von Seerosen begrenzten stellenweise, vor allem in Ausbuchtungen, die ohnehin schmale Wasserfläche und verliehen der Landschaft den Charakter eines Zaubergartens.

Wir sprachen nur wenig, waren ganz in den Anblick der Natur um uns versunken. Nach einer Stunde sahen wir eine Brücke, ein Wehr und dahinter die Schleuse Hermsdorfer Mühle. An dieser Stelle verbreitert sich die Dahme zu einem Becken, das, von großen Laubbäumen umgeben, den Schleusenvorhafen bildet. Ich stellte den Motor ab. Wir vernahmen Vogelstimmen und das leise Rauschen des Wassers, das übers Wehr floß. Sonst herrschte Stille. Kein Straßenverkehr, kein menschlicher Laut war zu hören. Neben dem Wehr mochte früher die Mühle gestanden haben, jedenfalls führte ein Fahrweg von hier zum zwei Kilometer entfernten Dorf. Fast alle Schleusen in der Mark wurden dort gebaut, wo der Flußlauf zum Betreiben einer Mühle ohnehin aufgestaut werden mußte.

Das Öffnen der hölzernen Tore dauerte einige Minuten, denn die alte Schleuse steht unter Denkmalschutz. „Das Material für einen Umbau liegt bereit, aber wir bekommen keine Genehmigung", erklärte uns der Schleusenmeister. Die Durchfahrt dauerte etwa zwanzig Minuten, wobei wir wieder an Pfählen festmachen mußten, was das mühsame Ausbringen von Festmachern nach vorn und achtern erforderte.

Gefährliche Hindernisse für die Schiffahrt sind alte Telefonleitungen der Armee.

Ein Unglückstag

Den ganzen Nachmittag über drangen wir weiter in die Einsamkeit der Wälder und Sümpfe vor. Hier waren Übungsplätze der Sowjetarmee oder der Nationalen Volksarmee gewesen, denn gelegentlich sahen wir noch verrostetes Gerät herumliegen und eiserne Befestigungen für die Pontons der Pioniere – aber nichts, was mich vor dem Kommenden gewarnt hätte. Völlig überrascht hörten wir plötzlich einen Knall und spürten einen leichten Ruck im Boot. Ich erschrak heftig.

Sigrid rief von achtern aus dem Cockpit: „Da war ein Draht über den Fluß gespannt! Den haben wir mit dem Mast abgerissen."

Ich sah mir die Bescherung an. Auf dem Vordeck lag ein Dutzend kleiner Drahtstücke. Die Leitung stammte wahrscheinlich von einem Armeemanöver, sie war von Baum zu Baum über den Fluß gespannt gewesen und mußte sehr alt sein, denn der Draht war schon ziemlich morsch. Am Mast war kein Schaden entstanden. Da wir mit keinem Hindernis gerechnet hatten, war er nicht gelegt worden. Konsterniert über diese Gefährdung des Bootsverkehrs auf öffentlichen Wasserwegen setzten wir die Fahrt fort. Doch die Schönheit der Landschaft zu beiden Seiten schlug uns bald wieder in ihren Bann. Ich stieg auf das Dach des Deckshauses, um zu fotografieren. Als ich hinuntersprang, rutschte ich aus und fiel seitlich auf den jetzt gelegten Mast. Ein scharfer Schmerz schnitt mir durch den Brustkorb, mein Atem stockte, und ich wußte sofort: Eine Rippe war angebrochen.

Erst nach geraumer Zeit hatte ich mich soweit erholt, daß ich wieder am Steuer sitzen konnte. Bald darauf tauchten auch die ersten Häuser von Märkisch Buchholz zwischen den Bäumen auf. Wir wußten, hier ging unsere Fahrt zu Ende, denn hinter der Ortschaft liegt ein Wehr. Nur Paddelboote können von hier aus über eine Bootsschleppe die Fahrt in den oberen Teil der Dahme fortsetzen. Aber so weit kamen wir nicht einmal. Hinter der ersten Straßenbrücke wurde das Wasser plötzlich flach, und bevor ich reagieren konnte, saßen wir auch schon im Schlamm fest. Da ich sehr langsam gefahren war, kamen wir sofort wieder frei. Mit dem befriedigenden Gefühl, daß wir die Dahme bis zum Ende ihrer Schiffbarkeit erkundet und befahren hatten, wendete ich. In diesen Stunden war uns kein einziges Boot begegnet.

Auf der Rückfahrt genossen wir in der veränderten Beleuchtung des Spätnachmittags noch einmal den romantischen Anblick der märkischen Wälder in ihrer schlichten Schönheit. Die Sonne war hinter den Wolken hervorgekommen, sandte breite goldene Strahlen durch Äste und Blattwerk auf den Waldboden und ließ ihr helles Licht zwischen Gräsern und Schilf auf den Wellen spielen. Wir fühlten uns von der Natur dieses Landes an die tropischen Inseln erinnert, die wir so gut kannten. Ähnliche Einsamkeit und solch undurchdringliches Grün wild wuchernder Büsche und Bäume hatten wir bei der Erkundung von Urwaldflüssen angetroffen. Die sandigen Ufer Brandenburgs ließen uns an die schmalen Strände der von Korallen geschützten Pazifikatolle denken. Auch unsere Erlebnisse während der mehrwöchigen Reise auf dem Intracoastal Waterway zwischen New York und Charleston wurden wieder lebendig. Obwohl die Dimensionen in Amerika und im Pazifik natürlich bei weitem gewaltiger sind, waren wir uns einig, daß unsere heimatlichen Gewässer den überseeischen weder an Schönheit noch an Reichtum der Pflanzen- und Tierwelt nachstehen.

In Prieros erwartete uns an der Brücke schon Sigrids Mann, denn die beiden wollten zusammen auf eigene Faust einige Tage lang das Land erkunden. Aber eine Unterkunft zu finden, war schwieriger als gedacht. Die Gaststätte „Zur Linde" an unserem Liegeplatz vermietete keine Zimmer, und es dauerte ziemlich lange, bis ein Privatquartier gefunden war. Als Sigrid mit ihrem Gepäck an Land ging, begann es schon zu dunkeln. Eilig machten wir die Leinen los, denn wir wollten noch weiter bis Berlin, weil Angelika am nächsten Morgen für zwei Tage verreisen mußte. Ein letztes Abschiedswort, dann steuerte ich mit halber Fahrt wieder in den Fluß.

Und da geschah es. Gewiß, wir waren beide müde nach der langen Fahrt, auch noch nervös von dem Zwischenfall mit dem Draht, außerdem schmerzte meine angebrochene Rippe – aber im Grunde gab es keine Entschuldigung. Wir hatten unseren Mast inzwischen wieder gestellt, und ich hätte unbedingt daran denken müssen, ihn vor der nahen Brücke zu legen. Jetzt hörte ich, nur wenige Meter davor, Angelikas verzweifelten Schrei: „Stopp! Zurück! Der Mast!"

Ich riß den Gang heraus, legte voll rückwärts ein, aber ich wußte, es war zu spät. Ein häßlicher, quietschender Laut ertönte über uns, dann gab es einen Krach, und der Mast lag an Deck. Das hatten wir nötig gehabt! Ich fluchte vor mich hin, denn diesmal war der Schaden beträchtlich. Die Lampen waren abgerissen, die Antennen, die Halterungen für den Kompaß völlig verbogen. Vor allem aber war der Mastfuß mit seinen Backen so sehr aus der Form gezogen, daß mir eine Reparatur kaum noch möglich schien. Wir waren verzweifelt.

Die glückliche Stimmung, in die der besonders schöne Tag uns versetzt hatte, war dahin. Wütend über mich selbst, starrte ich aufs Wasser und hätte heulen mögen. Der Unfall war doch so unnötig gewesen! Ein absonderlicher Gedanke kam mir: Die Sterne meinten es an diesem Tag offensichtlich nicht gut mit mir. Da war einmal der Sturz vom Kajütdach und die angebrochene Rippe, dann der zweifache Angriff auf den Mast. Beim ersten Mal hatte er noch überlebt, doch an der Brücke war dann das richtige Unglück gekommen. Merkwürdig … Es hat ja auch Leute gegeben, die einen Flugzeugabsturz überlebten, in eine andere Maschine stiegen und dann endgültig abstürzten. Aber solche Grübeleien nützten nichts. Sterne hin oder Sterne her, an diesem Tag schafften wir es nicht mehr bis nach Berlin zurück.

Als wir zur Schleuse Königs Wusterhausen kamen, blieben die Tore geschlossen. Wir mußten hier übernachten und am nächsten Morgen

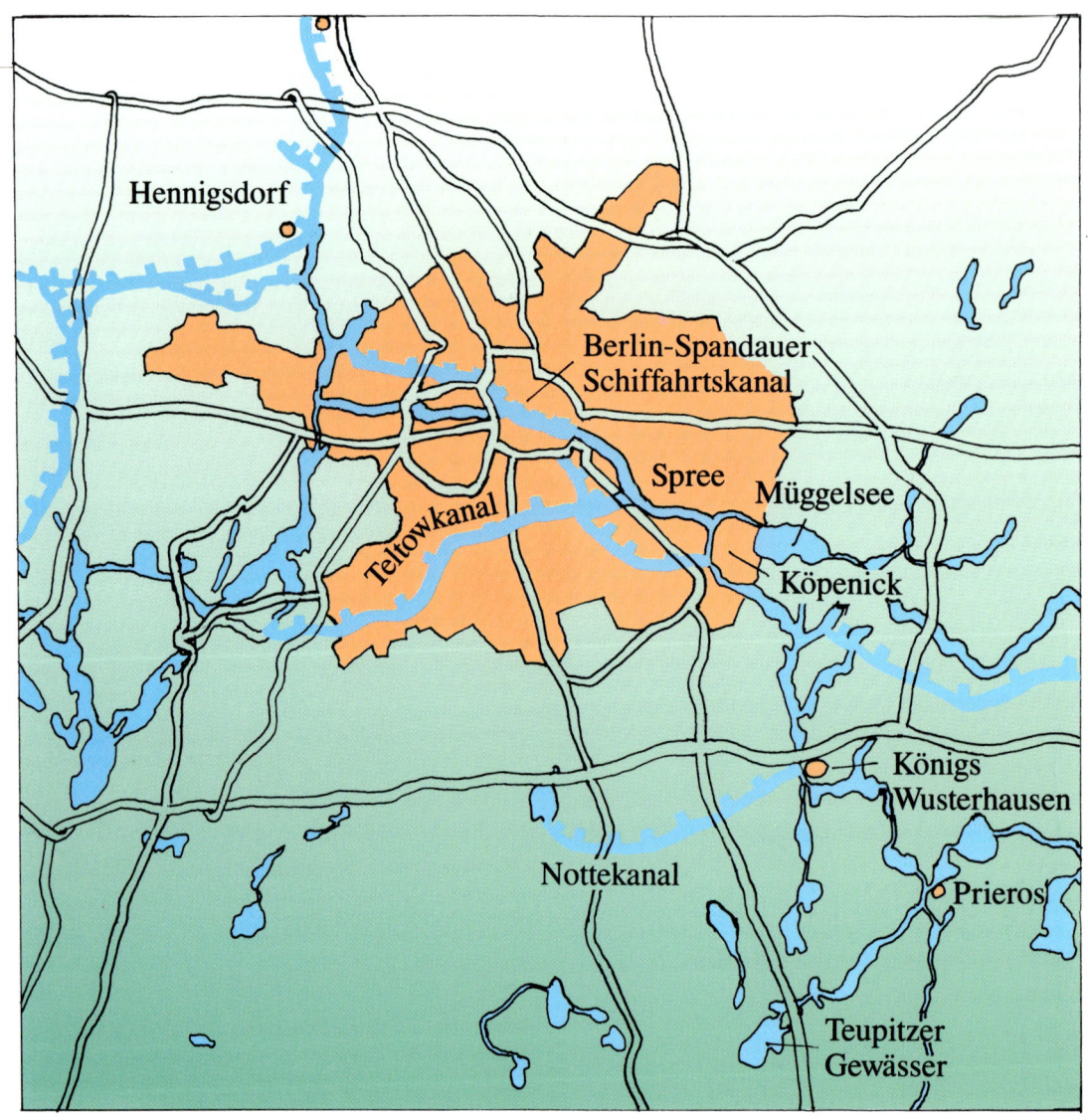

schon um 06.00 Uhr die erste Schleusung nehmen. Diesmal wählten wir den kurzen Weg nach Berlin, auf der Dahme abwärts bis Köpenick. Die Trostlosigkeit der vielen – zu vielen – verfallenen Gebäude in Ostberlin, darunter große Speicherbauten, aber auch Wohnhäuser und Brücken, bedrückte mich diesmal besonders. In der DDR war nach Kriegsende mit den noch vorhandenen Mitteln zunächst eine Menge aufgebaut worden. Aber je stärker sich die sozialistische Ideologie im Lauf der Jahre durchsetzte, desto mehr wirkten sich die Widersprüche im wirtschaftlichen System aus. Die Leistungen wurden rückläufig, und schließlich ging dem Staat endgültig die Luft – das Geld – aus.

Hilfreiche Ostberliner

Wir machten in Berlin an unserem alten Liegeplatz beim WSA fest. Nach Angelikas Abreise stieg ich trübselig aufs Vordeck und besah mir die Schäden des Vortags genauer. Ein havariertes Schiff, selbst wenn ich es nur auf Bildern sehe, tut mir körperlich weh. Ich saß da und überlegte, welche Reparaturmöglichkeiten ich hatte. Die Lampen konnte ich in Berlin kaufen und anschrauben, die Nirobleche selbst gerade biegen. Der Kompaß hatte den Sturz überstanden. Aber der Mastfuß sah böse aus. Nirostahl ist schwer zu bearbeiten, und hier war jede Fläche mehrmals geknickt. Dennoch wollte ich eine Reparatur wenigstens versuchen.

In zweistündiger, schweißtreibender Arbeit schraubte ich die verbogenen Bolzen heraus, nachdem ich vorher von unten die Deckenverkleidung in Vorschiff und Pantry abgenommen hatte. Meine Rippe schmerzte dabei höllisch; ich mußte mich immer wieder setzen, bis sich die Pein etwas beruhigt hatte. Mit dem Mastfuß unterm Arm schlich ich schließlich durch das Gewirr der angrenzenden Straßen auf der Suche nach einer Werkstatt.

Und ich hatte Glück. Wenn ich es recht bedenke, hatte ich sogar unglaubliches Glück. Schon nach zehn Minuten stand ich vor dem Tor einer Autowerkstatt, die sich auf die Instandsetzung nach Unfällen spezialisiert hatte. Im Westen befinden sich derartige Betriebe meist am Stadtrand, doch ich war hier glücklicherweise in Ostberlin. Ein Gehilfe unterbrach seine Arbeit, als er mich sah, und erklärte sich sofort bereit, die Sache anzugehen. „Aber das wird nicht einfach", warnte er mich. „Ich weiß nicht, ob ich's wieder hinkriege." Er drehte das Metallstück in der Hand. „Ganz gerade kann ich Niro sowieso nicht biegen. Zuerst mache ich mal eine Skizze auf Papier, damit wir sehen, wo die Bohrlöcher für die Bolzen waren. Ich muß das Ding nämlich auseinanderschweißen."

Es war der Freitag vor Pfingsten, aber er hämmerte und schweißte fast drei Stunden lang, weit über Mittag hinaus. Ich half mit, so gut es ging. Auch der Meister kam hinzu und steuerte seine Erfahrung bei. Am Ende berechnete er mir einen Gesamtpreis von fünfzig Mark und meinte dazu noch entschuldigend: „Das war eine Menge Arbeit. Sehr schön sieht's nicht aus, aber es ging eben nicht besser."

Ich brachte es nicht übers Herz, diese Rechnung zu akzeptieren, und zahlte das Doppelte. Dafür war es immer noch fast geschenkt. Der Mastfuß paßte und ließ sich wieder anschrauben. Am Sonnabend besorgte ich die neuen Lampen, setzte die Deckenverkleidung wieder ein, und als Angelika am Pfingstmontag zurückkam, war von den Schäden fast nichts mehr zu sehen.

Eigentlich hatte ich noch am selben Tag zur Weiterfahrt aufbrechen wollen, aber Angelika war müde von der Reise und ich noch ziemlich erschöpft wegen meiner Rippenschmerzen. So gönnten wir uns eine zusätzliche Nacht in der Hauptstadt. Was jetzt vor uns lag, war das Kernstück unseres Unternehmens: das Befahren der Kanäle und Seen nördlich von Berlin, der oberen Havel und danach der Mecklenburger Seenplatte.

Erstes Ziel für einen längeren Aufenthalt sollten die Rheinsberger Gewässer sein. Am nächsten Morgen sehr früh fuhren wir spreeabwärts, am Reichstag vorbei, und bogen in den Berlin-Spandauer-Schiffahrtskanal ein. Ich notierte: „S-Bahn-Brücken (2) beim Nordhafen in schlimmem Zustand. Berührung mit Metallteilen unter Wasser. Nichts passiert." Der anschließende Hohenzollernkanal führt durch ein riesiges Industriegebiet und mündet oberhalb von Spandau in die Havel, die hier eher als schier endlose Kette von Seen in Erscheinung tritt.

7 Altes Land, neu entdeckt

*Geschichte, wohin man tritt, und gar nicht so unverächtliche.
Es lohnte schon, die Mark auch heute noch zu durchwandern,
auch wenn die Zwanzigjährigen aus dem glücklicheren Teil
des Landes in Siena mehr zu Hause sind als in Potsdam
oder mit Arles vertrauter als mit Rheinsberg.*

(Wolf Jobst Siedler)

Am Dienstag nach Pfingsten gehörte uns die Havel zwischen Spandau und Oranienburg so ziemlich allein. Bei strahlendem Sonnenschein steuerten wir unsere SOLVEIG V zufrieden den Fluß aufwärts in den Norden Berlins. Angelika saß neben mir, wir hörten Radio. Belanglose Musik, dann: „Auf der A 10 vor dem Autobahndreieck Drewitz vier Kilometer Stau wegen Bauarbeiten." Es folgte eine Staumeldung nach der anderen. Wir sahen uns an und waren wieder einmal froh, nicht im Auto zu sitzen, sondern auf dem Boot, und eine weite Wasserfläche vor uns zu haben.

Nach fünfstündiger Fahrt bogen wir vom Oder-Havel-Kanal in die Oranienburger Havel ein, die eine Art Stadtkanal bildet, an dessen Ende die Weiterfahrt durch ein Wehr versperrt ist. Wir wollten in die Ortsmitte und damit in die Nähe des berühmten Schlosses.

Vorsichtig, denn hier war die Wassertiefe auf 1,2 m oder weniger zurückgegangen, tasteten wir uns zwischen Gärten, Bootsanlegern und unter drei Brücken hindurch, bis wir in ein größeres Wendebecken gelangten. Tatsächlich fanden wir an diesem Becken die Anlagen eines Yachtklubs, des WSC Möwe Oranienburg e.V., mit einer Reihe von Bootsstegen. Wir wurden herzlich empfangen und an den einzigen Platz gewiesen, der genügend Wassertiefe hatte. Der Hafenmeister des Klubs überraschte uns mit einem Informationsheft, in dem auf losen Blättern alles für den Besucher Wissenswerte zu finden war, vom selbstgezeichneten Stadtplan bis zu wichtigen Geschäften und Gaststätten sowie Liegegebühren. Auch hier fiel uns die außergewöhnlich gute, ja geradezu kostbare Lage des Klubgeländes in der Stadtmitte auf, in einem ausgedehnten Park unter großen alten Laubbäumen. Zu DDR-Zeiten war offenbar manches für den Wassersport getan worden, wohl als Ausgleich für das Verbot, die engen Grenzen des Staates zu verlassen. Und wieder hörten wir von der bekannten Schwierigkeit, das Grundstück wegen der leidigen Eigentumsfrage für die Wassersportler zu erhalten.

Nach kurzer Mittagspause machten wir uns auf den Weg zum Schloß, nur zehn Minuten zu Fuß über eine kleine Brücke und die Hauptstraße. Der Anblick des bekannten Bauwerks, des ersten Barockschlosses in Brandenburg, war lei-

Linke Seite: In den Gewässern
Mecklenburgs

der enttäuschend. Die bröckelnde Fassade und morschen Fensterrahmen luden nicht gerade zu einer Besichtigung ein. Im Schloßhof dröhnte Schallplattenmusik aus blechernen Lautsprechern.

Erinnerung an Holland: Oranienburg

Für den Gewässerfreund interessant ist der Ursprung des Namens Oranienburg, der so ganz und gar nicht märkisch klingt. Friedrich Wilhelm, der Große Kurfürst, schenkte das Gebiet, das vormalige Amt Bötzow, seiner Gemahlin, der Prinzessin Louise Henriette von Oranien. Die Holländerin nämlich hatte Gefallen an der wasser- und wiesenreichen Landschaft gefunden, die sie an ihre niederländische Heimat erinnerte. So ließ sie ab 1651 einen Schloßneubau, die Oranienburg, in holländischem Stil errichten. Fontane berichtet hierüber: „Kaum war die Schenkungsurkunde ausgestellt, so begann auch die Tätigkeit der hohen Frau, die durch den Anblick frischer Wiesen nicht nur an die Bilder ihrer Heimat erinnert sein, die vor allem auch einen Wohlstand, wie ihn die Niederlande seit langem kannten, hier ins Dasein rufen und nach Möglichkeit die Wunden heilen wollte, die der Dreißigjährige Krieg diesen schwer geprüften Landesteilen geschlagen hatte."

Unter der Herrschaft ihres Sohnes, des Königs Friedrich I., wurde das schlichte Gebäude später zum barocken Lustschloß umgebaut, geriet aber bereits Ende des 18. Jahrhunderts in Vergessenheit. 1802 wurde das Schloß für zwölftausend Taler „mit all und jeglichem Zubehör", wie Fontane schrieb, verkauft. Zunächst

1652 ließ die Kurfürstin Louise Henriette das Schloß Oranienburg errichten (rechts oben). Ihr Denkmal steht vor dem Schloß.

wurde darin eine Kattunfabrik eingerichtet und später ein chemisches Laboratorium. Heute ist in den Räumen die Stadtverwaltung untergebracht.

Oranienburg ... Der Name weckt auch düstere Erinnerungen, und zwar an das Jahr 1933, als hier das erste Konzentrationslager Deutschlands errichtet wurde. Die nationale Gedenkstätte im Ortsteil Sachsenhausen hat nach der Wende viel von sich reden gemacht. Das Lager strahlt heute eine furchtbare Öde aus, eine Leere, wie sie nur von einem Platz ausgehen kann, der niemals eine Stunde des Frohsinns gesehen hat. Mit Beklemmung betrachteten Angelika und ich den Dokumentarfilm über die Vorgänge im Lager, der von sowjetischen Berichterstattern nach der Kapitulation gedreht worden war. Auch wenn er etwas einseitig nur die russischen Belange sieht, ist er dennoch in seiner Deutlichkeit schrecklich überzeugend.

Ich habe die NS-Zeit als Gymnasiast und dann als Soldat sehr bewußt und oft verzweifelt miterlebt. Dank eines Onkels in Dresden, der es sich zur Aufgabe gemacht hatte, einem Kreis von Vertrauten die wahren Hintergründe der Naziherrschaft deutlich zu machen, war ich schon sehr früh über die Verbrechen der Fanatiker um Hitler aufgeklärt worden. An diesen Onkel mußte ich in den KZ-Räumen denken; auch ihm, so schien es mir, war ich diesen Besuch schuldig gewesen. Unvergessen ist mir seine aufrechte, unerschütterliche Haltung im Kampf gegen den Nationalsozialismus und das Entsetzen, mit dem er mir seinen Verdacht über Greueltaten in den Konzentrationslagern begründete. Er besaß die Eigenschaften in reichlichem Maß, die man als „preußische Tugenden" bezeichnet. Ich glaube, daß der in breiten Kreisen damals vorhandene Widerstand heute stark unterschätzt wird, da es über die private Einstellung der Menschen natürlich keine schriftlichen Dokumente gibt.

Die tristen Gebäude des ehemaligen KZ Sachsenhausen bieten leider keinen großen Anreiz zu einem Besuch. Gerade deshalb wäre eine umfassendere, aufwendigere Information als die dort aufgestellten Tafeln mit den nüchternen Zahlen der Opfer wünschenswert. Vor allem vermißte ich Angaben über die sehr mannigfachen Motive, die zur Errichtung und ständigen Erweiterung der Schreckenslager geführt haben.

Nach dieser bedrückenden Rückschau kehrten wir gedankenschwer in die Gegenwart zurück, in das heutige Oranienburg und zu unserem Boot. Die vielen blühenden Obstbäume und die blumenreichen Gärten halfen uns, das seelische Gleichgewicht wiederzufinden. In den Abendstunden beobachteten wir längere Zeit zwei Biber, die von Ufer zu Ufer eifrig auf der Nahrungssuche waren und dabei auch dicht an uns vorbeischwammen. Ein besonders schöner Vormittag mit herrlicher Sonne und kühler Luft lud uns anderentags zur Weiterfahrt ein.

Holperpflaster und schattige Alleen

Um wieder den Oder-Havel-Kanal zu erreichen, durchfuhren wir den Lehnitzsee und wunderten uns, daß die Stadt durchaus vorhandene Möglichkeiten noch nicht genutzt hatte, um mehr gute Liegeplätze für Gastyachten einzurichten. Nach einer knappen Stunde erreichten wir die Schleuse Lehnitz, die mit ihrem Hub von sechs Metern harte Arbeit an den Trossen erforderte. Auf den nächsten zwölf Kilometern folgte ein gemütliches, aber eher langweiliges Kanalstück. Danach schwenkten wir in den Vosskanal ein, eine Abzweigung in die Obere Havel-Wasserstraße, auf der wir bis in die Mecklenburgischen Gewässer gelangen wollten. Dicht hintereinander folgten die Schleusen Liebenwalde, Bischofswerder und schließlich Zehdenick. Vor letzterer waren wir gewarnt worden: Das Wasser würde hier seitlich einströmen und erhebliche Strudel verursachen. Wir machten deshalb unsere Leinen besonders sorgfältig fest und fuhren das andere Ende aus der Hand. Tatsächlich schoß das Wasser aus seitlichen Rohren in dickem weißem Strahl herein und schäumte hoch über unser Deck. Wenn hier ein Boot außer Kontrolle gerät, kann es Schäden geben. Aber der Schleusenmeister kannte die Gefahr und beobachtete genau, wo die Schiffe lagen. Nur ganz schön naßgespritzt kommt manche Crew aus der Schleusenkammer wieder heraus!

Wir beschlossen, für die Nacht in Zehdenick zu bleiben. Aber wo? Oberhalb der Schleuse ist ein kleiner See mit einigen Liegeplätzen, die aber auf den ersten Blick alle besetzt schienen. Ich drehte mehrere Runden und entdeckte dann den langen Steg der Gaststätte „Havelblick", an dem bereits ein größeres Motorboot festgemacht hatte. Vorsichtig hielt ich auf den Steg zu und hatte Glück, denn niemand erhob Einspruch. In der gemütlichen Gaststube trugen wir Namen und Anschrift in das Gästebuch ein, entrichteten eine bescheidene Gebühr und unternahmen danach einen kurzen Gang in die Ortschaft.

Wie fast alle kleinen Straßen in Brandenburg, so mochten auch diese hier noch aus der Zeit Fontanes stammen oder zumindest seitdem nicht wesentlich erneuert worden sein. Der Anblick des holprigen Kopfsteinpflasters, das einen schmalen Fahrweg zwischen breitästigen Alleebäumen bedeckte, war malerisch und beruhigend – für den Wanderer. Ich sah förmlich Pferde und Wagen vor mir, wie sie früher mit klappernden Hufen und ratternden Rädern hier angerollt kamen. Der Autofahrer aber findet diesen Straßenbelag weniger angenehm, und es ist zu befürchten, daß die wulstigen Steine bald glattem Asphalt weichen müssen. Ein Stück märkischer Idylle wäre dann leider dahin; nicht umsonst gehören Kutschfahrten in vielen Dörfern der Mark heute zum Erholungsprogramm für Touristen.

Schleusen zwischen Sumpf und Sand

Die nächsten zehn Kilometer führten durch eine einzigartige Landschaft, die geprägt war von schilfbestandenen Sümpfen und Seen mit Feldern von Teichrosen, durch die sich die Havel mit mehreren Seitenarmen schlängelte. Der Wasserweg ist begradigt, und manche Seitenarme sind zu kleinen Häfen ausgebaut, in denen früher vor allem Ziegel verladen wurden. Die Ziegeleien von Zehdenick lieferten Baumaterial für Berlin. Sie sind heute stillgelegt, die Verladehäfen verfallen. Das Gewirr von Kanälen ist so dicht, daß wir uns tatsächlich einmal verfuhren und aus dem See, in den wir geraten waren, erst nach einer Weile wieder herausfanden.

Am Ende dieser von Verfall gekennzeichneten Flußstrecke, die für Sportboote allerdings unzählige Ankerplätze bietet, tauchte in einem engen Bogen der Havel unvermittelt die kleine Ortschaft Burgwall auf. Zwar nur ein Dorf mit wenigen Häusern, bietet Burgwall doch eine Reihe hübscher Liegeplätze, sowohl vor als auch neben dem Gasthaus „Zur Fähre" und gegenüber, in der Abzweigung zum Großen Wentowsee. Dort hat sich die Marina einer Charterfirma angesiedelt, zusätzliche Liegeplätze sind entstanden, dazu Wasserleitung, Stromanschluß und Duschraum. Es wäre zu wünschen, daß auch anderenorts, zum Beispiel in Zehdenick, die zahlreichen ungenutzten Nebengewässer zu Bootshäfen ausgebaut würden.

Schon einige Kilometer oberhalb von Burgwall wird die Havel schmaler und fließt durch dichte Laub- und Kiefernwälder. Ihre Uferböschungen sind mit Faschinen – gebündelten Hölzern – befestigt, wodurch der Eindruck einer unverbauten Natur noch verstärkt wird. Mehrere schwimmende Grasbänke reichten von den Ufern bis weit in das ohnehin enge Fahrwasser hinein und zwangen uns zu sehr langsamer Fahrt. Auch mußte ich das Boot sorgsam in der Mitte des Flusses halten, denn zu den Seiten hin nahm die

Felder mit bunten Wiesenblumen in der Nähe von Burgwall (oben)

Links: Der kleine Ort Burgwall bietet eine Reihe hübscher Liegeplätze.

Wassertiefe rasch ab. Mit angehaltenem Atem fuhren wir durch diese völlig veränderte, für uns neue Havellandschaft. Obwohl wir in den Wäldern gut geschützt waren, fühlten wir doch den zum Teil sehr starken Wind, der an der nahen Ostsee schon seit mehreren Tagen in Sturmstärke wehte. Er peitschte die hohen Wipfel der Kiefern und ließ das bewegte Laub der Eichen, Buchen und Weiden silbrig im Sonnenlicht glitzern. Und doch war dies erst der Anfang, sozusagen der Eingang in das einmalig schöne Wald- und Seengebiet der Uckermark.

Acht Kilometer hinter Burgwall verließen wir die Havel und suchten die Einfahrt in das Templiner Wasser, das – aus den Templiner Seen

Im „wilden Osten": Die alte russische Behelfsbrücke aus Holz ist baufällig.

Links: Landschaft in den Templiner Gewässern

kommend – sich durch fünfzehn Kilometer Wildnis windet. Seit 1745, also lange bevor es eine Eisenbahnlinie gab oder bevor Fontane seine „Wanderungen" schrieb, verbindet dieser Wasserweg, durch eine Schleuse aufgestaut, die Kreisstadt Templin mit dem großen Kanalnetz der Havel. Ausgebaut wurde er auf Befehl Friedrichs des Großen, der im April jenes Jahres in der den Zweiten Schlesischen Krieg entscheidenden Schlacht bei Hohenfriedberg Sieger geblieben war und anschließend daran ging, viele seiner Städte und Dörfer aufzubauen.

Der Templiner Kanal mit seiner zauberhaften Natur und schmalen Einfahrt hat heute kaum noch Bedeutung für die Berufsschiffahrt und ist deshalb den Sportbootfahrern vorbehalten, doch leider nicht nur diesen. Auf der Landkarte, die mir zur Verfügung stand, war die Region noch als Sperrgebiet ausgewiesen, als Übungsgelände der Sowjetarmee. Wälder, Seerosen und Schilf umgaben uns, der Wasserlauf dazwischen war so schmächtig und von Schilf umschlossen, daß ich das Gefühl hatte, er

müsse jeden Augenblick im Dickicht enden oder zumindest so flach werden, daß uns eine Weiterfahrt nicht mehr möglich war. Besorgt schielte Angelika ständig auf das Echolot, das zeitweise nur noch 0,1 m Wasser unter dem Boot anzeigte. Das war zu erwarten gewesen, denn die amtliche Tauchtiefe beträgt hier nur 1,2 m. Damit war die Grenze dessen erreicht, was ich mit unserer SOLVEIG und ihrem Tiefgang von immerhin 1,2 m noch bewältigen konnte.

Ich ließ die Maschine ganz langsam laufen und das Boot in Schrittgeschwindigkeit vorwärts schieben. Freilich hatte ich bei so geringer Fahrt sehr wenig Druck auf dem Ruder und konnte Abweichungen vom Kurs nur langsam korrigieren. Zum Glück behinderte uns keine Strömung, und gewiß habe ich Pflanzen und Tieren keinen Schaden angetan. Was wir um uns herum an Blättern und Blumen sahen, war so unglaublich schön, so unberührt und prächtig entfaltet, daß ich alles daransetzte, bis Templin durchzukommen. Die Seerosen waren jetzt voll aufgeblüht und leuchteten in hellstem Weiß geheimnisvoll zwischen ihren großen grünen Blättern hervor; daneben blinkten als Farbkontrast die etwas kleineren gelben Teichrosen.

Was immer die Russen hier an militärischem Gerät zurückgelassen hatten, blieb im Dunkel der Wälder verborgen. Allerdings kamen wir an zwei russischen Behelfsbrücken vorbei, deren

Konstruktion aus Holzbalken so abenteuerlich aussah, daß sie eher der „Brücke am Kwai" glichen als einem europäischen Flußübergang. Eine herrliche Filmszenerie! Leider stellten die Brücken eine gewisse Gefahr für Boote dar, denn wenn sie auch vormals schwerstes Gerät oder sogar Panzer hatten tragen können, so waren doch die Holzbalken inzwischen morsch geworden, einzelne sogar bereits herausgebrochen, und der Tag, an dem sie vollends einstürzen würden, konnte nicht mehr fern sein. Eine der Brücken war selbst in der neuesten Karte nicht eingezeichnet, ebensowenig die Kabel, die niedrig über dem Wasser hingen. Daher mußten wir unseren Mast wieder legen.

Durch die Schorfheide

Wir kreuzten den Großen Kuhwallsee und kamen zur Schleuse Kannenburg. Auch diese ist eine Sehenswürdigkeit, stammt aus dem Jahr 1909 und ist auf den Bundeswasserstraßen die letzte Schleuse, die noch von Hand geöffnet und geschlossen wird. Wir filmten den Schleusenmeister bei dieser harten Arbeit, die er aber mit einem gewissen Stolz und mit Begeisterung bewältigte. In Templin hätte die nächste Schleuse folgen sollen, sie war aber beschädigt und wird wegen der geringen Nachfrage wohl nicht so bald wieder in Betrieb genommen werden. Deshalb konnten wir nicht mehr in den Templiner See gelangen und mußten im Ort – nicht ganz der Vorschrift entsprechend – neben einer Brücke festmachen, um nicht im letzten Stück des Kanals in Schwierigkeiten zu geraten.

Templin war diese Reise wert. Die mittelalterliche Stadt hat eine fast vollständig erhaltene Stadtmauer, 1735 Meter lang, mit 51 in die Mauer eingebauten Wiekhäusern und Türmen sowie drei Stadttoren. Sehenswert ist auch das barocke Rathaus und davor der quadratisch angelegte Marktplatz, auf dem wir unsere Vorräte ergänzten, darunter einen ganzen Sack voll bester Kartoffeln und frische Tomaten.

Die Rückfahrt erlebten wir wieder bei schönstem Sonnenschein. So eng ist allerdings der Kanal, daß ich in meinen Notizen eigens: „Gewendet!" als Erfolgsmeldung eingetragen habe. Wahrscheinlich stak das Ruder schon im Schlamm, während das Boot quer im Fahrwasser lag. Nach zwei Stunden gelangten wir wieder in die Havel und mußten vor der Schleuse Schorfheide eine ganze Weile warten, weil eine Yacht aus der Gegenrichtung erwartet wurde. Zwei weitere Schleusen waren zu durchfahren, dazwischen Wälder und immer wieder Wälder, keine Ortschaften, keine Straßen. Den Schlangenlinien der Havel folgend, näherten wir uns gegen 16.00 Uhr der großen modernen Schleuse Bredereiche. Vom nahen Stolpsee wehte eine frische Brise herüber und brachte Kühlung für unsere erhitzten Köpfe.

Den folgenden Abschnitt der Havel kennzeichnen hohe, hügelige Ufer. Der Fluß schlängelt sich weiter in endlosen Kurven durch ein romantisches Tal, in dem große Buchen und Eichen wie prächtige Mauern den Fluß säumen.

Schleuse Kannenburg, noch von Hand bedient

Templin, die Stadt der Seen, Wälder und tausend Linden, ist noch ein Geheimtip für Erholungsuchende.

Wir waren hingerissen, vor allem als wir einen der selten gewordenen Eisvögel sahen, dessen Gefieder im Vorbeifliegen in exotischen Farben glänzte.
Im Stolpsee führt eine nordöstliche Abzweigung in die Woblitz, danach in den Großen Lychensee und zu dem Städtchen Lychen selbst, das eine 800jährige Geschichte hat. Wir aber blieben diesmal auf der Haupt-Wasserstraße und machten vor der Schleuse in Fürstenberg fest, inmitten der Altstadt, nahe Rathaus und Marktplatz. Ein Ausflug in die Stadt zeigte uns, daß Fürstenberg sich zur Zeit völlig im Um- und Aufbau befand. Deshalb zog uns eher die Tankstelle am Kanal an, eine wahre Sensation, war sie doch in weitem Umkreis die einzige am Wasser. Selbst in Schwerin oder Waren suchten wir einen derartigen Service vergebens. Fürstenberg hat außerdem eine Werft und Werkstätten für Reparaturen an Schiff und Motor.

Motor- kontra Muskelantrieb

Morgens bunkerten wir Wasser bei der Schleuse und bekamen dann in der Schleusenkammer eine ebenso unerwartete wie eindrucksvolle Kabarettnummer geboten. Ein Helfer des Schleusenpersonals, der oben auf der Kante saß, gönnte uns nämlich, während wir vom einströmenden Wasser gehoben wurden und zwangsläufig zu ihm aufsahen, einen Blick in seine offenbar verwundete Seele. Lautstark und berlinisch deutlich machte er seinem wohl seit Jahren angestauten Haß auf alle Paddler und Kanuten Luft, von drastischen Gesten begleitet. Sie seien das rücksichtsloseste Volk auf dem Wasser, anspruchsvoll und überheblich, wollten jede Schleuse eigens für ihr kleines Boot geöffnet bekommen, nur weil sie zu faul seien, es ein paar Meter zu tragen oder eine Bootsschleppe zu benützen. Vor allem führen sie als erste in die Schleusen ein und drängten in engen Kanälen die ausweichpflichtigen Motorboote an den Rand, indem sie stur in der Mitte des Fahrwassers blieben. Er selber ließe in seinem Motorboot keine Gelegenheit ungenutzt, ihnen das tüchtig heimzuzahlen.
Wir waren über diesen geifernden Ausbruch so verblüfft, daß wir mit offenem Mund an Deck standen und froh waren, als die Schleuse Fürstenberg hinter uns lag. An der Tankstelle herrschte der erwartete Andrang, und wir fragten uns während der Wartezeit, was hinter des

Unbegrenztes Wasserwandern, auch mit Bordhund, lockt Paddler und Kanuten.

Schleusenhelfers Tirade gegen Kanuten und Paddler stecken mochte. „Ist dir jemals aufgefallen, daß sie uns behindert hätten?" fragte ich Angelika. Sie verneinte. Wir waren uns einig, daß es traurige Folgen für die Kameradschaft unter Wassersportlern haben konnte, wenn der Mann in seinem Motorboot einen Privatkrieg gegen die Kollegen mit Muskelantrieb führte. Ich meine, daß die Sportfreunde in den kleinen Booten, die bei starkem Verkehr von einem Motorboot nach dem anderen überholt und dabei kräftig durchgeschüttelt werden, viel eher Grund hätten, Haßgefühle zu entwickeln. Ich bin früher selbst Paddelboot gefahren und weiß, wie leicht man sich gefährdet fühlt, wenn ein „Dicker" einem zu nahe kommt.

Andererseits kann es schon geschehen, daß Kanuten oder Paddler recht forsch als erste in eine Schleuse einfahren, nicht wissend, daß die „Großen" viel mehr Schwierigkeiten haben, ihr Boot an die Schleusenwand zu manövrieren und dort auch festzuhalten. Wir haben jedoch nie erlebt, daß die Bitte des Schleusenmeisters oder des Skippers, Platz zu machen, nicht freundlich und umgehend befolgt worden wäre. Oft habe ich die Paddler beneidet, denn für sie ist dieses Revier absolut ideal. Wo immer sie mögen, können sie an Land gehen, Tiefgangprobleme haben sie nicht, Campingplätze gibt es an vielen Orten, und zumindest in den Kanälen werden sie niemals von Seegang bedroht.

Die klare Steinhavel

Der Bereich um Fürstenberg liegt noch in der Mark Brandenburg, und die Wasserstraßen der nun beginnenden Mecklenburgischen Seenplatte führen im weiteren Verlauf des verzweigten Kanalsystems stellenweise wieder nach Brandenburg hinein. Wir haben es hier mit einem Netz von Seen und verbindenden Wasserläufen zu tun, das sich in seiner gesamten Länge über 150 Kilometer ausdehnt und als immer wieder unterteilte und künstlich verbundene Wasserfläche zwischen Laub- und Kiefernwäldern, Hügeln und Schilfwiesen in der Welt einmalig sein dürfte. Die Zahl der Gewässer ist so groß, daß ich auf die Nennung aller Namen im folgenden verzichten muß.

Die alte Steinhavelmühle ist jetzt eine Ruine.

Wir hielten uns zunächst weiter in der Havel und gelangten durch den Röblinsee, vorbei an Schloßturm und Anlegebrücke, in die sogenannte Steinhavel und dort wiederum nach kurzer Fahrt zur Schleuse und ehemaligen Steinhavelmühle. Dieser ganze Komplex – die alte Mühle, ein groß angelegter Backsteinbau mit Pferdeställen und Lagerhäusern, daneben das Wehr und die Schleuse – ist vor langer Zeit inmitten von Wäldern entstanden. Die großen Laubbäume und Kiefern, zwischen denen das stille Wasser der Havel glitzert, atmen so viel Ruhe und Frieden, als hätten die Plagen und Schrecken der vergangenen fünfzig Jahre niemals den weiten Weg hierher gefunden. Wie alle Wassermühlen ist auch diese schon seit Jahrzehnten außer Betrieb, doch soll das Gelände und das unter Denkmalschutz stehende Gebäude zu einem Erholungsort und Sanatorium umgebaut werden.

Eine Wegbrücke im Wald, ein Sumpfgebiet, der kleine Menowsee und später die Ufer des Ziernsees glitten vorbei, während wir an Bord eine von Angelika sorgfältig und mit viel Zeit bereitete Mahlzeit genossen. Schon seit der Steinhavelmühle und ihrer Schleuse war uns das außerordentlich klare Wasser aufgefallen, das die Havel hier führt. Vielleicht kommt der Name Steinhavel daher, daß der Boden hier felsiger ist als in den Sumpfgebieten. Wir konnten bis auf den Grund der Schleusenkammer sehen; auch in den folgenden Seen blieb dieser wunderbare Zustand erhalten. Wir kochten von jetzt an den Tee, spülten Geschirr und wuschen die Wäsche mit dem sauberen Wasser, das wir in unbegrenzter Menge zur Verfügung hatten. Das war ein Schlaraffenland für uns, die wir gewohnt waren, mit jedem halben Liter Trinkwasser zu geizen. Seit dem Ellbogensee befanden wir uns in der Müritz-Havel-Wasserstraße, also bereits im Bundesland Mecklenburg-Vorpommern. Noch einen kurzen Durchstich, eigentlich nur ein Schleusen- und Mühlenkanal, und wir hatten den Eingang zu den Pälitzseen erreicht, an denen die nur aus wenigen Häusern bestehende Ortschaft Strasen liegt. Dieses Dorf

Im Unterwasser der Schleuse Strasen

ist ein besonders günstiger Pausen- und Ruheplatz für Sportbootfahrer. Sowohl unterhalb der Schleuse als auch im Oberwasser waren Liegeplätze vorhanden, ebenso in einem kleinen hafenartigen Becken.
Schilder wiesen auf eine Forellen- und Aalräucherei hin, wo sich der durchreisende Bootsmann mit frischen Delikatessen versorgen konnte. Sonstige Lebensmittel wurden vom nahen Supermarkt angeboten, und geradezu luxuriös mutete uns in der einsamen Gegend das Hotel „Zum Löwen" an, dessen Gartenterrasse direkt am Kanal lag und zu einer gemütlichen Tasse Kaffee oder einer Abendmahlzeit einlud. Für diesmal verzichteten wir auf eine Unterbrechung, denn der Tag war schon zu weit fortgeschritten.

Im Pälitzsee mußten wir die Abzweigung zu den Rheinsberger Gewässern finden, und das war wirklich nicht einfach, da es nicht zwei Kanäle waren, die in verschiedene Richtungen führten, sondern zwei Arme des großen Sees. Was mir die Orientierung besonders erschwerte, war eine Schilfinsel, die recht mächtig mitten im Fahrwasser lag, aber auf keiner Karte eingezeichnet war. Später beobachtete ich mehrere Yachten, die eine falsche Richtung eingeschlagen hatten und erst nach langer Zeit den richtigen Weg fanden. Nach der Schilfinsel macht der See nochmals eine Biegung und erst danach, in einer Art Blinddarm, öffnet sich die Ausfahrt in den Hüttenkanal. Dort ist dann nochmals eine Schleuse zu überwinden, und erst nach drei weiteren Seen und dazwischenliegenden Durchstichen gelangten wir vom Rheinsbergsee durch die Reke in den Grienericksee, an dem die Stadt Rheinsberg und ihr berühmtes Schloß liegen. Die komfortable Anlegebrücke einer stillgelegten Werft, deren Besitzverhältnisse wohl noch ungeklärt sind, diente uns zum Festmachen.

Rheinsbergs Wassermusik

Um an Land zu kommen, mußten wir den Garten eines Wohnblocks durchqueren, was uns ein alter Herr freundlicherweise erlaubte. Traten wir auf die Straße hinaus, waren wir auch schon in dem recht gepflegen und attraktiven Ortskern und brauchten nur fünf Minuten durch eine schattige Allee zu gehen, um zum Schloßpark zu gelangen. Rheinsberg hat wegen seiner Sehenswürdigkeiten seit jeher Touristen angelockt. So war es nicht erstaunlich, daß die im Freien von schattigen Kastanien und Sonnenschirmen geschützten Tische einer Gaststätte bis zum letzten Platz von fröhlich Speisenden besetzt waren.

Der „Flötenspieler und Geck", wie sein Vater den Prinzen Friedrich und späteren großen König zornig nannte, hat hier auf Schloß Rheinsberg nach seiner Festungshaft in Küstrin vier Jahre verbracht, wohl die glücklichsten seines Lebens. Weitab von der Residenz Potsdam und vom lauten Treiben Berlins, ohne die drückende Last der Regierungsgeschäfte, durfte er in Gesellschaft ausgesuchter Freunde bis 1740 seinen literarischen und musikalischen Neigungen leben. Schon damals nahm er Verbindung auf zu dem französischen Dichter und Philosophen Voltaire, der später Rheinsberg auch besuchte; außerdem widmete er sich dem Flötenspiel und wissenschaftlichen Studien. Der bedeutende Architekt von Knobelsdorff baute das Barockschloß im Auftrag des Prinzen, ein idyllisch gelegenes Wasserschloß mit großem Park und breiter Front zum See. Wer die eindrucksvolle Fassade des Schloßes richtig betrachten will,

Schloß Rheinsberg

Hier verbrachte Friedrich II. als Kronprinz glückliche Jahre.

Seerosenfelder im oberen Rhin bei Lindow

muß dies vom Wasser aus tun oder aus der Ferne vom gegenüberliegenden Ufer. Wir sahen den ganzen Tag über Boote verschiedenster Größen in der Ausbuchtung des Sees kreuzen, einmal sogar einige Paddler, die in aller Gemütsruhe auf der Wiese vor dem Schloß ihr Boot zerlegten und verpackten.

Der Wasserwanderer ist hier durchaus im Vorteil, kann er es doch halten wie seinerzeit Fontane: „… Haben wir die der Stadt zu gelegene Rückseite des Schlosses erreicht, passieren den Schloßhof, steigen in ein bereitliegendes Boot und fahren bis mitten auf den See hinaus. Nun erst machen wir kehrt und haben ein Bild von nicht gewöhnlicher Schönheit vor uns. Erst der glatte Wasserspiegel, an seinem Ufer ein Kranz von Schilf und Nymphäen, dahinter ansteigend ein frischer Gartenrasen und endlich das Schloß selbst, die Fernsicht schließend. Nach links hin dehnt sich der See; wohin wir blicken, ein Reichtum von Wasser und Wald." Treffender läßt sich der Eindruck,

Rechte Seite: Unser schönster Liegeplatz bei der Landwehrbrücke im Repenter Kanal

Naturschutzgebiet Kremmener Rhin
(vorhergehende Doppelseite)

den Rheinsberg vom Wasser aus bietet, nicht schildern.

In den folgenden Tagen fuhren wir mehrmals auf den See hinaus, um den Anblick der beschwingten Architektur genießen zu können. Im Park finden jeden Sommer auf einer provisorisch eingerichteten Naturbühne Konzert- und Tanzveranstaltungen statt, und wir hatten das Glück, eine davon zu erleben. Die Gruppe bestand aus sehr engagierten und gut ausgebildeten Amateuren der Deutschen Tanzkompanie, die choreographisch sorgfältig inszenierte Volkstänze aufführten. Der Genius loci und die wunderbare Parklandschaft ringsum taten das ihre, damit wir diesen sonnigen Nachmittag in schönster Erinnerung behielten.

Von über hundert Seen umgeben, war Rheinsberg unser Ausgangspunkt für eine Reihe von Fahrten, die wir in verschiedene Richtungen unternahmen, um auch die kleinen und wenig befahrenen Nebengewässer in diesem riesigen Labyrinth zu erkunden. Einer der schönsten Ausflüge führte uns zunächst zurück in den Rheinsbergsee und dann beim Dorf Zechlinerhütte durch einen Seitenkanal in den Zootzensee und den Großen Zechliner See, der mit 40 Metern der tiefste ist und auch das klarste Wasser hat.

Landschaftlicher Höhepunkt und Ruheplatz war der Repenter Kanal, der uns in eine geradezu traumhafte Waldlandschaft mit kleinen Teichen und dicht bewachsenen Schilfufern führte. Wir verbrachten dort mehrere Nächte, hörten die unheimlich krächzenden Schreie der Reiher, das Schlagen der Nachtigall und den Ruf des Uhus. Ein verlassener Verladeplatz im Wald neben einer kleinen Straßenbrücke, der Landwehrbrücke, diente uns zum Festmachen. So fanden wir Gelegenheit zu häufigen Spaziergängen oder Radwanderungen in die umliegenden Dörfer, ja bis Rheinsberg. Eine heimliche, verwunschene Seelenlandschaft ist es, die der Wanderer in diesem Teil der Mark Brandenburg für sich entdecken kann. Ich dachte wieder an Fontane: ,,An einem Sommermorgen, da nimm den Wanderstab, es fallen deine Sorgen wie Nebel von dir ab."

Idyllische Ankerplätze

Wir kreuzten von unserem Lieblingsplatz noch einmal zurück nach Strasen, das uns im Vorbeifahren so gut gefallen hatte, und wurden nicht enttäuscht. In der Räucherei holten wir uns delikate Forellen, und in dem kleinen Supermarkt fanden wir eine erstaunliche Auswahl an Lebensmitteln. Das dortige Hotel war ein Musterbeispiel dafür, wie ein unternehmerisch denkender Wirt ein ehemaliges Kinder-Ferienheim in ein erstklassiges Etablissement umwandeln kann, und dies mit wenig Eigenkapital. ,,Ich wußte gar nicht, wie mir geschah", erzählte uns der Wirt. ,,Über Nacht hatte ich plötzlich einen Berg Schulden und wurde gleichzeitig Kapitalist." Er staunte immer noch über den Aufschwung seines Betriebs. Die vielen Wassersportler, für die Strasen mit seinem Hafen eine Art Sammelplatz geworden war, trugen erheblich dazu bei, daß in der Gaststube während des ganzen Nachmittags und Abends kaum ein Platz frei blieb. Und aus der benachbarten Fischzucht bezog das Hotel täglich frische Forellen und Aale, die dem Koch eine preiswerte Bereicherung der Speisenkarte ermöglichten. Die Bootsbesatzungen konnten deshalb die eigene Pantry kalt lassen und der Bordfrau einen freien Tag gönnen.

Nur drei Kilometer Fahrt von Strasen aus über den Ellbogensee waren nötig, um an der Ortschaft Priepert vorbei durch ein Flüßchen wieder in eine neue Seenkette einzulaufen, auf der man bis Neustrelitz gelangen kann. Wir wollten diese Abzweigung einige Tage lang erkunden, steckten unsere Nase in den Großen Priepertsee und durch eine natürliche, flache und von Schilf umgebene Engstelle in den anschließenden Wangnitzsee. Fischerwerder heißt eine Insel im Wangnitzsee, die einen besonders idyllischen Ankerplatz bietet. Mit der Heckleine zu den dicht am Ufer stehenden Kiefern kann man das Boot in gutem Abstand zum Schilf verankern und Stunden der Ruhe an Bord verbringen. Es gibt so viele ähnlich idyllische Ankerplätze in dieser unendlichen Seenlandschaft, daß ich einige beschreiben kann, ohne deshalb übermäßigen Andrang zum Schaden der Natur befürchten zu müssen. Bedenklich für ihre Erhaltung erschienen uns dagegen die in langen Reihen an den meisten Seeufern errichteten Boots- und Wohnhäuser, deren Zahl aber in Zukunft, wie man uns versicherte, stark vermindert werden soll.

Wir blieben für eine ausgedehnte Mittagsrast an unserem Ankerplatz im Wangnitzsee; solche Stunden der Erholung genossen wir besonders. Danach widmeten wir uns jenen Arbeiten an Bord, die meist zurückstehen mußten, wenn ein Landgang möglich war. Dazu gehörte auch das Führen der Tagebücher und die allernotwendigste Korrespondenz, ebenso die etwas mühsameren und langwierigen Wartungs- und Reinigungsarbeiten in der Bilge und am Motor. Daß wir hierbei ölige Lappen und Papiere sorgfältig aufhoben, um sie später an geeigneter Stelle zu entsorgen, war selbstverständlich. Dies bedeutete auch keinen zusätzlichen Aufwand, denn wir hatten im Schiff für jede Art von Abfall gleich von Anfang an entsprechende Ablageplätze geschaffen.

Weil wir nur selten solche Ruhetage einlegten, waren die vielen Fahrstunden in den engen Gewässern auf die Dauer ziemlich anstrengend. Aber wir hatten uns daran gewöhnt, einander häufig am Ruder abzulösen, außerdem war es mir gelungen, das Geräusch des Motors so weit abzudämmen, daß wir darunter nur noch bei sehr langen Törns zu leiden hatten. Die SOLVEIG V war so leise, daß die am Ufer sitzenden Angler oft erschraken, wenn sie plötzlich vor ihnen auftauchte und vorbeiglitt. Die Stille am Ankerplatz empfanden wir trotzdem als erholsam. Am Ende aber mußten wir doch weiter. Nachdem wir mit dem Schlauchboot die Heckleine gelöst und den Anker aufgeholt hatten, setzten wir unsere Fahrt durch den Kammerkanal bis Ahrensberg und weiter nach Wesenberg am Woblitzsee fort. Eine lange Runde um den Woblitzsee beendete unsere Unternehmung für diesen Tag.

Schier unbegrenzte Ankermöglichkeiten bieten sich an den Ufern der zahllosen Seen.

Die „Hausbrücke" bei Ahrensberg

Angleridyll am Hafen Wesenberg (rechts)

Bis Neustrelitz hätten wir auf der Seenkette noch vordringen können, aber wir hatten in Wesenberg den „Stadthafen" entdeckt, einen zauberhaften Naturhafen mit einem langen, festen Bootssteg, an dem wir die Nacht verbringen wollten. Auf der anderen Seite der Bucht standen eine Reihe malerischer Fischerhütten, bei denen wir uns mit frischem Fisch und geräuchertem Aal versorgten.

Auf der Liebesinsel

Anderentags hielten wir nach dem Frühstück eine eingehende Besprechung ab und wurden uns einig, daß wir, so einmalig schön die Gewässer in dieser Region auch waren, lieber die Reise Richtung Müritz und Schwerin fortsetzen wollten, um unseren Plan, in diesem Sommer noch bis Rügen und wieder zurück zu gelangen, nicht zu gefährden. Das Wetter war recht wechselhaft geworden. Einmal waren wir 24 Stunden lang auf dem Boot regelrecht eingeregnet gewesen; die Wolkenbrüche hatten in mehreren Landesteilen sogar zu Überschwemmungen geführt. Auf Stunden mit heiterem Himmel mußten wir oft lange Zeit warten, wollten wir nicht wichtige Ziele nur bei strömendem Regen kennenlernen.

Nochmals tuckerten wir zu unserem Standplatz in Strasen, wo uns der Schleusenmeister schon kannte und fragte: „Und wann kommt ihr das nächste Mal?" Aber diesmal nahmen wir endgültig Abschied und fuhren weiter zur Schleuse Canow, nicht gerade zu unserem Glück, denn Angelika sprang bei der Handhabung der Leinen von der Backskiste auf den Cockpitboden und rutschte dabei so unglücklich aus, daß sie mit verstauchtem Fuß liegen blieb. Sie rappelte sich zwar wieder auf, machte Umschläge und hoffte auf rasche Besserung, aber die Schwellung war doch sehr stark. Ich wollte möglichst bald einen ruhigen Liegeplatz erreichen, und dafür bot sich das nicht allzuweit entfernte Mirow an.

Die mecklenburgische Kleinstadt selbst hat wenig Sehenswertes aufzuweisen, aber auf einer Insel vor der Stadt findet man in einem schönen großen Park ein Barockschloß, eine gotische Kirche und ein Torhaus der früheren Befestigung aus dem Jahr 1588, letzteres sogar recht gut erhalten. Da der dortige „Hafen" nur die Möglichkeit bot, im Kanal zwischen der Insel und der Stadt am grünen Ufer festzumachen, wo die Wassertiefe kaum über 80 Zentimeter betrug, mußten wir am Seeufer nach einer Anlegestelle suchen. Aber gerade hier, wo ich für Angelika gern einen sicheren und ruhigen Liegeplatz gefunden hätte, gelang dies nicht. Zwar befinden sich an den Ufern außerhalb der Ortschaft eine Reihe von Bootsstegen, aber nirgends reichte die Wassertiefe für uns. Wir waren gezwungen zu ankern, und deshalb hatte Angelika in ihrem behinderten Zustand keine Chance, an Land zu gehen.

Mein Interesse galt natürlich der Schloßinsel. Allein und etwas trübselig paddelte ich mit dem Schlauchboot hinüber zum Hafen, machte dort das Boot fest und ging über die Wallbrücke und durch das Torhaus zum Schloß, dem ehemaligen Landsitz der Herzöge von Mecklenburg-Strelitz. Das Schloß bot einen traurigen Anblick: geborstene Fenster in morschen Rahmen, ein verwittertes Tor, bröckelnder Putz. Die Stadt plante eine Sanierung, mußte das Schloß aber an die Landesregierung abgeben, und somit war

Abendstimmung im Mirower See

die Zukunft des geschichtsträchtigen Gebäudes erneut ungewiß. Wiederaufgebaut indessen ist die gotische Johanniterkirche, in der öfter Orgelkonzerte stattfinden. Mich lockte ein romantisches Plätzchen: die Liebesinsel.

Von der Schloßinsel durch einen künstlichen Graben getrennt, über den eine Brücke mit bemerkenswertem schmiedeeisernen Geländer führt, strahlt das etwa fünfzig Meter breite Fleckchen Erde eine wehmütige Schönheit aus. Der letzte Großherzog von Mecklenburg-Strelitz hatte sich 1918 auf der Liebesinsel erschossen und wurde auch hier begraben, unter einem Monument, das von einer abgebrochenen Säule beherrscht wird. Angeblich wählte er den Freitod aus Liebeskummer, aber auch eine Spionageaffäre soll mit im Spiel gewesen sein. Außerdem mag der verlorene Krieg und die verlorene Herrschaft sein Gemüt verdunkelt haben. „Gott ist die Liebe", steht auf der Grabplatte, wohl als Mahnung, die irdische Liebe nicht zu überschätzen. Was damals auch geschehen ist – sicherlich hat die kleine Insel in diesem Drama eine Rolle gespielt.

Wassersportzentrum Müritz

Nach zwei Tagen ging es Angelika soweit besser, daß wir die Fahrt auf den letzten Kilometern der Müritz-Havel-Wasserstraße fortsetzen konnten und erst die Kleine Müritz, dann die Müritz selbst überqueren, die nach dem Bodensee der zweitgrößte Binnensee Deutschlands ist. Berücksichtigt man, daß der Bodensee nicht allein zu Deutschland gehört, dann ist die Müritz sogar die „Größte". Auf jeden Fall ist die Wasserfläche mit einer Länge von 27 Kilometern so weitläufig, daß man sich schon einige Gedanken um die Navigation machen muß. Wir hatten kein allzu gutes Wetter, hin und wieder gingen Regenschauer nieder, und eine frische Brise wühlte den See auf. Deshalb war es nicht leicht, die in größeren Abständen ausgelegten Tonnen zu identifizieren, mit deren Hilfe die zahlreichen Untiefen in Ufernähe, aber auch in der Mitte des Sees umfahren werden können. Ein unangenehmer, weil steiler und sehr unregelmäßiger Wellengang erschwerte uns zusätzlich die Sicht, da das Wasser hoch über das Vordeck spritzte und gegen die Scheiben klatschte.

Wir sahen kaum andere Boote, was bei diesem Wetter nicht verwunderlich war. Die Müritz ist eines der berühmtesten Segel- und Sportbootreviere Deutschlands. Von Hamburg und Berlin aus auch per Straße oder Bahn leicht zu erreichen, bietet das Gewässer nicht nur eine sehr weite Fläche zum Segeln und häufig kräftigen Wind, sondern in den verschiedenen geschützten Häfen, besonders in Waren und Röbel, eine große Zahl guter Liegeplätze und Bootshäuser.

Vor dem Ersten Weltkrieg hatte mein Vater in Waren einen Renn-Einer besessen, den er nicht in Regatten, wohl aber als Ausgleichssport ruderte. Ich war jetzt recht neugierig zu sehen, wie dieser in Gesprächen oft genannte Ort heute aussah. Nach drei Stunden Überfahrt am oberen, nördlichen Ende des Sees angelangt, hielt ich auf die einzige unübersehbare Landmarke zu, von der aus ich die Einfahrt in die Binnenmüritz ansteuern konnte: Schloß Klink. Dieses Schloß war der stolze Besitz des verbissen sozialistischen, anti-feudalen SED-Kommentators Eduard von Schnitzler gewesen, ein wahrlich imponierender Bau in unübertroffen schöner Lage am Naturschutzgebiet. Das Schloß soll nun zum Luxushotel umgebaut werden. Nur wenige hundert Meter davon entfernt, schon an der Einfahrt zur Binnenmüritz, grüßt den An-

Häufige Wetterwechsel begleiteten unsere Fahrt; auf der großen Wasserfläche der Müritz können sie gefährlich werden.

kommenden ein an Häßlichkeit kaum zu überbietender, weißer Hochhauskasten, der an diesem prominenten Platz die sonst so herrliche Landschaft gründlich verschandelt. Doch an dieser Stelle hat man die Kirchtürme und Häusergiebel von Waren bereits im Blick und kann sich schnell von dem unschönen Bauwerk lösen.

Waren ist eine charaktervolle, siebenhundert Jahre alte Stadt, der man die Tradition des historischen Handelsplatzes sofort ansieht. Heute als Luftkurort und Wassersportzentrum um neue Bedeutung bemüht, muß die Stadt für die

Waren, Wassersportzentrum und Luftkurort an der Müritz

Links: Der Marktplatz von Waren mit der alten Löwenapotheke

Sorbische Trachten beim Volksfest (unten)

schönen, aber verfallenden Getreidespeicher am Hafen neue Verwendung und Sanierungsmöglichkeiten finden. Der Hafen selbst ist noch immer – oder wieder – das Zentrum der Betriebsamkeit. Hier legen die Schiffe der Weißen Flotte an, und hier ist auch die Basis einer großen Charterfirma für Hausboote.

Das geräumige Hafenbecken war voll belegt, als wir ankamen, aber wir fanden an der Ostseite noch ein Plätzchen an einem steinernen Bollwerk, allerdings mit kleinen Fehlern. Dort steckten bis zu 30 cm lange, dicke Stahlbänder und Nägel in der Mauer, die es uns sehr erschwerten, ohne Beschädigung der Bordwand festzumachen. Wir mußten alle Fender und Kissen heraushängen, um das Boot vor tiefen Kratzern zu schützen. Ich habe durchaus Verständnis dafür, daß die Stadtverwaltung über keine Mittel zur Modernisierung des Hafens verfügt, zumal die alten Kaianlagen durchaus noch brauchbar sind, aber solch kleine Behinderungen ließen sich in wenigen Stunden und mit geringen Kosten entfernen.

Wir hatten das Glück, gerade zur Zeit des Sommerfestes in Waren anzukommen, und freuten uns an einem farbigen Festzug, an Buden und Ständen in der Fußgängerzone. Darbietungen sorbischer Volkstanzgruppen, die zum Fest eigens aus der Cottbusser Gegend angereist waren, machten uns den größten Eindruck. Angelika konnte schon wieder ein wenig humpeln, und da der Stadtkern nahe am Hafen liegt, erlebte auch sie das leider durch Regen etwas beeinträchtigte Volksfest mit.

Die bedeutendste Sehenswürdigkeit der Müritz ist unbestritten der Nationalpark, die fast unberührte, überaus tierreiche Naturlandschaft an der Ostseite des Sees, die für den Bootsverkehr gesperrt ist und deshalb nur zu Fuß oder mit dem Fahrrad besucht werden kann. Wie fast überall, war es auch hier hilfreich, ein Fahrrad an Bord zu haben; aber natürlich gibt es in Waren auch Leihmöglichkeiten. Zentrum für Wanderungen durch den Nationalpark ist Müritzhof am Ostufer.

Wir hatten schon verschiedentlich Eisvögel bewundert und eine große Zahl anderer seltener Vögel gesehen und konnten nun in den schier endlosen Wäldern des Quellgebietes der Havel auch Seeadler und Kraniche beobachten. Selbst anderswo längst ausgestorbene Pflanzen wie das fleischfressende Fettkraut und über zehn verschiedene Orchideenarten sind im Nationalpark noch heimisch.

Die Müritz bildet den Anfang der Müritz-Elde-Wasserstraße, auf der wir unsere Fahrt nach Westen fortsetzten. Ein kleiner Durchstich, der Reeckkanal, führt in den Kölpinsee; von dort gelangten wir in den ebenfalls weiträumigen Fleesensee, an dessen südlichem Ausgang die durch ihre Klosterkirche bekannte Stadt Malchow liegt. Ursprünglich auf einer Insel erbaut und erst später durch Damm und Brücke mit den beiden Uferseiten des Malchower Sees verbunden, wäre Malchow nach dem bereits überfüllten Waren ein weiteres ideales Zentrum für den Wassersport, zumal die malerische Kleinstadt auch über eine Reihe guter Geschäfte verfügt – wenn, ja wenn nicht die leidige Knappheit an günstigen Liegeplätzen den Aufenthalt erschweren würde.

Ein langes Bollwerk ist vor dem Kloster zwar vorhanden, aber zur Gänze an die Personenschiffahrt verpachtet. Ein weiteres Bollwerk in der Stadtmitte, neben der Drehbrücke, ist Anleger für die Berufsschiffahrt und deshalb für Sportboote ebenfalls gesperrt. Einzig auf der Nordseite der Drehbrücke befinden sich zwei Anlegeplätze, die aber in erster Linie für Boote gedacht sind, die auf die Brückendurchfahrt warten. Hier gibt es eine Schnellgaststätte direkt neben der Pier, und wem die Wartezeit auf die Brückenöffnung zu lang wird, kann dort ein Glas Bier trinken oder sich mit einer Mahlzeit stärken. Gleich gegenüber ist eine Bäckerei und nur wenige Schritte entfernt ein Geschäft für Bootsbedarf. Deshalb läßt sich in Malchow die Brückendurchfahrt leicht mit einem schnellen Einkauf verbinden.

Wir fanden nur durch Zufall einen Platz zum Festmachen, bei dem ich allerdings, um in die Stadt zu kommen, über einen Gartenzaun klettern mußte. So ganz legal kann die Sache nicht gewesen sein, aber die freundlichen Malchower haben unsere Anwesenheit gern geduldet. Nur

Uferlandschaft bei Mirow, leider mit zu geringer Wassertiefe zum Anlegen

Angelika, deren Fuß noch nicht ausgeheilt war, mußte auf die Kletterpartie verzichten. Indessen stehen Pläne für den Ausbau einer großflächigen Marina in Stadtnähe kurz vor ihrer Verwirklichung, und schon in den nächsten Jahren dürfte Malchow ein günstiger Übernachtungsplatz für Yachten auf Fernfahrt werden, etwa auf dem Weg von Hamburg zur Müritz oder nach Berlin.

STARLET – leicht behindert

Durch den Petersdorfer Reeck und den gleichnamigen See gelangten wir rasch in den nur fünf Kilometer entfernten Plauer See (nicht zu verwechseln mit dem brandenburgischen See gleichen Namens), den drittgrößten nach der Müritz und dem Schweriner See. Da das Wetter noch immer trübe und regnerisch war und der Wind nicht nachlassen wollte, empfing uns ein kurzer, kabbeliger Wellenschlag, aus Westen genau auf die Nase. So wurde die Überfahrt nicht zum Vergnügen. Wir hatten den See zwar nur zu queren, nicht seine 15 Kilometer Länge auszufahren, mußten uns aber wegen einer großen Untiefe und einer sehr flachen und engen Einfahrt in die Elde genau an die Betonnung halten.

Im Städtchen Plau sahen wir zahlreiche Liegeplätze, sowohl oberhalb als auch unterhalb der Schleuse, doch der Tag war noch zu jung, als daß wir hier schon unterbrechen wollten. Wir waren ohnehin voll beschäftigt, denn Plau hat nicht nur eine Schleuse, sondern auch eine Seilhubbrücke mitten in der Stadt, die wegen des starken Autoverkehrs nur selten geöffnet wird. Wir hatten Gelegenheit, den Brückenwart vom Boot aus zu sprechen, so daß wir nach mäßiger Wartezeit unter der Brücke durchschlüpfen konnten. Als wir dann auch noch die Schleuse geschafft hatten, setzten wir unsere Fahrt auf der Elde fort – bis zur nächsten, nur fünf Kilometer entfernten Schleuse Barkow. Hier machten wir eine interessante Bekanntschaft.

Die Hebebrücke mitten in Plau wird nur selten geöffnet.

Das Fahrgastschiff STARLET, ein Riese im Vergleich zu uns, war schon in Plau mit uns geschleust worden und lag jetzt in Barkow wieder neben uns. Ein junger Skipper fuhr es ganz allein und hatte mit der Steuerung, der Maschine und den Festmachern ganz schön zu tun. Als wir ein paar Worte wechselten, kam mir ein Gedanke: Es wurde langsam Abend, und ich hatte Bedenken, ob wir die zehn Kilometer entfernte nächste Schleuse Bobzin noch vor Ende ihrer Betriebszeit um 18.00 Uhr erreichen würden. Deshalb fragte ich den Kapitän, der selbst noch weiterfahren wollte, ob er nicht für uns beide die Öffnung der Schleuse Bobzin erwirken könne. Als Berufsschiffer durfte er nämlich nach Voranmeldung auch später kommen. Der junge Kapitän war sofort einverstanden, und so folgten wir seinem Schiff durch den engen Kanal. Er hatte zwar Funk, aber nur CB, keinen Schiffsfunk, deshalb konnten wir uns unterwegs nicht verständigen. Die Fahrt war schwierig, denn die offiziellen Tauchtiefen waren nicht immer vorhanden, und so blieben wir oft ein Stück zurück.

Es gab keinen Durchgangsverkehr, weil die Müritz-Elde-Wasserstraße in der Ortschaft Grabow wegen Einsturzgefahr gesperrt war: Die Uferbefestigungen dort waren abgerutscht. So glitten nur unsere beiden Schiffe an diesem Abend durch die verwunschene Landschaft. Plötzlich wurde die STARLET vor uns langsamer, und der Schiffer gab uns Zeichen, ihn zu überholen und voraus zu fahren. Danach nahm er wieder Fahrt auf und folgte uns. Zwischen den hohen Böschungen – das Gelände war hier hügelig und dicht bewaldet – sahen wir sein Fahrgastschiff nach jeder Biegung wieder auftauchen. Unwillkürlich drehte ich mich häufig nach ihm um. Dieser Wasserweg war völlig einsam, denn da die Schleuse um diese Tageszeit schon geschlossen hatte, war auch kein örtlicher Verkehr mehr zu erwarten.

Und dann blieb die STARLET aus. Ich verminderte die Tourenzahl, wartete noch zwei Biegungen ab und stoppte schließlich. Langsam, aber unaufhörlich wurden wir ans Ufer zwischen Schilf und Büsche gedrückt. Nichts regte sich, kein Laut war zu hören. „Fahr' doch weiter", meinte Angelika. „Er wird schon kommen." Auch ihr war die Lage nicht geheuer.

„Ich warte noch zehn Minuten, und wenn er dann nicht kommt, drehen wir um und sehen nach, wo er steckt."

„Wie willst du denn in dem engen Fahrwasser wenden? Wir bleiben dabei noch im Schlamm stecken!"

Leider hatte sie damit recht. Die STARLET erschien auch nach zehn Minuten nicht, ich versuchte zu wenden und kam prompt im Schlamm am Ufer fest. Erst nach einigen vergeblichen Versuchen gelang es mir, doch noch freizukommen und zurückzufahren. „Ich kann den Jungen mit seinem großen Schiff nicht einfach hier zurücklassen. Vielleicht hat er Grundberührung, vielleicht ist er verletzt?" Oder tat sich hier et-

143

was Verdächtiges? Wir rätselten hin und her. Nach gut einer Viertelstunde sahen wir die STARLET langsam auf uns zuhinken. Unser Freund stand auf der Brücke, und wir preiten ihn an. Bedrückt antwortete er: „Meine Kühlwasserleitung ist gebrochen. Ich mußte das Schiff treiben lassen und eine Notreparatur vornehmen. Jetzt kann ich zwar wieder fahren, aber nur langsam, sonst wird die Maschine heiß."

Ich ließ ihn vorbeifahren, wendete wieder und folgte ihm. „Ein toller Bursche!" lachte Angelika anerkennend. „Fährt das große Schiff allein und macht auch noch Reparaturen. Ich weiß nicht, ob das einer im Westen riskieren würde. Der hätte sich bestimmt abschleppen lassen."

Da war er wieder, der Pioniergeist, der in den Menschen hier steckte. Falls er richtig eingesetzt wurde, konnten sie es weit bringen.

Der Schleusenmeister in Bobzin hatte gewartet. Einträchtig hingen wir zusammen mit der STARLET in der Kammer. Bobzin hat einen Hub von 7,7 m und ist damit eine der größten Schleusen an der Elde. Mit Wucht schäumte das Wasser aus mehreren Rohren ins Becken, Fontänen

Das Wahrzeichen von Lübz, der Amtsturm, ist heute ein Museum.

Unten: In der Stadtmarina von Lübz finden bis zu 40 Sportboote Platz.

schossen in die Höhe. Von der STARLET erhielten wir, während das Wasser einströmte, einen guten Tip für Lübz, wo wir die Nacht verbringen wollten. ,,Mitten in der Stadt ist eine Anlegebrücke an einem kleinen Park", informierte uns der junge Skipper. ,,Eigentlich ist sie für Ausflugsschiffe bestimmt, aber es kommen nur selten welche. Ich zeige sie euch."

Als wir an den ersten Häusern von Lübz vorbeifuhren, bog er in eine Art Privathafen ein, wo schon sein Vater wartete. Großes Winken zum Abschied, dann zeigte er auf die nahe Anlegebrücke. Dort machten wir fest und waren an dem wirklich komfortablen Liegeplatz bestens aufgehoben. Nur wenige Schritte, und wir befanden uns im Zentrum der attraktiven kleinen Stadt. Weithin leuchtete der rote Amtsturm aus dem 14. Jahrhundert über die Dächer.

Abschied von der Elde

An unserer Brücke befand sich sogar ein Stromanschluß, den man aber erst nach Anmeldung im Rathaus aktivieren konnte. Das lohnte für uns nicht. Am Morgen machten wir einen Rundgang. Etwa zweihundert Meter unterhalb der Schleuse war schon früher ein richtiges Hafenbecken für Lastkähne angelegt worden, das jetzt von zwei jungen Männern zu einer vollwertigen Marina ausgebaut wurde. Hier fanden viele große und kleine Boote Platz. Es gab Wasser und Strom, auf Wunsch wurde sogar Diesel in Kanistern angefahren, und zum Frühstück wurden den Bootsbesatzungen Brötchen gebracht. Mit einem weiteren Ausbau kann in den nächsten Jahren gerechnet werden. Lübz war eine sehr erfreuliche Erfahrung für uns. Auch unter den anderen Wasserwanderern hatte sich der günstige Rastplatz offenbar schon herumgesprochen.

Die Elde fließt, soweit man das von dem kanalisierten Fluß noch sagen kann, von Lübz aus wieder durch ein Sumpfgebiet. Die Wälder sind Wiesen und Feldern gewichen, und der Kanal nimmt zum größten Teil einen geraden Verlauf. Einige Flachstellen sind durch grüne Tonnen markiert, und als wir vorbeikamen, waren Baggerarbeiten im Gange. Fast dreißig Kilometer flußabwärts liegt das wegen seiner zahllosen Giebelhäuser bekannte Parchim. Besonders schön sind das Rathaus, das Postamt, die vielen Fachwerkhäuser und ein altes Giebelhaus von 1612. Der Stadtkern war einst von Wasserarmen umflossen, die heute mit Wehren abgedämmt sind. Mitten in der Stadt, an einer Engstelle der Elde, lag die Schleuse. Wir hatten im Verlauf dieser Reise schon so viele Schleusen passiert, daß das Warten, das endliche Einlaufen und das Festma-

Ein Altarm der Elde in Lübz

Blick von der Pfarrkirche
St. Georgen auf Stadt Parchim
und Umgebung

Rechts: Zeichen früheren Wohlstandes in Parchim sind die alten Bürgerhäuser der ehemaligen Handelsherren mit Speichertüren an den Giebeln.

chen in der Kammer für uns zur Routine geworden war. Die zusätzliche Fahrzeit mußte natürlich einkalkuliert werden, aber in der Regel klappte die Durchfahrt schneller als gedacht. Meist konnten wir schon nach zwanzig Minuten durch die geöffneten Tore wieder auslaufen.
Von Parchim aus kamen wir schon nach wenigen Kilometern zum Störkanal, der Abzweigung von der Müritz-Elde-Wasserstraße nach Schwerin. Eigentlich zweigt der Störkanal gar nicht ab, sondern verläuft geradeaus Richtung

Schwerin, während die Elde einen 90-Grad-Knick beschreibt. Von hier aus wären es nur noch 56 Kilometer bis Dömitz und zur Elbe gewesen; wegen der gebrochenen Ufermauer in Grabow aber mußten wir auf die Befahrung dieses letzten Teils verzichten.

Der Störkanal war bemerkenswerterweise schon am Ende des 16. Jahrhunderts schiffbar, und zwar als Teil einer Wasserstraße von Dömitz nach Wismar. Der Abschnitt zwischen Schwerin und Wismar ließ sich aber nicht lange erhalten oder später den Erfordernissen größerer Schiffe anpassen; er ist heute nicht mehr befahrbar. Berufsschiffahrt gibt es auf dem Störkanal nicht, das Revier gehört allein den Sportbooten, die auf diese Weise, von der Müritz oder von Hamburg kommend, den Schweriner See ansteuern können.

Schnurgerade zieht sich der Störkanal durch die mecklenburgische Wiesenlandschaft.

Der Störkanal führt durch flaches, fruchtbares Land, auf dem Viehzucht, Getreide und Kartoffelanbau betrieben werden. So flach die Gegend ist, so schnurgerade verläuft die Wasserstraße zwanzig Kilometer weit bis zur Einfahrt in den Schweriner See. Erwähnenswert ist auf dieser Strecke die Klappbrücke von Plate, die, obwohl erst neuerdings wiederhergestellt, dem Dorf eine besondere Note verleiht. Danach kommt nur noch ein kurzes Stück Kanal, und man hat den Schweriner See vor Augen.

Aber für uns wurden diese letzten Kilometer zu einem Erlebnis. Wir gerieten in ein Unwetter, wie wir es bisher nur von den Tropen her kannten. Das Wasser fiel in breiten Strömen vom Himmel, der schwarz und drohend die Welt zuzudecken schien und nur ab und zu von grellen Blitzen erleuchtet wurde. Sekundenlang waren dann die Bäume am Ufer sichtbar, doch sobald der Donner übers Land hallte, brach die Dunkelheit wieder herein. Wir mußten uns fragen, ob wir bei so schlechter Sicht die Weiterfahrt wagen sollten. Aber mangels eines vernünftigen Ankerplatzes ließ ich den Motor mit stark gedrosselter Drehzahl weiterlaufen und spähte durch die verregneten Scheiben nach einem Durchschlupf zwischen den schilfbewachsenen Ufern aus. Als wir den Schweriner See erreicht hatten, rissen die Wolken auf. Erste Sonnenstrahlen ließen die blaue Wasserfläche und das frischgewaschene Laub der Bäume schimmern. Es war ein herrlicher Anblick.

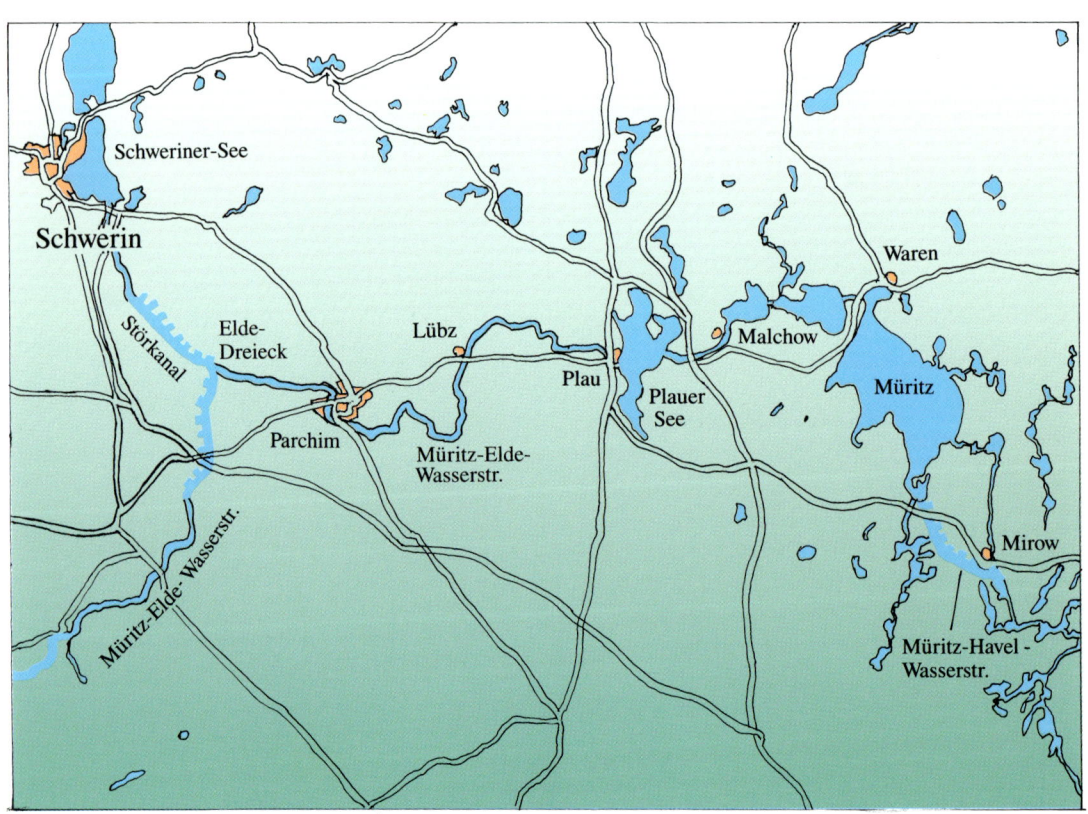

Dank der wieder hergestellten Klappbrücke in Plate ist der Schweriner See auch für größere Boote erreichbar.

Links: Reetgedecktes Haus bei Banzkow

An der Einfahrt zum Schweriner See ist bei der Ortschaft Mueß ein Anlegesteg für Sportboote errichtet worden, der wegen seiner geschützten Lage unter großen Laubbäumen zum Schönsten gehörte, was wir an Liegeplätzen auf unserer Reise kennenlernten. Nur dem Umstand, daß sich keine größere Ortschaft in der Nähe befindet, ist es zu danken, daß dieser Anleger nicht ständig überfüllt ist. Dort machten wir fest, um das Abflauen des Windes abzuwarten, der noch immer dicke weiße Schaumkronen über den See trieb. Nach einer Stunde hatte sich das Wetter beruhigt. Wir legten ab, nahmen uns aber fest vor, auf der Rückfahrt mindestens einen Tag an diesem herrlichen Platz zu verbringen.

Weil es wieder leicht regnete, hatten wir Mühe, die Bojen zu erkennen, nach denen wir uns hier genau richten mußten, denn die Gewässer um Schwerin sind besonders flach und voller Untiefen. Ich hatte die Karte deshalb aufgeschlagen neben mir liegen, als ich mich der Stadt näherte. Das Schloß stand mächtig, etwas protzig, aber doch nicht schwergewichtig oder klobig vor uns. Es erinnerte mich ein wenig an Neuschwanstein.

Ich folgte der Uferlinie und sah sogleich eine ganze Reihe von Klubanlagen, wo Segelboote an Land und im Wasser lagen. An einer langen Brücke schienen noch einige Meter frei zu sein. Dort legte ich an, fragte die Nachbarboote um Erlaubnis, und alles war in Ordnung. So einfach ging das in Schwerin. Hatte ich besonderes Glück gehabt? Oder waren hier Besucher noch so selten, daß immer genügend Platz für Gastlieger vorhanden war? Nein, die Ursache war der gesperrte Kanal von Hamburg her, wie ich später erfuhr.

Malerisches Schwerin

Schwerin ist eine schöne Stadt, und seine Plätze und Straßen vor dem Schloß und dem Staatstheater können sich sehen lassen. Was den besonderen Reiz Schwerins ausmacht, sind natürlich der See, die Uferpromenaden und das auf einer Insel vorgelagerte Schloß. Wie Berlin und Potsdam ist Schwerin eine Stadt am Wasser, denn es liegt nicht nur an einer tiefen Einbuchtung des Sees, sondern ist auf allen Seiten von größeren und kleineren Gewässern umgeben. Von der Turmspitze des Doms hat man einen

Das Schloß der mecklenburgischen
Herzöge liegt auf einer Insel.

großartigen Ausblick auf diese Landschaft. Für die Wassersportler sind die Gewässer besonders wichtig, die durch leicht befahrbare Kanäle mit dem See verbunden sind: der Heidensee, der Ziegelsee und der Ziegelaußensee. Letzterer bietet neben seiner Lage dicht bei der Stadt noch eine direkte Zufahrt durch den sogenannten Langen Graben zum Nordteil des Schweriner Sees. Eine große Zahl von Liegeplätzen, Werften, Reparaturbetrieben, Kränen und Slipanlagen stehen an diesen kleinen Seen zur Verfügung.

Wir lagen an der Schwaneninsel, nur wenige Minuten vom Stadtzentrum entfernt, im Gelände des Schweriner Segelvereins. Schon bald nach der Ankunft erhielten wir Besuch von Hafenmeister Dossow, der uns herzlich willkommen hieß. Meine Fragen an ihn galten vor allem dem schönen, traditionsreichen Klubhaus aus der Zeit der Jahrhundertwende, das in gefährlicher Weise vernachlässigt schien. Offensicht-

Schwerin —
Blick auf den Pfaffenteich

lich hatten zu DDR-Zeiten die Mittel für seine Erhaltung gefehlt, vielleicht war auch der vornehme Charakter des Hauses ein Grund für die Regierung, den baldigen Abriß herbeizuwünschen. In jedem Fall stellt dieses Haus, das wohl unter Denkmalschutz steht, ein Schmuckstück dar für die gesamte Wasserfront der Landeshauptstadt. Seine Erhaltung wäre für das Ansehen des Wassersports von größter Bedeutung. Außerdem ist die Schwaneninsel, über eine kleine Brücke mit dem Stadtgebiet verbunden, ein so ideales Klubgelände, wie man es kaum anderswo findet.

Das Klubhaus des SSV aus der Zeit der Jahrhundertwende wäre erhaltenswert.

Aber die Wiederherstellung des Gebäudes wäre aufwendig, und auch hier fehlen wie an vielen anderen Orten den Klubmitgliedern die nötigen Mittel. Schon haben sich internationale Hotelketten gemeldet, die das Haus und die ganze Insel für eine hohe Summe erwerben wollen. Ich meine, bei diesem Klubhaus auf der Schwaneninsel ist wie in einigen ähnlich gelagerten Fällen die Solidarität aller deutschen Segler und Motorbootfahrer gefragt. Es wird soviel von Kameradschaft gesprochen, da müßte es doch möglich sein, aus dem Vermögen der westdeutschen Wassersportvereine oder durch eine Sonderspende ihrer Mitglieder die notwendigen Mittel aufzubringen, um dem Wassersport solch einmalige, schon historische Anlagen zu erhalten. Die Stadt Schwerin übrigens bemüht sich sehr um die Restaurierung ihrer alten Bausubstanz; an fast allen Straßen und Plätzen der Innenstadt waren Arbeiten im Gange.

Ein langfristiges Problem dürfte die Verbesserung der Wasserqualität im See und in den angrenzenden Gewässern sein. In dieser Beziehung wurde hier viel gesündigt. Erschrocken sahen wir schon beim Anlegemanöver, daß das flache Wasser in Ufernähe völlig verkrautet war. An unserem Steg wuchsen die grünen Algen so dicht, daß ich es nicht wagte, den Propeller drehen zu lassen, sondern beim Ablegen dem Boot einen Stoß von Hand gab und erst ein paar Meter weiter den Gang einlegte.

Wir verbrachten eine Woche in Schwerin, erkundeten die schöne Landeshauptstadt und erlebten einen besonderen Höhepunkt beim Besuch einer „Faust"-Aufführung des Staatstheaters im Schweriner Schloß. Nicht Goethes „Faust", sondern das Drama von Oliver Marlow, einem Zeitgenossen Shakespeares, wurde gegeben und kam in der romantischen Kulisse des Schloßhofes zu grandioser Wirkung. Diese Freilichtaufführung ließ sich noch am ehesten mit dem Salzburger „Jedermann" vergleichen, jedenfalls stand die Kulisse jener in Salzburg kaum nach.

Wie es sich für unseren Liegeplatz vor der Schwaneninsel gehörte, wurden wir ständig von Schwänen umlagert. Auch hier begann der Kräftigste von ihnen mit Angriffen auf unsere Bordwand. Der Bursche versuchte auf jede Weise, sich mit seinem Spiegelbild auseinanderzusetzen, zuerst mit Zärtlichkeit, dann mit wütenden Schlägen gegen den vermeintlichen Nebenbuhler. Selbst abends ermüdete er nicht und brachte uns zwei Nächte lang um den Schlaf. Da mußte Abhilfe geschaffen werden! Wir kauften schwarzen Stoff und hängten die Bordwand vom Bug bis zum Heck einfach zu. Von da an hatten wir Ruhe.

Nach einer reichlichen Woche mußten wir an die Weiterfahrt denken. Die Rückkehr nach Oranienburg stand an, und später wollten wir nochmals einige Seitenarme der Havel befahren. Ein herausragendes Erlebnis war dabei unser Abstecher in die „Ruppiner Schweiz". Nicht nur die Fontanestadt Neuruppin mit ihrer besonders attraktiven Wasserfront und der Ruppiner See mit dem Ziethenschloß in Wustrau beeindruckten uns sehr; wir fanden auch Wälder und Sümpfe von hinreißender Wildheit auf unserer Abenteuerfahrt auf dem Flüßchen Rhin, zwischen Alt-Ruppin und Lindow. Hier zeigte sich uns die Fluß- und Seenlandschaft der Mark Brandenburg mit ihren vielen geschichtsträchtigen Orten, faszinierenden Bauwerken und ihrer weitgehend unzerstörten Natur noch einmal von der schönsten Seite.

8 Grüne Ufer und blaue See

Alle noch vorhandenen Nachrichten stimmen darin überein, daß das Oderbruch vor seiner Urbarmachung eine wüste und wilde Fläche war, die, sehr wahrscheinlich unserem Spreewalde verwandt, von einer unzähligen Menge größerer und kleinerer Oder-Arme durchschnitten wurde.

(Theodor Fontane)

Tiefer Ernst und ein helles Leuchten lagen über den Gewässern, die wir in der Mark befahren hatten. Einsamkeit und Stille herrschten an ihren Ufern, als trüge das Land schwer an seinem verworrenen Schicksal, das den Bewohnern keineswegs nur Glück und Zufriedenheit beschert hat. Die leise Schwermut ging aber auch einher mit Beharrlichkeit und einer Mensch und Landschaft innewohnenden Kraft, die sich auf uns Wanderer übertrug und uns tiefer und freier atmen ließ. Die großen Städte dagegen – Berlin, Potsdam oder Schwerin – erstickten fast in hektischer Betriebsamkeit, in ihrem eiligen Gedränge nach raschem Fortschritt und Wohlstand.

Beim Umgang mit den Menschen, vor allem auf dem Lande, trafen wir oft noch die gefestigte und geordnete Lebensart alter Traditionen an. Um so störender wirkten dann die schrillen Farben amerikanisch-westlicher Werbetafeln an Geschäften und Banken, sogar an stilvollen alten Gebäuden und Bauernhöfen. Ihren penetranten Aufruf: „Schaut her! Da sind wir! Ihr braucht uns!" empfand ich in den schönen alten Städten als aufdringlich und abstoßend. Und die unzähligen Satellitenschüsseln, die an fast allen Häusern angebracht waren, erinnerten mich an die Ofenrohre, die nach dem Krieg wie finstere Rüssel aus den Fenstern der Wohnblocks geragt hatten.

Hatte ich nun das Land, das mir aus meiner Kindheit vertraut gewesen war, hier wiedergefunden? Mit Sicherheit: ja. Aufgrund des allgemeinen Mangels hatten im Osten wenig Mittel für Umbau und Erneuerung zur Verfügung gestanden, deshalb war viel mehr Erhaltenswertes bewahrt geblieben als im Westen. Beim beginnenden Aufbau wird man hoffentlich zu unterscheiden wissen zwischen Anlagen und Einrichtungen, die dringend der Modernisierung bedürfen, und wertvollem Kulturgut, das östlich der Elbe noch so reichlich vorhanden ist.

Linke Seite: Morgenstimmung an der
Oder bei Mescherin

Grenzstrom Oder

Unwillkürlich ließ mich die Landschaft wieder an meine Schulzeit denken; an damals, als ich mit meiner Mutter im Eisenbahnabteil dritter Klasse durch die sandigen Fluren und dunklen Kiefernwälder Brandenburgs gerattert war, brennende Vorfreude auf das nahe Ferienglück an der Ostsee im Herzen. Von Berlin aus lag Pommern nahe, und nur eine reichliche Stunde im Schnellzug hatten wir damals gebraucht bis Stettin, wo gleich neben dem Bahnhof die großen weißen Schiffe der Bäderlinie lagen. Sie trugen Namen aus der nordischen Sagenwelt – HERTHA, ODIN, FRIGGA – und hatten einen gelben Schornstein. Mit einem davon fuhren wir über das Stettiner Haff und den Greifswalder Bodden zu den Stränden von Sellin oder Binz auf Rügen. Schon der bloße Anblick dieser Schiffe hatte damals mein Herz höher schlagen lassen.

Jetzt hatte ich ein eigenes Schiff, war aber nicht weniger aufgeregt als damals, denn ich würde nun unter ganz anderen Umständen die Ziele von einst ansteuern und erleben. Wir wollten die Oder befahren, den großen Strom im Osten, der inzwischen mehr Grenze geworden ist als Schiffahrtsweg. Die Entwicklung der Oder vom Natur- zum Kulturstrom ist so eng mit der preußischen Geschichte verknüpft wie die keiner anderen großen Wasserstraße; und mit der Auslöschung Preußens am Ende des Zweiten Weltkriegs endete folglich auch die Geschichte der preußischen Oder. Danach ist vorläufig nicht viel geschehen.

Mit Sicherheit seit dem 13. Jahrhundert, aber wahrscheinlich schon viel länger, wurde zwischen Breslau und Stettin Schiffahrt betrieben. Und es waren Mönche des Klosters Leubus, unterhalb von Breslau, von denen der älteste Bericht einer Oderfahrt stammt. Damals war das Oderbruch noch eine „wüste und wilde Fläche", wie später Fontane schrieb, und den Schiffen mußten Reiter vorauseilen, die das Fahrwasser suchten und markierten. Heute verläuft die Oder unterhalb von Hohensaaten in zwei schiffbaren Armen, die von Zeit zu Zeit durch sogenannte Querfahrten miteinander verbunden sind. Das Land dazwischen wurde in den letzten zweihundert Jahren zwar trockengelegt, aber die unzähligen kleinen Wasserarme blieben erhalten.

Ein Lift für Schiffe

Wir gelangten von Oranienburg aus über den Oder-Havel-Kanal zum Schiffshebewerk Niederfinow, einem technischen Meisterwerk, das seit seiner Eröffnung am 21. März 1934 nichts von seiner immensen Bedeutung verloren hat. Obwohl die Planungen dafür bereits 1905 angelaufen waren, dauerte es 22 Jahre, bis mit dem Bau begonnen wurde. Die Maße der imponierenden Konstruktion sind gigantisch. Der Stahltrog mit einer nutzbaren Länge von 85 m und einer Breite von 12 m wiegt mit Wasser gefüllt 4 300 Tonnen; 192 Gegengewichte zum Ausgleich des Troggewichtes werden mit Stahlseilen über 128 Seilscheiben geführt. Ein Hub (Höhe 36 m) dauert einschließlich des Ein- und Ausfahrens der Schiffe etwa 20 Minuten.

Nach nur kurzer Wartezeit konnten wir mit einem Dutzend anderer Yachten und Frachtschiffe in den Trog mit 2,50 m Wassertiefe einfahren, standen dann staunend auf der Plattform und blickten in die Tiefe, während sich der Trog samt Wasser und Schiffen langsam senkte. Auf diese Weise überwanden wir den Höhenunter-

Hoch ragt das Schiffshebewerk Niederfinow über die Flußlandschaft (rechts oben). 36 Meter Höhenunterschied werden hier überwunden.

schied zwischen der Märkischen Seenplatte und dem Oderbruch.

Unten empfing uns eine völlig veränderte Landschaft. Statt Wäldern sahen wir Wiesen und Felder, einzelne Bäume und Büsche. Wo linkerhand die Hügel begannen, begrenzten Laubwälder den Blick. Der Oder-Havel-Kanal führt hier in den Oderberger See und vereint sich danach mit der Alten Oder bis zu den Schleusen von Hohensaaten.

Bei der Ausfahrt aus dem Hebewerk bemerkten wir eine Segelyacht, die plötzlich im Gedränge der überholenden Fahrzeuge kaum mehr Fahrt machte und schließlich treibend liegenblieb. Wir boten der in Schwierigkeiten geratenen Crew Schlepphilfe an und erfuhren, daß ihr Motor ständig überhitzt wurde. Wie wir später hörten, war der Impeller seiner Kühlwasserpumpe defekt, deshalb gelangte kein Wasser mehr in die Kühlanlage. Wir nahmen die Segler in Schlepp und brachten sie bis zu einer Kaimauer vor Oderberg, bedauerten aber bald darauf, daß wir sie nicht noch ein Stück weiter mitgenommen hatten, weil sich kurz hinter Oderberg eine vorzüglich ausgebaute Marina mit Werkstätten für die Reparatur angeboten hätte.

Das Städtchen Oderberg fanden wir schön gelegen, direkt am Flußufer, mit malerischen alten Häusern und einer Landschaft, die zu Wanderungen mit dem Fahrrad verlockte. Eine Stunde später kreisten wir vor der Schleuse Hohensaaten. Eigentlich sind es zwei Schleusen, von denen die eine direkt in die Oder, die andere aber zur Hohensaaten-Friedrichsthaler-Wasserstraße führt. Die Ho-Fri-Wa, wie sie kurz genannt wird, ist ein Parallelkanal zur Oder und ermöglicht einen von den Wasserständen der Oder unabhängigen Schiffsverkehr. Auch wir konnten uns nicht auf das Risiko der Flußfahrt einlassen und wählten die sichere Kanalroute.

Eine völlig veränderte Landschaft empfing uns im Oderbruch: Hügel mit Laubwäldern auf der Westseite, Wiesen und Felder mit Büschen und einzelnen Bäumen im Osten.

Immer wieder: Zukunftssorgen

Am Spätnachmittag näherten wir uns der Stadt Schwedt, wo eine Übernachtung geplant war. Die oberhalb des Stadtkerns vermuteten Liegemöglichkeiten schienen uns aber nicht dazu geeignet. Als wir schon die Hoffnung auf ein sicheres Plätzchen aufgegeben hatten, fanden wir unterhalb der Straßenbrücke einen kleinen Seglerhafen, in dessen Einfahrt einige Motorboote lagen. Hier blieb auch für uns noch ein freier Streifen am grünen Wiesenufer, wo wir nicht nur gastliche Aufnahme fanden, sondern zu unserer Überraschung auch einen modernen Strom- und Wasseranschluß. So waren wir für den Abend gut versorgt und fuhren abwechselnd

am nächsten Morgen mit dem Fahrrad in die Stadt.
Schwedt war im Zweiten Weltkrieg vollständig zerstört worden. Ein neues Stadtbild ist entstanden, und wenn man von den gleichförmigen weißen Plattenbauten sozialistischen Stils absieht, bietet der Ort ein erfreuliches Bild. Schwedt ist eine Industriestadt, und es waren die großen Betriebe, die zur DDR-Zeit Klubanlagen für Wassersportler errichteten und ihre Erhaltung finanzierten. Die neuen Manager der West-Firmen aber sind zu entsprechenden Leistungen nicht bereit, und deshalb geht auch bei den Schwedter Wassersportlern die Sorge um, wie sie ihre Gebäude und Hafeneinrichtungen in Zukunft erhalten sollen. Die Vermietung von Liegeplätzen an Gastboote trägt einen kleinen Teil dazu bei, daß die Vereinskassen nicht ganz leer werden.
Bücher und Videos meiner Weltumsegelungen waren schon früher zu den Mitgliedern der SSV in Schwedt gelangt, und so wurden wir mit großer Herzlichkeit empfangen und am nächsten Tag zu einer Gesprächsrunde in die Gaststätte auf dem Klubgelände eingeladen. Wie in Magdeburg fand ich auch hier wieder Zuhörer, die sich für unsere Erlebnisse in der weiten Welt begeisterten und jede Einzelheit mit einer Intensität hinterfragten, die ihre Sehnsucht nach Blauwasserfahrten ahnen ließ. Wir unsererseits erfuhren viel über die gegenwärtigen Verhältnisse in Schwedt und in der Uckermark. Die SSV war sehr begünstigt gewesen, obwohl die benachbarte Fabrik Eigentümer der Klubanlagen gewesen war. Außer dem Seglerhafen befand sich hier ein Leistungszentrum der Kanuten mit Sitztribünen für die Zuschauer bei Wasserpolo-Spielen.
Unser Abschied von Schwedt war schmerzlich, denn wir wären gern länger geblieben, um Fahrten und Wanderungen in die schöne Umgebung des Odertals zu unternehmen. Aber wir hatten noch viel vor und mußten weiter.

Um von jetzt an den Vorteil der Strömung in der Oder zu nutzen, nahmen wir Kurs über die Schwedter Querfahrt in die Ost-Oder, denn die Gefahr zu geringer Wassertiefe bestand hier nicht mehr. Es war ein eindrucksvoller Wechsel, nach Monaten in engen Gewässern wieder auf einem breiten Strom zu steuern, viel Platz auf beiden Seiten zur Verfügung zu haben, aber auch überlegen zu müssen, wo wir das sicherste Fahrwasser finden konnten. Unser Schiff schien uns auf einmal sehr klein und bewegte sich nur langsam auf der weiten Wasserfläche.

Einklarierung in Polen

Das gegenüberliegende Ufer mit dem Städtchen Ognica, dessen Kirchturm wir vor uns sahen, grüßte schon von Polen herüber, und wenige Kilometer flußabwärts, bei Widuchowa, würden wir einklarieren müssen. Wir waren nervös, denn man hatte uns von Durchsuchungen an der Grenze und von bürokratischen Schwierigkeiten erzählt. Der Skipper einer Motoryacht hatte mir in Schwedt aus seinem Vorrat Kopien der offiziellen polnischen Crewliste, des Einreisepapiers, gegeben. Angelika bereitete sie in doppelter Ausfertigung vor.
„Da vorne ist das Zollgebäude, da müssen wir hin!"
Das helle Haus mit der weiß-roten polnischen Flagge war nicht zu übersehen.
„Jetzt legt gerade ein Frachtschiff an!" warnte Angelika.
„Mal sehen, vielleicht ist weiter unten Platz. Irgendwie werden wir schon rankommen."
Tatsächlich erschien ein Uniformierter und winkte uns an eine niedrige Kaimauer. Die lag allerdings in einem Einschnitt des Ufers. Ich mußte wenden und manövrieren, um anlegen zu können, aber der Beamte half uns beim Festmachen. Dann lief alles wie am Schnürchen ab. Seine Kollegen kamen, einer von der Polizei, der andere vom Zoll. Sie sprachen sogar

Ablösung am Ruder. Wind und Seegang erschweren die Fahrt übers Haff.

deutsch, waren sehr höflich und freuten sich, daß wir unsere Formulare schon bereit hatten. Einen Stempel daraufgeknallt, noch einen in unsere Pässe, und wir waren in Polen eingereist. Das war für uns seit langer Zeit, seit Australien, die erste Einklarierung in ein fremdes Land.
Wir atmeten auf, ich gab kräftig Gas, und dann glitt die SOLVEIG mit breit schäumender Bugwelle stromabwärts. Unterhalb von Widuchowa teilt sich die Oder in einen West- und einen Ostarm, eine mögliche Querfahrt ist hier allerdings gesperrt. Die schilfbestandenen Ufer der Ost-Oder, auf der wir weiterfuhren, sind naturbelassen und bieten kaum Möglichkeiten zum Anlegen. Einzelne große Laubbäume und Baumgruppen geben der Landschaft ihr typisches Aussehen. Weite und Eintönigkeit beherrschen das Bild. Der einsame, etwas traurige Strom wälzt sich gelassen der Ostsee entgegen.
Die Oder war niemals ein Fluß des Frohsinns oder gar rauschhafter Feste wie der Rhein, der Neckar oder auch ein Teil der Elbe. Hier wächst kein Wein, und kein Schiff mit winkenden Feriengästen begegnete uns. Es sind schwerblütige Menschen, die seit Jahrhunderten an der Oder leben, geradlinig und aufrecht; rasche Veränderungen sind ihnen zuwider und verdächtig. Dennoch ist man sich mit dem Nachbarn Polen einig: Das Oderland soll ein großer, deutschpolnischer Naturpark werden, in dem seltene Tier- und Pflanzenarten geschützt bleiben. Schon heute erlebt man hier unverbaute Natur, wohin man blickt, denn es gibt nur wenige Ansiedlungen, kleine Dörfer zumeist, die auf der Uferböschung vor sich hin träumen.
Die West-Oder verläuft noch bis Gartz und Mescherin auf deutschem Gebiet, dann knickt die Grenzlinie scharf nach Westen ab, denn Stadt und Hafen von Stettin einschließlich der Odermündung liegen auf polnischem Gebiet. Kurz vor Stettin wird die Ost-Oder zur Regalica; diese mündet in den Dammschen See. Auch von dort aus kommt man ins Haff, wir aber nahmen eine Querfahrt in die West-Oder, um das Stadtgebiet und den Hafen der alten Hansestadt Stettin durchfahren zu können.

Schlechtwetter im Haff

Leider erlebte ich eine große Enttäuschung. Vielleicht hatte ich erwartet, Stettin so wiederzusehen, wie ich es in meiner Erinnerung trug. Aber dieses Stettin gibt es nicht mehr. Ganz abgesehen von den Kriegsschäden und dem überall ins Auge springenden Verfall hat die einst berühmte Wasserfront mit der Hakenterrasse durch eine Autobahn und häßliche Neubauten an Glanz und Größe verloren. Wir übernachteten auf einem Ankerplatz im Dammschen See und setzten am frühen Morgen die Fahrt nach Ziegenort fort, der polnischen Grenzstation am Stettiner Haff.
Auch hier wurden wir von den Beamten höflich behandelt und erhielten die erbetenen Aus-

künfte: Ja, wir mußten beim Verlassen Polens im Haff zum Polizeischiff fahren und den Namen unseres Bootes nennen oder zeigen. Auf Verlangen mußten wir auch längsseits gehen oder Beamte an Bord lassen. So waren nun einmal die Formalitäten. Aber wir erlebten nicht die Spur von Schwierigkeiten oder gar Schikanen, wie ich sie vor dem Krieg beim Transit nach Ostpreußen erfahren hatte. Vieles ist seither besser geworden in Europa.

Doch die eigentliche Sensation von Ziegenort war für uns eine Tankstelle am Wasser. Im Fischereihafen konnten wir Diesel bunkern, und das zu sehr günstigem Preis. Ich meine: Wenn die Passage zur Ostseeküste durch bessere Informationen für deutsche Segler vereinfacht würde, könnte sich der Durchgangsverkehr über Stettin zum Haff deutlich vermehren. Liegemöglichkeiten, Werkstätten, Werften, Tankstellen und Gaststätten am Wasserweg sind reichlich vorhanden, und die niedrigen Preise machen einen Aufenthalt lohnend.

Vielleicht aus Freude über die Wendung zum Positiven oder weil der Hafen in der Odermündung besonders gut geschützt war, achtete ich nicht darauf, daß sich das Wetter verschlechtert hatte und der Wind stärker geworden war. Schon nach einer Stunde, als wir allmählich den Mündungstrichter der Oder verließen, empfing uns eine kabbelige See, auf die wir nicht vorbereitet waren. Wir hatten ganz einfach nicht seeklar gemacht. Das Schlauchboot auf dem Kajütdach war nicht festgezurrt, alle möglichen Gegenstände lagen lose in Salon und Pantry herum. Die SOLVEIG begann in den steilen Wellen heftig zu rollen, und während wir uns selbst noch irgendwie halten konnten, flog ein Teil des Inventars geräuschvoll durcheinander und zu Boden.

Angelika hatte alle Hände voll zu tun, die Ordnung unter Deck wieder herzustellen. Aber es dauerte nicht lange, dann machte sich das Schlauchboot auf dem Kajütdach mit ziemlichem Getöse selbständig, rutschte von einer Seite zur anderen und drohte, Lampen und Mast zu beschädigen. Wir mußten die Fahrt stoppen und erst mal das Boot festzurren. Inzwischen waren wir ein Stück abgetrieben, und es begann zu regnen. Das fehlte noch! Wir hatten kaum Sicht, und überhaupt: Wo war nun das verflixte Polizeiboot?

Endlich wurden in einer Regenpause für kurze Zeit die Umrisse des Grenzschiffes sichtbar. Schnell verschwand seine Silhouette wieder hinter einem Wasserschleier, doch ich hatte mir die Richtung gemerkt. So gelangten wir schließlich in die Nähe des Polizeibootes. Der Seegang war inzwischen zu einer so beachtlichen Höhe angewachsen, daß uns die Polen die gefährliche Annäherung ersparen wollten. Freundlicherweise kamen sie in einem großen Schlauchboot zu uns herüber, von Gischtfahnen zugedeckt und mit schwarzen Taucheranzügen geschützt. Nachdem wir ihnen Namen und Zahl der Besatzung zugerufen hatten, verglichen sie diese mit ihren Unterlagen. Dann drehten sie ab, und die gespenstische Szene hatte ein Ende.

Wind, Seegang und Regen erschwerten uns die Überfahrt auch weiterhin. Das Oderhaff zeigte sich uns von seiner üblen Seite. Unter diesen Umständen war auch die Einfahrt zum Hafen Ueckermünde nicht leicht zu finden, zumal ich mich wegen des flachen Wassers der Küste nicht nähern durfte, bevor nicht die Leuchttonne „UE" gut zu erkennen war und ich einen klaren Kurs steuern konnte.

Erst gegen 15.00 Uhr konnten wir die Tonne ausmachen und bald darauf auch den roten Leuchtturm auf der Mole, das Wahrzeichen der Einfahrt in die Uecker. Endlich auf ruhigem Wasser, wollten wir erst einmal durchatmen und fuhren nur langsam in Richtung Stadt. An Backbord sahen wir eine Marina im Bau, an Steuerbord boten zwei Yachtklubs Gastliegeplätze. Aber wir wollten ins Stadtzentrum, und ich erhielt auch wirklich die Möglichkeit, direkt vor der Brücke an der Hauptstraße unsere Leinen festzumachen.

Am Uferbollwerk im historischen Hafen von Ueckermünde können Yachten festmachen.

Links: Der gut erhaltene Stadtkern trägt viel zur besonderen Atmosphäre des hübschen Ortes bei.

Der historische Hafen Ueckermünde wird heute hauptsächlich von kleineren und größeren Ausflugsdampfern benützt, die Touristen in die nahen polnischen Häfen Swinemünde und Ziegenort fahren, um zollfreien Einkauf anbieten zu können. Deshalb herrscht am Hafenbollwerk reger Verkehr, der einiges zusätzliche Leben in die Stadt bringt. Ein Blick von der Klappbrücke auf den alten, von Speicherhäusern umrahmten Hafen, voll belegt mit Passagierschiffen, Frachtkähnen und Yachten, ist ausgesprochen reizvoll. Ueckermünde hat einen gut erhaltenen Stadtkern und Geschäfte aller Branchen zu bieten, besonders für Segler, die hier nicht nur eine beträchtliche Auswahl an Eisenwaren und Werkzeug finden, sondern auch spezielle Yachtausrüstung. Mehrere Gaststätten und kleine Lokale am Hafen und in Hafennähe runden das Angebot ab. Ueckermünde ist eine betriebsame Stadt, um wirtschaftlichen Aufschwung bemüht, und hat anscheinend als Wassersportzentrum ein wenig das Erbe von Stettin angetreten. Die „Butterdampfer" tragen ebenfalls zur Belebung des Hafens bei, wenngleich die meisten Passagiere, wie der Bürgermeister uns in einem Gespräch bedauernd erzählte, mit Bussen nur angereist kommen und die Stadt nach der Ausschiffung gleich wieder verlassen.

Usedom und Peenestrom

Wir blieben einige Tage in Ueckermünde, um besseres Wetter abzuwarten; aber weder Wind noch Regen wollten wirklich weichen, und so entschlossen wir uns, wenigstens die kurze Überfahrt nach Usedom zu wagen. Als Zielhafen wählte ich Zinnowitz, da das Seebad auf einer schmalen Landbrücke liegt, die auf der inneren Seite vom sogenannten Achterwasser begrenzt wird. An diesem geschützten Gewässer befindet sich der Yachthafen, von dem aus das Seebad mit seinem berühmten Strand leicht erreichbar ist.

Die Insel Usedom wird vom Festland durch den Peenestrom getrennt, den Teil des Haffs, in welchen der Fluß Peene mündet.

Es war ein mühsames Kreuzen von Tonne zu Tonne, um das Fahrwasser einzuhalten, aus dem wir uns wegen der vielen Untiefen und der durch Regenschauer eingeschränkten Sicht

Die alte Lindenallee führt zu dem am Achterwasser gelegenen Yachthafen Zinnowitz auf Usedom.

Vom sechzig Meter hohen Streckelberg auf Usedom genossen wir die Aussicht über Strand und Meer.

nicht hinauswagten. Nach langen Stunden erreichten wir schließlich das Achterwasser, und nachdem wir noch einige Felder von Stellnetzen glücklich umfahren hatten, konnten wir die Landmarke von Zinnowitz, einen hohen, in der Seekarte eingetragenen Fabrikschornstein, in der Ferne erkennen.

Der Seglerhafen ist an grünen Ufern schön gelegen und insofern einmalig, als die Mole aus versenkten, mit Sand und Erde gefüllten Schuten besteht. Auf diese Weise entstand ein nach allen Seiten geschütztes Hafenbecken, in dem eine stattliche Zahl von Segelyachten Platz findet. Ein hübsches und gepflegtes Klubhaus mit Terrasse und komfortable Steganlagen runden den erfreulichen Eindruck ab.

Zum Seebad Zinnowitz sind es vom Hafen aus rund zwei Kilometer, die man mit einem Bus, zu Fuß oder mit dem Fahrrad zurücklegen kann. Zunächst führt eine besonders schöne Allee aus großen alten Linden zur Hauptstraße der Insel. Mit dem Fahrrad über das malerische Kopfsteinpflaster einer solchen Allee zu holpern, ist zwar nicht gerade ein Vergnügen, aber die wenigen Meter kann man aushalten oder schieben. Ansonsten ist auf der ebenen Insel ein Rad das ideale Fahrzeug, um Lebensmittel zu besorgen und die Gegend und ihre Sehenswürdigkeiten zu erkunden.

Wir machten an der Außenseite einer mit Büschen bewachsenen Schute fest, da wir im eigentlichen Hafen keinen Platz mehr gefunden hatten. Als zwei Tage später der Wind drehte und der Seegang vom offenen Wasser her gegen die SOLVEIG zu schlagen begann, warfen wir eiligst die Leinen los, steuerten in den Sund und nahmen Kurs auf Wolgast.

Wolgast ist eine kleine Hafenstadt an der schmalsten Stelle des Peenestroms, wo eine

Ein traditioneller Holländer im Hafen von Wolgast

In Wiek bei Greifswald stehen die Reste einer Klosterruine (rechts), die dem Maler Caspar David Friedrich als Motiv für mehrere seiner Gemälde diente.

Straßenbrücke die Insel Usedom mit dem Festland verbindet. Zur DDR-Zeit hatte der Hafen durch die Marinewerft einige Bedeutung erlangt. Wir sahen noch eine ganze Flottille von Fregatten der ehemaligen Volksmarine vor und in der Werft liegen, die überholt und neu ausgerüstet wurden, wahrscheinlich zum Verkauf nach Übersee.

Wieder gelang es uns, einen recht günstigen Liegeplatz in der Stadt zu finden, direkt an der Schloßinsel. Wir wurden dort von einer sehr freundlichen Hafenmeisterin betreut, die uns Stromanschluß besorgte. Von Wolgast aus wollten wir den einzigen Seetörn dieser Reise beginnen, über den Greifswalder Bodden nach Rügen hinüber. Durch die schlechte Erfahrung im Haff gewarnt, bereiteten wir uns diesmal sehr sorgfältig vor. Meine Aufgabe war es dabei unter anderem, den Motor zu warten. Ich beließ es nicht bei einem Ölwechsel, sondern wollte auch den Kraftstoffilter ersetzen. Dies gelang mir aber nicht, denn der Filter war seit dem Bau des Bootes vor rund einem Jahr eingeschraubt, vielleicht noch länger, und ließ sich jetzt selbst mit Spezialwerkzeug oder Rohrzange nicht lösen. „Dann muß er eben drinbleiben", sagte ich zu Angelika. „So kritisch wird das schon nicht sein."

Über den Greifswalder Bodden

An einem grauen Morgen Ende Juli verließen wir den Hafen von Wolgast. Bis 08.00 Uhr hatte es noch in Strömen geregnet, aber der Wind war abgeflaut. Mit sieben Knoten Fahrt steuerte ich im engen Fahrwasser des Peenestroms, immer nach der nächsten Tonne Ausschau haltend, seiner Mündung zu.

Ich freute mich über das ruhige, gleichmäßige Geräusch des Motors, dem der Ölwechsel offenbar gutgetan hatte. Der Himmel war dicht bewölkt, die Sicht dürftig. Die schilfbestandenen Ufer des flachen Landes zogen vorbei. Um 09.15 Uhr hatten wir Karlshagen querab an Steuerbord, einen Tonnenhafen des Wasser- und Schiffahrtsamtes; ganz hinten lagen ein paar Yachten. Von da an fuhren wir in einer dicken

Die Peene — von einem begeisterten Segler als „Amazonas Mecklenburg-Vorpommerns" beschrieben — bietet eine weitgehend unberührte Natur.

Suppe aus Regen, Nebel und Dunst weiter. Das Brummen der Scheibenwischer dröhnte uns in den Ohren. Aber wenigstens hatte der seit Wochen herrschende Starkwind aufgehört, und das war für uns wichtig, denn das Motorboot rollte bei seitlichem Seegang ziemlich heftig. Um 09.30 Uhr war es so dunkel, daß ich die Positionslampen einschaltete.

Die bekannte Holzklappbrücke in Wiek ist die älteste Deutschlands.

Als wir an Peenemünde vorbeiliefen, wurden in mir wieder Kriegserinnerungen wach. Im Hafen, der gesperrt war, zählten wir neun Fregatten der ehemaligen Volksmarine. Offensichtlich gepflegt, fein säuberlich nebeneinander, lagen die mit Raketenwerfern ausgerüsteten Schiffe bereit für eine neue Indienststellung. Schöne Linien hatten diese schlanken Fregatten, die Windhunde der Meere. Früher gab es auch schöne Handelsschiffe, aber die sind verschwunden, seit unförmige Kolosse mit Containerschachteln beladen und ihre Aufbauten auf die hinterste Ecke des Achterschiffs gequetscht werden. „Siehst du die nächste Tonne?" fragte

Angelika nervös, weil ich mich immer wieder umdrehte, um die Fregatten zu bewundern. Aber auch an Land ist ein Porsche nun mal schöner als ein plumper Kastenwagen.

Bald kamen wir in die Ostsee hinaus, zum Ausgang des Greifswalder Boddens, und der mäßige Seegang lief uns entgegen. Ich verminderte die Geschwindigkeit, damit die Scheiben nicht ständig vom Salzwasser überschüttet wurden. Zuerst merkte es Angelika, dann hörte auch ich es deutlich: Der Motor lief nicht mehr gleichmäßig! „Wenn es bei leichten Schwankungen bleibt, dann ist es nicht weiter schlimm", versuchte ich, sie zu beruhigen. Aber je weiter wir uns von der Küste entfernten, desto lauter wurde das Jaulen. Außerdem konnte ich den Kurs nicht frei wählen, nicht günstig zu den Wellen steuern. Denn ringsum war flaches Wasser, und ich mußte mich an die ziemlich schmale, betonnte Fahrrinne halten. Zu oft stand auf der Seekarte ein „0,8" oder „1,2" als Tiefenangabe in Metern. Und der Text auf der Karte sagte es deutlich: „Im gesamten Seegebiet zahlreiche große Steine, die besonders im Flachwassergebiet für die Küsten- und Sportschiffahrt gefährlich werden können."

An Steuerbord wurde die Insel Ruden schemenhaft sichtbar. Der Wind frischte auf, und mit dem stärkeren Seegang nahmen auch die Schwankungen in der Tourenzahl des Motors zu. Ich mußte Gas wegnehmen, dann wurde es besser. Aber damit waren wir zu langsam; schließlich wollten wir nicht in die Nacht geraten. Ich fing an zu rechnen: „Wir müssen mindestens so weiterfahren wie vorher, sonst dauert die Überfahrt zu lange."

Angelika sprach aus, was ich dachte: „Und wenn der Motor stehenbleibt?"

Ich schob diesen Gedanken beiseite. „Bleibt er schon nicht."

Aber ich gestand Angelika, daß ich am Vortag bei dem Versuch, den Kraftstoffilter herauszuschrauben, das Aluminiumgehäuse etwas eingedrückt hatte.

„Vielleicht fließt jetzt nicht mehr genug Diesel durch. Sobald wir schneller fahren oder gegen den Seegang angehen, reicht der Zufluß nicht mehr, und die Tourenzahl sinkt. Aber der Motor wird deshalb nicht aufgeben."

Angelika überlegte weiter: „Was haben wir denn für Möglichkeiten, das Boot ohne Motor in Sicherheit zu bringen oder wenigstens notdürftig zu steuern?"

„Leider gar keine", mußte ich zugeben, „im Gegensatz zu einem Segelboot."

Nun begannen wir, für den äußersten Notfall Pläne zu machen. Sollten wir versuchen, aus Bettlaken ein Hilfssegel zu nähen? Aber woran konnten wir es setzen? Der Mast war zu klein, auch hatten wir keinen Baum. Aber irgendwie würden wir schon ein Stück Tuch befestigen können, da war ich sicher. Unterdessen merkten wir, daß der Motor zwar jaulte, daß der Ton insgesamt aber ziemlich konstant blieb.

Irgendwann kam Südperd, die Südostspitze Rügens, in Sicht, und wir begannen, uns besser zu fühlen. Es war zwar noch ein gutes Stück zu fahren, um Nordperd bei Göhren herum, dann noch zwölf Seemeilen über die Prorer Wiek bis Saßnitz. Der Motor jaulte weiter, mal mehr, mal weniger, je nachdem, wie stark der Seegang war. Wir hatten genau die Situation, die in einem Motorboot kritisch werden kann: wenn der Motor, aus was für Gründen auch immer, versagt und der Schaden mit Bordmitteln nicht kurzfristig behoben werden kann. Meine Vermutung mit dem Filter war richtig gewesen. Erst später, am großen Schraubstock einer Werkstatt, ließ sich das Gewinde lösen.

Dennoch liefen wir gegen Abend wohlbehalten und ohne zusätzliche Komplikationen in den Fähr- und Fischereihafen von Saßnitz ein. An der langen Außenmole machten wir fest. Damit hatten wir das Ziel unserer Unternehmung erreicht, und ich hatte unser neues Boot mit Salzwasser taufen können.

Ein Höhepunkt: Rügen

In den folgenden Tagen besuchten wir Sellin und Baabe, die Ostseebäder, in denen ich als Schüler meine Liebe zum Meer entdeckt hatte. Wir ließen es uns auch nicht nehmen, mit der SOLVEIG die Huk von Stubbenkammer zu umfahren, um die Kreidefelsen von See aus zu bewundern. Bevor wir die Rückfahrt antraten, gönnten wir uns noch einen Ausflug hinüber nach Hiddensee, der Gerhart-Hauptmann-Insel. Auch das gehörte zum „Abenteuer Heimat", wie wir es uns gewünscht hatten. Wir waren immer wieder überrascht, wieviel es in der Heimat noch zu entdecken gab. Abseits der Autobahnen und ganz besonders in den östlichen Bundesländern fanden wir weite Landstriche mit unberührter Natur, nicht weniger reizvoll als in der Südsee oder in Australien.

Es ist zwar etwas heikel geworden, den Begriff Heimat zu verwenden, denn dabei setzt man sich immer dem Verdacht aus, dahinter stünde eine rechte Ideologie. Aber wir verstanden Heimat nur als Unterschied zur Fremde, die wir viele Jahre lang bereist hatten. Gewiß, es ist im

SOLVEIG V am Ziel ihrer Reise, vor den Kreidefelsen der Insel Rügen

Frei lebende Störche lassen uns auf ein ökologisches Umdenken hoffen.

dicht besiedelten Deutschland nicht mehr so romantisch wie vor hundert Jahren. Aber müssen wir deshalb ständig von Verschmutzung reden, von Zerstörung? Steckt dahinter nicht auch eine Art Ideologie? Wird da nicht unterschiedslos kritisiert und viel Schönes entwertet?

Wir haben die Mark Brandenburg und Mecklenburg, auch Sachsen und die Elbe, nicht so beschädigt vorgefunden, wie es uns mancher Fernseh- oder Zeitungsbericht befürchten ließ. Soviel Ruhe und Schweigen, so viele frei lebende Tiere, so viele seltene Pflanzen und vor allem herrliche Bäume – wo sonst findet man in Mitteleuropa noch eine reichere Natur? Ab und zu kam uns zwar auch der Geruch einer Stadt oder einer Fabrik in die Nase, aber das war eher selten. Vor allem haben wir die Wälder gerochen, besonders stark nach dem Regen, die Wiesen und die Sümpfe.

Sorgen wir dafür, daß es so bleibt.

Die Kreidefelsen bei Stubbenkammer

Anhang

Es ist mit dem Ratgeben ein eigenes Ding,
und wenn man eine Weile in der Welt gesehen hat,
wie die gescheitesten Dinge mißlingen,
und das Absurdeste oft zu einem glücklichen Ziele führt,
so kommt man wohl davon zurück, jemand einen Rat erteilen zu wollen.
(J.W. von Goethe, Gespräche mit Eckermann)

Städteporträts und Wasserstraßen

Um dem Wassersportfreund, der selber eine Bootsfahrt in die Gewässer zwischen Elbe und Oder plant – oder planen möchte – einige wichtige Informationen zu geben, finden sich im folgenden sowohl Kurzbeschreibungen zahlreicher Ortschaften als auch der von uns befahrenen Flüsse und Kanalsysteme. Bei der Beschreibung der Wasserläufe legte ich besonderen Wert darauf, alle oder die meisten Schleusen zu erwähnen und die Wassertiefen anzugeben. Meist sind Flachstellen ja nur auf ein kurzes Stück begrenzt, aber das ändert nichts daran, daß man auf die Befahrung des einen oder anderen Wasserweges verzichten muß, wenn der Tiefgang dies nicht zuläßt. Andererseits finden Wasserwanderer in Segel- und Motorbooten mit geringem Tiefgang, in Jollen oder Jollenkreuzern, Kanus oder Faltbooten viele Nebengewässer und kleine Flußarme, in denen sie gefahrlos vorankommen können, auch wenn deren Tauchtiefen unter einem Meter liegen.

Ferner habe ich mich bemüht, die wichtigsten und besten Liegeplätze zu erkunden und sie sowohl in den Gewässerbeschreibungen erwähnt als auch bei den zugehörigen Ortschaften. Dabei findet der Leser außerdem Hinweise auf den geschichtlichen Hintergrund einer Stadt und auf deren Sehenswürdigkeiten, auf lohnende Ausflüge und Einkaufsmöglichkeiten, Ärzte, Apotheken und Bahnverbindungen. So kann man sich eine Vorstellung davon machen, was einen in den einzelnen Regionen erwartet. Mögen sich die Verhältnisse in den nächsten Jahren da oder dort auch ändern, so dürften die grundsätzlichen Strukturen doch erhalten bleiben.

Die nur flüchtig skizzierten Stadtpläne sollen in erster Linie Aufschluß darüber geben, wo die Gewässer innerhalb der Ortschaften verlaufen. Genauere Auskünfte sind jederzeit von den Infobüros der Städte zu erlangen.

Der Beschreibung der schematisch dargestellten Wasserstraßen liegen neben unseren eigenen Beobachtungen die amtlichen Unterlagen der Wasser- und Schiffahrtsämter zugrunde. Dies gilt besonders für die Kilometerangaben, die sich durchweg mit den Kilometertafeln am Ufer der Flüsse und Kanäle decken. Stellenweise wirken diese Werte vielleicht verwirrend, da die Bundeswasserstraßen aus verschiedenen Richtungen aufeinandertreffen und deshalb die Zahlen bei der Einmündung eines Kanals in einen anderen einem neuen System entstammen. Besonders kraß ist dies bei der Müritz-Elde-Wasserstraße, deren Nullpunkt bei Dömitz an der Elbe liegt, wogegen der Nullpunkt der Oberen Havel bei der Einmündung in den Oder-Havel-Kanal zu suchen ist und dieser wiederum bei der Spandauer Schleuse beginnt. Mit etwas Überlegung und dem Gebrauch etwa einer Landkarte zur Übersicht sollte man dennoch rasch in der Lage sein, die Entfernung von jedem Punkt zur nächsten Schleuse oder Ortschaft mit Hilfe der aufgelisteten Kilometerangabe zu ermitteln.

Dieses Buch soll jedoch keinesfalls einen guten Revierführer oder übersichtliche Karten ersetzen. Wieviel für Navigationsunterlagen im einzelnen Fall aufzuwenden ist, sollte von der Größe und dem Typ des Bootes abhängen. Für eine Faltbootfahrt binnen genügt sicherlich eine der üblichen Wanderkarten im Maßstab 1 : 50000 oder besser noch 1 : 25000. Im Hafengebiet von Stettin und im Haff dagegen befindet man sich schon im Bereich der Seestraßenordnung, dort sollte der Bootsführer die entsprechenden Seekarten an Bord haben.

Alle Informationen und Beobachtungen haben wir sorgfältig und nach bestem Wissen verarbeitet. Dennoch sind Irrtümer und Änderungen nicht auszuschließen, deshalb können weder wir noch der Verlag eine Gewähr für die Richtigkeit der Angaben übernehmen. Für Anregungen und Hinweise, auch auf künftige Änderungen, bin ich jederzeit dankbar.

Brandenburg

Die Stadt Brandenburg bietet Sportbooten eine Vielzahl von Anlegemöglichkeiten. Besonders reizvoll war für uns der Liegeplatz in der Havel im Herzen der Stadt, vor der Jahrtausendbrücke.
Vom Hauptbahnhof (T 532398) gehen Züge nach Berlin und Magdeburg. EC nach Köln, Basel, Paris und Amsterdam.

Entfernung von Berlin: 55 km
Postleitzahl: 14770
Vorwahl: 03381
Information: Plauerstraße 4, T 23743, oder Hauptstraße 51

Geschichte

Die Stadt blickt auf eine tausendjährige Geschichte zurück. König Otto der Große gründete 948 das Bistum Brandenburg, das 983 in den Besitz der Slawen gelangte. 150 Jahre später setzte der letzte Hevellerfürst den deutschen Markgrafen Albrecht den Bären als Erben ein, der sich dann Markgraf von Brandenburg nannte.
Bei der Burg entstanden zwei städtische Siedlungen, die für einige Jahrhunderte die wichtigsten Orte blieben. Mit Beginn der Herrschaft der Hohenzollern im 15. Jahrhundert ging ihre Blütezeit zu Ende. Die Residenzstädte Berlin und Potsdam traten an ihre Stelle. Bis ins 19. Jahrhundert bestand noch eine geschlossene Befestigungsanlage, die jedoch mit der Industrialisierung im 20. Jahrhundert teilweise beseitigt wurde.

Sehenswürdigkeiten

Der Stadtkern ist dreigegliedert: Dombezirk, Alt- und Neustadt. Auf der Dominsel, der ehemaligen Burginsel, steht der 1165 begonnene **Dom St. Peter und Paul** mit prächtiger Innenausstattung. Größte Kirche ist die **Katharinenkirche** in der Neustadt (feingliedrige Backsteinarchitektur, 15. Jahrh.). In der Altstadt die **St. Gotthardskirche**, um 1200 angelegt als dreischiffige Halle. Vor dem **Altstädter Rathaus** aus dem 15. Jahrhundert steht der Roland als Standbild, der die mittelalterlichen Marktrechte der Stadt versinnbildlicht.

Hinweise

Veranstaltungen: u.a. Sommermusik im Dom (Mai bis September); Aufführungen des Brandenburger Theaters. Ausflüge: Aussichtsturm auf dem Marienberg; Freilichtbühne; Parkanlage mit Schwimmbad.

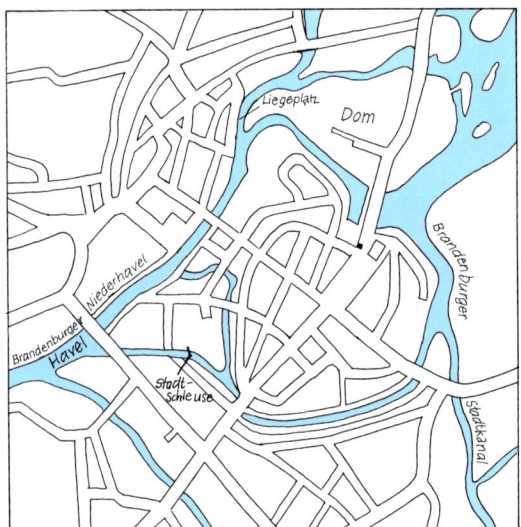

Was ist wo?

Liegeplätze: Zentrum, Havel, vor Jahrtausendbrücke Bootscenter Chlupka, Plauer Landstraße (Wasser, Strom, Slip, Sanitäranlagen)
Yachtklubs mit Liegeplätzen:
Brandenburger Seglerverein, Stahl Quenzsee e.V., Falkenbergswerder, T 703680
Brandenburger Sport-Ruderklub 1883 e.V., Krakauer Straße 13, T 24366
Ruder-Club-Havel, Brandenburg e.V., Hammerstraße 5, T 23606
Brandenburger Kanuverein Freie Wasserfahrer e.V., Wiesenweg 5, T 660162
Tankstelle: Bootswerft D. Homann, Wiesenweg 3, T 660162
Postamt: Molkenmarkt 29; **Telefon:** Franz-Ziegler-Straße
Bäckerei: Baber, Franz-Ziegler-Straße 9
Supermarkt: Sparkaufhalle, Hauptstraße
Fahrradverleih: Christa Altenkirch, Mühlentorstraße 48
Wäscherei/Reinigung: Hoffmann, Neuendorfer Straße 70, T 23919
Krankenhaus, Apotheke, Ärzte: Städt. Klinikum, Hochstraße 15, T 3610; Ziegler-Apotheke, Wilhelmsdorfer Straße 62, T 660007
Notruf: Medizinische Hilfe T 115

Dömitz

Dömitz liegt an der Mündung der Müritz-Elde-Wasserstraße in die Elbe. Im Hafen an der alten Kaimauer der ehemaligen Fabrikanlage können Boote festmachen. Der Motoryachtclub Dömitz e.V. bietet Gastliegern nach telefonischer Rücksprache sicher ebenfalls Liegemöglichkeiten.
Es besteht direkte Bahnverbindung nach Ludwigslust und Busverbindung nach Dannenberg. Von dort aus sind Anschlußverbindungen möglich.

Entfernung von Berlin: über Parey 223 km
Postleitzahl: 19303
Vorwahl: 038758
Information: Torstraße 2, T 2943

Geschichte

Das Städtchen am rechten Elbufer hat 4 000 Einwohner. Zum Schutz der Elbeschiffahrt entstand von 1559 bis 1565 aus einer um 1235 errichteten Burganlage die Festung Dömitz, die in jedem Jahrhundert weiter ausgebaut und modernisiert, aber niemals benötigt wurde. So wurde sie im 18. und 19. Jahrhundert als Zucht- und Arbeitshaus genutzt. Der niederdeutsche Dichter Fritz Reuter, der wegen Majestätsbeleidigung zunächst zum Tod verurteilt, später aber zu lebenslänglicher Haft begnadigt wurde, mußte von 1839 bis 1840 die letzten Monate seiner Haft hier absitzen („Ut mine Festungstid", 1862). Das Bauwerk gilt nicht nur als ein Kleinod italienischer Festungsbaukunst, sondern zählt auch zu den besterhaltenen Grenzfestungen Deutschlands.
Die Reste der 1945 zerbombten Elbbrücke wurden bis zur Wende als Ausblick über den Eisernen Vorhang benutzt. Ende 1992 ist die neue Straßenbrücke dem Verkehr übergeben worden.

Sehenswürdigkeiten

Das **Heimatmuseum** im Festungshof mit Sammlungen zur Geschichte der Elbe- und Eldeschiffahrt des 19. und 20. Jahrhunderts. Besonders interessant ist das **Festungstor**, das Merkmale der niederländischen Spätrenaissance trägt. In der ehemaligen Festungskapelle befindet sich eine **Gedenkstätte** für Fritz Reuter.
Naturkundeliebhaber können sich an der Wanderdüne im Naturschutzgebiet Klein Schmölen erfreuen.

Hinweise

Die Müritz-Elde-Wasserstraße ist für Boote bis 1,20 m Tiefgang befahrbar. Über den Störkanal erreicht man den Schweriner See, über die Müritz-Elde-Wasserstraße den größten Binnensee Mecklenburgs, die Müritz.
Öffnungszeiten der Festung Dömitz: 9.00–16.00 (Di–Fr) und 10.00–16.00 (Sa + So); Mittagspause: 13.00–14.00 (Di–Fr) und 12.00–14.00 (Sa + So)

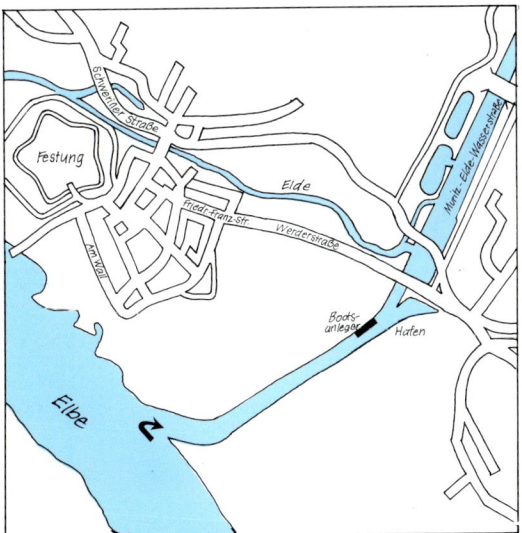

Was ist wo?

Liegeplätze: Hafen
Yachtklub: Motoryachtclub Dömitz e.V., Werner Schulz, Wallstraße, T 2589
Tankstelle (geplant): Minol, Ludwigsluster Straße; Am Floßgraben (beim Hafen)
Postamt: Friedrich-Franz-Straße; **Telefon:** am Hafen
Bäckerei: Görlitz, Roggenfelder Straße
Supermarkt: Am Floßgraben, ca. 300 m
Fahrradverleih: geplant
Wäscherei/Reinigung: Quelle-Agentur; Wallstraße 4
Krankenhaus, Apotheke, Ärzte: „Stift Bethlehem", Ludwigslust; Fritz-Reuter-Apotheke, Elbstraße 4; Ärzte ausreichend vorhanden
Notruf: T 03874-2011 (schnelle medizinische Hilfe)

Eberswalde

Eberswalde liegt zwischen der Havel-Oder-Wasserstraße und dem alten Finowkanal. Die Kreisstadt im Südosten von Werbellinsee und Schorfheide erhält ihren besonderen Reiz durch die zahlreichen Wälder, Seen, Parks und Kanäle. Für größere Yachten empfiehlt es sich, in der neu erbauten Marina (mit Hotel!) in Oderberg festzumachen, um von dort aus Eberswalde und Umgebung zu erkunden. Die neue Marina mit 50 Liegeplätzen bei km 56 in Marienwerder kann nur von Booten mit geringem Tiefgang (0,80 m) angefahren werden.
Bahnverbindung nach Berlin.

Entfernung von Berlin: 69 km
Postleitzahl: 16225
Vorwahl: 03334
Information: Pavillon am Markt, T 23168

Geschichte

Vor über 700 Jahren von askanischen Markgrafen gegründet, war Eberswalde schon im Mittelalter ein wichtiger Verkehrsknotenpunkt an der Handelsstraße Leipzig-Stettin. 1317 erhielt die Stadt Zoll- und Stapelrecht für alle von der Oder kommenden Schiffsfrachten. Die nutzbare Wasserkraft und das Holz dieser waldreichen Landschaft ließen Mühlen und Kupferhämmer mit Monopolrechten entstehen. So entwickelte sich Eberswalde bereits im 17. Jahrhundert zu einem gewerblich industriellen Standort im Finowtal. 1842 wurde übrigens die Bahnlinie Berlin-Eberswalde-Stettin eröffnet.

Sehenswürdigkeiten

Frühgotische Kirche **St. Maria Magdalena**, dreischiffige Backsteinbasilika; das **Museum** in der Kirchstraße zeigt neben jährlich wechselnden Sonderausstellungen Themen zur Stadtgeschichte und zur industriellen Entwicklung des Finowkanals sowie die Nachbildung des berühmten Goldschatzes, der 1913 bei Ausschachtungen im Messingwerk in Finow gefunden wurde. Vermutlich wurden diese Zeugnisse der frühesten Besiedelung nach Rußland verbracht. Neben dem Museumsgebäude befinden sich noch **Reste der Stadtmauer** mit Teilen des Pulverturms und eines Weichhauses. Davor steht eine von dem Glockengießer Heinrich van Kampen 1518 gegossene **Glocke** der Stadtkirche.

Hinweise

Veranstaltungen: Choriner Musiksommer (im nahegelegenen Kloster Chorin).
Ausflüge: Kloster Chorin, Schiffshebewerk Niederfinow, Schorfheide, Werbellinsee, Parsteiner See.

Was ist wo?

Liegeplätze: für kleinere Yachten in Marienwerder bei km 56 (s.o.); größere Yachten fahren bis Oderberg in die dortige Marina
Postamt: Eisenbahnstraße 101; **Telefon:** am Postamt, Karl-Marx-Platz, Bahnhof
Fahrradverleih: Bahnhof Eberswalde, Joachimsthal, Chorin und Niederfinow
Krankenhaus, Apotheke, Ärzte: Forßmann-Krankenhaus, Eberswalde, Rudolf-Breitscheid-Straße 100; Apotheken und Ärzte ausreichend vorhanden

Lübz

Für die Stadt Lübz hatte die Müritz-Elde-Wasserstraße schon in den vergangenen Jahrhunderten eine große Bedeutung. Bereits 1774 erfolgte der erste Schleusenbau und der Ausbau zur Müritz-Elde-Wasserstraße.
In der Stadtmarina Lübz (T 22428) finden Sportbootfahrer über 40 Liegeplätze mit Wasser- und Stromanschluß. Die Marina unter privater Leitung ist auch für einen längeren Aufenthalt sehr zu empfehlen. Boote mit einem Tiefgang über 1,10 m sollten sich nach der aktuellen Tauchtiefe in der Einfahrt zur Marina (Schleusenunterwasser) erkundigen.
Bahnverbindungen bestehen nach Berlin, Hamburg, Schwerin, Wismar, Güstrow, Rostock.

Entfernung von Berlin: 217 km
Postleitzahl: 19386
Vorwahl: 038731
Information: Am Markt 22, T 3581

Geschichte

Lübz wurde 1274 erstmals als Dorf Lubetz erwähnt. Im 13. Jahrhundert galt es als mecklenburgisches Ackerbürgerstädtchen und durfte einen eigenen Markt abhalten. Markgraf Hermann von Brandenburg ließ sich 1308 die Eldenburg erbauen, von der heute nur noch der einstige Kampfturm, heute als Amtsturm bezeichnet, steht (9 m Durchmesser). Im 16. Jahrhundert wurde die Burg zum Schloß umgebaut und diente den mecklenburgischen Herzoginnen 100 Jahre lang als Witwensitz. Prominentester Gast war 1620 Schwedenkönig Gustav Adolf.
Im Dreißigjährigen Krieg wurde die Stadt durch kaiserliche Wallonen und Kroaten völlig ausgeplündert. Das Schloß wurde abgebrochen.

Sehenswürdigkeiten

Der sogenannte **Amtsturm** ist heute das Wahrzeichen von Lübz. Dort ist auch ein Heimatmuseum untergebracht. In alten Straßenzügen findet man denkmalgeschützte **Fachwerkhäuser**.
Weitere Sehenswürdigkeiten: **Stadtkirche** (Backsteinbau mit Elementen der Spätgotik und Frührenaissance), **Sophienstift** (1633, idyllisch gelegen auf einer Anhöhe der Elde), **Wassermühle** (ältestes technisches Denkmal).

Hinweise

Veranstaltungen: Musiksommer im Juni, Turmfest im August.
Ausflüge: Wanderungen und Radtouren zum Kritzower See, rechts der Elde nach Ruthen, um den Passower See, zur Bobziner Schleuse. Außerdem Rundflüge über Lübz und Umgebung vom Flugplatz Altenlinden (T 2277).

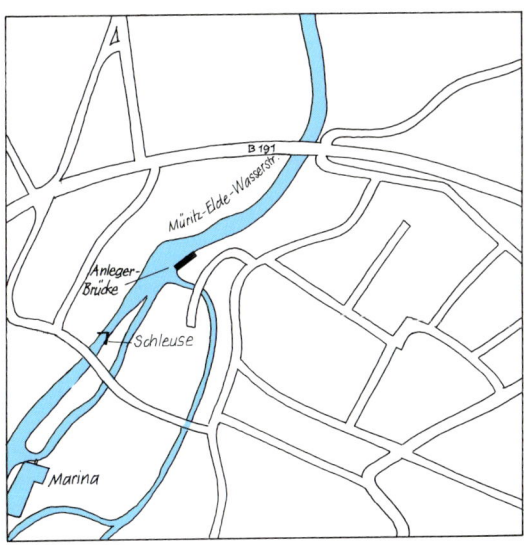

Was ist wo?

Liegeplätze: Stadtmarina „Blue Line Charter GmbH" (Schleusenunterwasser) mit erstklassigem Service: Strom und Wasser, WC, Duschen, Kochgelegenheit, Zeltplätze; frische Brötchen werden ans Boot gebracht, ebenso Treibstoff. Geplant: Münzwaschautomat, Schwimmsteganlage mit Fäkalienabsaugpumpe, Container für chem. Toiletten; außerdem: städt. Anlegesteg für Sportboote (Oberwasser)
Tankstelle: Lieferservice der Stadtmarina; Plauer Chaussee
Postamt: Mühlenstraße; **Telefon:** Am Markt und in der Marina
Bäckerei: Pfarrstraße
Supermarkt: Konsum am Markt
Fahrradverleih: im Hafen
Reinigung: G. Dzyak, Feldstraße 19
Krankenhaus, Apotheke, Ärzte: Marienstraße 32; Elde-Apotheke, Mühlenstraße 3; genügend Ärzte vorhanden
Notruf: Rettungsdienst/Krankentransport T 115

Magdeburg

Die fast 1200 Jahre alte Stadt nimmt an der Elbe als größter Binnenhafen eine Schlüsselstellung ein. Die neu erbaute ,,Elbeboot"-Marina im Winterhafen bietet 30–40 Gastliegeplätze an, eine Volvovertretung, Slipanlage und vieles mehr. Wasser und Stromanschluß sind vorhanden.
Es besteht Bahnverbindung zu allen Städten Deutschlands.

Entfernung von Berlin: 105 km
Postleitzahl: 39104
Vorwahl: 0391
Information: Alter Markt 9, T 31667

Geschichte

805 wird Magdeburg als Sitz eines Grenzgrafen erwähnt. Durch die Ottonen erlangte die Stadt im 10. Jahrhundert politische Bedeutung. Otto I. ließ das karolingische Kastell in eine Pfalz, ähnlich der in Aachen, verwandeln. 968 begründete er das Erzbistum. 1294 steht in den Urkunden Magdeburg als Hansestadt verzeichnet. Früh setzte sich hier die Reformation durch. 1631 erstürmte Generalissimus Tilly mit seinem kaiserlichen Heer Magdeburg und legte eine der schönsten Städte Europas in Schutt und Asche. Ab 1700 erlebte Magdeburg eine neue Blütezeit. Im 18. Jahrhundert Wiederaufbau im Stil des Barock, Ausbau zur Festung, Ansiedlung von Pfälzern und Wallonen aus Frankreich.

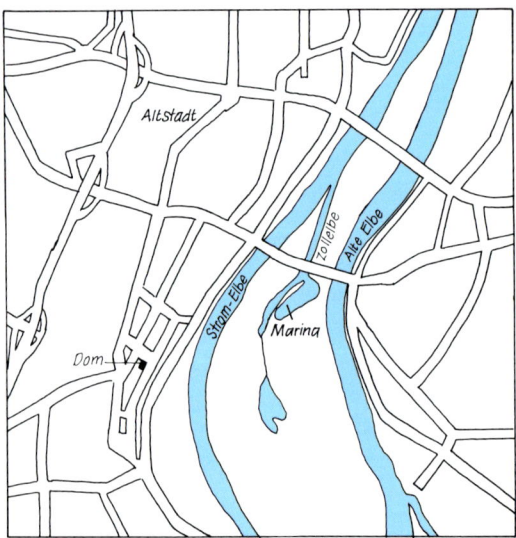

Berühmte Söhne der Stadt: G. Ph. Telemann (geb. 1681), Otto von Guericke (geb. 1602).

Sehenswürdigkeiten

Vor dem Rathaus mit seinem spätromanischen Keller steht der **Magdeburger Reiter**, der 1240 als erstes freistehendes Reiterstandbild entstanden ist.
Das älteste erhaltene Bauwerk ist das Kloster **Unser lieben Frauen**, im Zweiten Weltkrieg stark zerstört, inzwischen wieder restauriert. Magdeburgs Wahrzeichen ist der 937 von König Otto I. gestiftete **Dom**, der nach seiner Zerstörung 1207 erst 300 Jahre später vollständig wieder aufgebaut war.
Am Elbufer stehen als eindrucksvolles Gesamtbild die hochgotische **Magdalenenkapelle** (um 1315), die **Petrikirche** mit ihrem romanischem Westturm (1150) und die **Wallonerkirche** (1300).
Weitere Sehenswürdigkeiten: u.a. **Kulturhistorisches Museum**, der **Hasselbachplatz** und die sich daran anschließenden prachtvollen Gründerzeitbauten, der **Seitenrad-Schleppdampfer** WÜRTTEMBERG im Stadtpark Rotehorn, die **Technische Universität ,,Otto von Guericke".**

Hinweise

Vielfältige Ausflüge und Rundgänge bieten sich an. Zum Beispiel die Elbuferpromenade – ein schöner Spaziergang, beginnend bei der Lukasklause (Reste der Stadtmauer erhalten!), vorbei an Schiffsanlegestellen bis zum **Kloster-Berge-Garten**. Dieser erste deutsche Bürgerpark beherbergt die größte Kakteensammlung Europas. In den Gewächshäusern findet man rund 3000 Pflanzenarten aus den verschiedensten Vegetationszonen der Erde.

Was ist wo?

Liegeplätze: Winterhafen, ,,Elbeboot"-Marina, Walter Hollenbach, 30–40 Liegeplätze, Alustege mit Wasser und Strom, Treibstofftransport an den Steg wird organisiert (außer sonn- und feiertags), Reparaturen, Slip und Kran bis 5 t, Waschautomaten, Seglershop
Yachtklubs: Magdeburger Yachtclub (gegr. 1878) Motorsportclub Magdeburg e.V.
Tankstelle: Tankschiff im Magdeburger Hafenbereich, aber teurer als Landtankstellen
Postamt: Hauptpostamt Breiter Weg, T 3810; **Telefon:** in der Marina ,,Elbeboot" und genügend Zellen in der Stadt
Bäckereien: genügend im Zentrum vorhanden
Supermarkt: etwa 10 Min. mit dem Rad, Breite Straße, (Karstadt), auch Fischspezialitäten, ausgezeichnete Versorgungsmöglichkeiten für Boote

Malchow

Malchow liegt zwischen der Müritz und dem Plauer See am Fleesensee, also inmitten der mecklenburgischen Seenplatte. Für Yachten bestehen begrenzte Liegemöglichkeiten im Drehbrückenbereich und im Seglerhafen. Der Bau der Marina wurde inzwischen abgeschlossen. Vom Bahnhof Malchow gehen Züge nach Waren, Karow und Ludwigslust.

Entfernung von Berlin: 175 km
Postleitzahl: 17213
Vorwahl: 039932
Information: An der Drehbrücke, T 83186

Geschichte

Wo heute Malchow steht, soll Otto der Große 955 den Wenden in einer gewaltigen Schlacht gegenübergestanden haben. In alten Schriften findet man, daß die Feste Malchow unter den Wendenburgen eine besondere Bedeutung gehabt haben muß; demnach zählt Malchow zu den frühesten schriftlich erwähnten Orten in Mecklenburg.
Das Zentrum der Stadt liegt auf einer Insel und war ursprünglich durch zwei Brücken mit dem Festland verbunden. Die ehemalige „Lange Brücke" ist heute ein Erddamm, die zweite Brücke eine Drehbrücke.

1298 wurde das Kloster gegründet und 1572 umfunktioniert zu einem adeligen Damenstift. Von der eigentlichen Klosteranlage blieb nach den Umbauarbeiten nur ein kleiner Rest des Kreuzgangs erhalten. 1844 entstand die neugotische Klosterkirche, für den Wasserwanderer leicht als auffällige Landmarke am Südufer des Malchower Sees zu erkennen. 1886 erhielt Malchow Dampfschiffverbindungen nach Plau, Waren und Röbel; 1886 erfolgte der Anschluß an das Eisenbahnnetz.

Sehenswürdigkeiten

Klosterkirche und **Klosterpark** (1803) mit seinen Naturdenkmälern. Am schönsten ist wohl der Blick vom See auf die Klosterkirche.

Hinweise

Veranstaltungen: Volksfest, jeweils am 1. Wochenende im Juli.
Ausflüge: Beliebtes Ziel für Spaziergänger ist der Ortsteil Kloster; Wanderung nach Alt-Schwerin (7 km), dort ist das Agrarhistorische Museum einen Besuch wert, ebenso das ehemalige Herrenhaus mit dem 1893 auf der Chikagoer Weltausstellung ausgezeichneten schmiedeeisernen Tor. Weitere mögliche Ausflugsziele: Großsteingrab aus der Jungsteinzeit (7,5 km) bei Sparow; Wisentgehege bei Jabel.

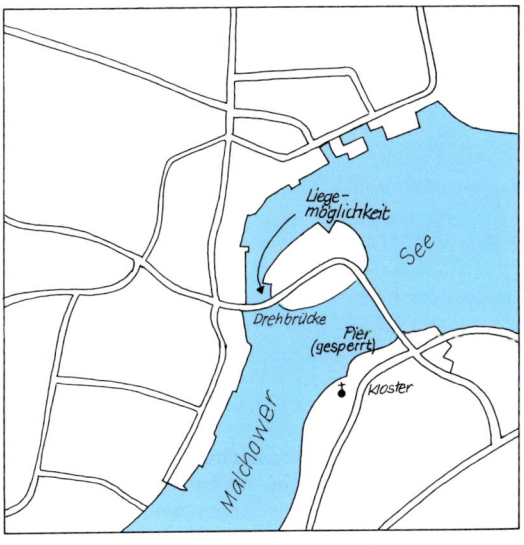

Was ist wo?

Liegeplätze: Marina Malchow, ca. 1 km nördlich der Drehbrücke; Seglerhafen 700 m weiter nördlich, Westufer
Wassersportverein: Malchower Seglerverein e.V., Trostfeld 1, T 81783
Bootswerft: August-Bebel-Straße 45, T 331
Tankstelle: Aral, Rosenstockerstraße 42 (Ortsausgang)
Postamt: Güstrowerstraße 72, T 328; **Telefon:** An der Drehbrücke, Seglerhafen, Klosterstraße
Bäckerei: Café am See (Nähe Drehbrücke)
Supermarkt: Rostocker Straße; Friedrich-Ebert-Straße; Friedensstraße
Fahrradverleih: Fa. Schulze, Kirchenstraße 9
Krankenhaus, Apotheke, Ärzte: Kreiskrankenhaus Waren; Hubertus-Apotheke, Lange Straße 44; Ärzte-Zentrum, Clara-Zetkin-Ring 24
Notruf: T 112; **Polizei:** T 377

Meißen

Das über 1000 Jahre alte Meißen gehört zweifellos zu den Höhepunkten jeder Elbefahrt. Für Sportboote bestehen Anlegemöglichkeiten im Winterhafen (km 83,3) am rechten Flußufer oder bei km 80,5, ebenfalls rechtes Ufer, an der Sportbootanlage Meißen.
Vom Hauptbahnhof Meißen (Bahnhofstraße, T 732398) gehen Züge nach Dresden, Berlin, Hamburg, Paris, Warschau.

Entfernung von Berlin: 355 km
Postleitzahl: 01662
Vorwahl: 03521
Information: An der Frauenkirche 3, T 454470

Geschichte

Meißen gehört zu den ältesten Städten Sachsens. 929 ließ König Heinrich I. auf dem Burgberg ein befestigtes Heerlager errichten. 968 erfolgte durch Kaiser Otto I. die Gründung des Bistums. Unterhalb der Burg entstand ein Handelsplatz, der bereits um 1000 Marktrecht besaß. Im 13. Jahrhundert erhielt die Stadt Selbstverwaltungsrechte. Mit der Errichtung des Rathauses, der Frauenkirche und dem Bau einer Elbbrücke (15. und 16. Jahrh.) wollten die Bürger ein Zeichen ihrer Selbständigkeit setzen.
Das heutige Bild der Stadt aber entstand zur Zeit der Reformation. Mittelpunkt höfischer Kultur war die Burg.

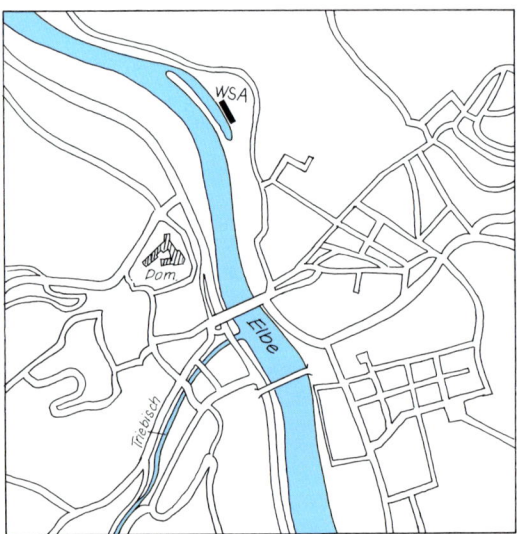

So stand auch Walther von der Vogelweide einige Jahre im Dienst des Meißner Markgrafen.
Nach dem Dreißigjährigen Krieg mußte die Stadt ihre führende Stellung an Dresden abgeben. Doch als Heimat der berühmten Porzellanmanufaktur gelangte sie später zu neuem Ruhm. Johann Friedrich Böttger hatte statt der Zauberformel für Gold das „Weiße Gold" gefunden, unter der strengen Bewachung von August dem Starken. In der leerstehenden Albrechtsburg ließ dieser 1710 heimlich die erste europäische Porzellanmanufaktur errichten. Aber erst nach dem Tod des Erfinders stellte sich der weltweite Ruhm des Meißner Porzellans ein.

Sehenswürdigkeiten

Um den heutigen Marktplatz, den Siedler 1150 als den „großen Markt" abgesteckt hatten, ist ein architektonisch reizvolles mittelalterliches Zentrum entstanden, in dem das **gotische Rathaus** und die spätgotische **Frauenkirche** unter repräsentativen Bürgerhäusern dominieren. Die **Albrechtsburg**, benannt nach ihrem ersten Besitzer, war das erste Schloß im deutschsprachigen Raum. Sie ist im spätgotischen Stil erbaut. Der **Dom** gilt als einer der stilreinsten gotischen Dome. Seine Turmfront beherrscht den weiten Burghof. Weitere Sehenswürdigkeiten: **Kirche St. Afra** (1206) und die **Franziskanerkirche mit Stadtmuseum**.

Hinweise

In der Schauhalle (Talstraße 9) können täglich (außer Mo) die Schätze der Porzellanmanufaktur besichtigt werden.
Veranstaltungen u.a.: Domkonzerte, Gastspiele der Landesbühnen Sachsen, Weinfest im September.
Ausflüge: Wanderung nach Proschwitz über die Katzenstiege zum „Scheechhäusel", Siebeneichen-Heimattiergarten.

Was ist wo?

Liegeplätze: Winterhafen bei km 83,3 oder Sportbootanlage Meißen bei km 80,5
Yachtklub: Yachtclub Meißen e.V., Tim Hoffmann, Querstraße 3, T 737949
Tankstelle: Aral, Hochuferstraße 11
Postamt: Poststr. 26, T 4640; **Telefon:** u.a. Goethestraße
Bäckerei: Nähe Winterhafen, Hafenstraße 22
Supermarkt: Nähe Winterhafen, Handelshof, Goethestraße
Wäscherei/Reinigung: Klose GmbH, Walter-Sammet-Straße 1; Wäscherei und Reinigung, Marktgasse
Krankenhaus, Apotheke, Ärzte: Hospitalstraße 1, T 7430; Ärzte und Apotheken ausreichend vorhanden
Notruf: Krankentransport T 115

Mirow

Mirow liegt in Mecklenburg, inmitten der Kleinseenplatte im Landkreis Neustrelitz. Für kleine Boote mit geringem Tiefgang (ca. 0,80 m) besteht die Möglichkeit, im sogenannten Stadthafen festzumachen. Größere Boote können vor dem kleinen Hafen ankern und bei Landausflügen ihr Beiboot im Stadthafen lassen.
Vom Bahnhof Mirow (T 20433) gehen Züge nach Neustrelitz und Pretzwalk.

Entfernung von Berlin: 147 km
Postleitzahl: 17252
Vorwahl: 039833
Information: Rudolf-Breitscheid-Straße 24, T 20221

Geschichte

1227 erste urkundliche Erwähnung Mirows. Heinrich Borwin II., Herr zu Rostock, überläßt dem Johanniterorden 60 Hufe (eine Hufe = etwa 10 ha) im Land Turne. Turne heißt soviel wie Auerochsenland. In den folgenden Jahrzehnten kamen immer mehr Gebiete aus der Umgebung hinzu, die Johanniter erbauten ein Ordenshaus auf der Halbinsel und schufen das Siedlungszentrum „Mirowe", abgeleitet vom altslawischen „Miru", was Frieden bedeutet.
Im 16. Jahrhundert errichtet der mecklenburgische Herzog Karl seine Residenz mit Verteidigungsanlagen. Der heute noch sichtbare Wallgraben machte aus der Halbinsel eine Insel. Aus dieser Zeit stammt auch das Renaissance-Torhaus (1588), das 1730 nach dem großen Brand als einziger Gebäudeteil stehen blieb. 1749 wird ein neues Schloß der Herzöge von Mecklenburg-Neustrelitz im barocken Stil auf der Insel errichtet, drei Jahre später ist es bezugsfertig. Es ist das heute noch erhaltene Schloß. 1919 zählte Mirow 1741 Einwohner und wurde zur Stadt erhoben.

Sehenswürdigkeiten

Von der **Schloßanlage**, erbaut übrigens von demselben Architekten, der auch Neustrelitz und Fürstenberg schuf, führt eine **Brücke** mit Vasen und Muschelstein zur **Liebesinsel**, auf der sich das Grabmal des letzten regierenden Großherzogs Adolf Friedrich VI. befindet. Die gebrochene Säule deutet symbolhaft auf das jäh beendete Leben des Herzogs hin, der mit 36 Jahren den Freitod wählte.
Die einschiffige **Johanniterkirche** wurde nach der fast völligen Zerstörung 1945 wieder aufgebaut.

Hinweise

Veranstaltungen: Sommerkonzerte in der Kirche im Juli/August; Inselfest im Juli.
In der waldigen Umgebung gibt es viele gute Wander- und Radwege. Zum Beispiel führt ein 9 km langer Wanderweg zum Holm, einer Halbinsel, die im Osten vom Zotzensee und vom Mössensee, im Süden von dem größeren Vilzsee und kleineren Adlersee und im Westen von Zethner See, Schwarzer See und Fehrlingsee umgeben ist.

Was ist wo?

Liegeplätze: Im kleinen „Stadthafen" für etwa 6 Boote mit geringem Tiefgang (0,80 m)
Wassersportvereine: Seglerverein, Ruderverein, Wasserski-Club, Wasserwandercamp, Retzower Straße, T 22098
Tankstelle: An der Schleuse Benzin, sonst Minol, Strelitzer Straße
Postamt: Töpferstraße 3, T 20220; **Telefon:** u.a. an der Schleuse
Bäckerei: Töpferstraße
Supermarkt: Kaiser's, Schillerstraße, kleiner Laden am Schloß; Spar, Strelitzer Straße 30
Fahrradverleih: H. Liebling, Birkenstraße
Apotheke, Ärzte: Apotheke am Markt; prakt. Ärzte, Zahnärzte, Internist
Notruf: schnelle med. Hilfe T 115

Mühlberg/Elbe

Die kleine Stadt an der Elbe liegt zwischen Torgau und Meißen (Elbe-km 127,1 RU) und ist sicher einen Zwischenstopp wert. Nach Auskunft des Fremdenverkehrsamtes können Boote im WSA-Hafen festmachen.
Ab Neuburxdorf (T 310) besteht Bahnverbindung nach Riesa. Von dort aus können alle größeren Städte erreicht werden.

Entfernung von Berlin: 308 km
Postleitzahl: 04931
Vorwahl: 035342
Information: Neustädter Markt 1, T 201

Geschichte

Das bedeutendste Datum der Geschichte Mühlbergs (Gründung 1230) ist die Schlacht im Schmalkaldischen Krieg 1547, in dem Karl V. den Kurfürsten Johann Friedrich besiegte. Dabei verlor Johann Friedrich sowohl seine Kurwürde als auch die Gebiete um Mühlberg bis Torgau.

Sehenswürdigkeiten

Zisterzienserklosterkirche (1230). Das **Schloß** wurde um 1500 nach dem Muster einer Wasserburg wiederaufgebaut. Zur selben Zeit entstand auf den baulichen Resten einer frühgotischen Kirche die **Frauenkirche**. Neu erbautes **Rathaus** um 1543, nach dem großen Brand von 1535. Alte **Pestsäule** (1730).

Hinweis

Am Schloßteich befindet sich ein Naherholungsgebiet mit Campingplatz und Bootsverleih.

Was ist wo?

Liegeplätze: Bootsanlegeplätze im WSA-Hafen beim Ruderclub SV Empor Mühlberg
Tankstelle: im Ort, ca. 1 km
Postamt: Neustädter Markt, T 206; **Telefon:** Altstädter Markt, Jeserstraße
Bäckerei: Manfred Winters, Breitscheidstraße
Supermarkt: Pennymarkt, Straße der Jugend
Fahrradverleih: H.-J. Berger, Roßmarkt, T 552
Wäscherei/Reinigung: Reinigung Flemming, Lindenstraße, T 281
Krankenhaus, Apotheke, Ärzte: nächste Krankenhäuser in Elsterwerda, Riesa, Torgau; Apotheke Altstädter Markt, T 312; Ärzte: Dr. Born, T 483, Dr. Ullm, T 481, Dr. Peters, T 288

Neuruppin

Neuruppin, das „Tor zur Ruppiner Schweiz", liegt am Ruppiner See. Von dort aus gelangt man in die Rhingewässer, die an Schönheit, Romantik und Verträumtheit nur schwer zu überbieten sind. Der Wasserwanderer kann sein Boot direkt an der Seepromenade festmachen und ist in wenigen Minuten in der Stadt. Liegeplätze am Westufer: km 38,8 Bootshafen Segelverein Medizin; km 40,05 Bootshafen Ruppiner Segel-Club mit gutem Service.
Die wichtigsten Bahnverbindungen (T 3036) gehen nach Berlin, Rheinsberg und Oranienburg.

Entfernung von Berlin: 70 km
Postleitzahl: 16816
Vorwahl: 03391
Information: August-Bebel-Straße 15, T 2345

Geschichte

Neuruppin wurde 1238 zum ersten Mal urkundlich erwähnt und erhielt bereits 18 Jahre später das Stadtrecht. Neben dem Mönchskloster (Gründung durch Pater Wichmann, ein Mitglied der Grafenfamilie von Arnstein), das nach den Regeln des Dominikanerordens geleitet wurde, lebten in der Stadt Ackerbürger und Handwerker. Die Stadt war bis 1523 ein Lehen des brandenburgischen Kurfürsten an die Grafen von Arnstein. Nach dem Tod des letzten Grafen ging die Herrschaft Ruppin in den Besitz des Kurfürsten von Brandenburg, Joachim I., über. Im 18. Jahrhundert zog Kronprinz Friedrich von Preußen in Neuruppin ein. Dieser Tatsache verdankt Neuruppin die schöne Gartenanlage hinter der Stadtmauer auf dem Wall, die nach dem Erstlingswerk des Architekten von Knobelsdorff — einem kleinen Musentempel — „Tempelgarten" genannt wird.
Bedeutende Baumeister und Schriftsteller lebten in Neuruppin: Karl-Friedrich Schinkel (1781–1841) und Theodor Fontane (1819–1889).

Sehenswürdigkeiten

Klosterkirche, spätgotische Hallenkirche, um 1300 erbaut, später durch Schinkel restauriert (1836). **Siechenhauskapelle**, spätgotischer Backsteinbau von 1491, und **Marienkirche**, eine klassizistische Saalkirche; der **Tempelgarten**, der seinen orientalischen Stil von dem Architekten von Diebitsch erhielt, einem Freund des Orientmalers Wilhelm Gentz.
Das **Geburtshaus von Theodor Fontane**, die heutige Löwenapotheke; und schließlich das 1791 erbaute **Doppelbürgerhaus** in der August-Bebel-Straße 14/15, in dem heute ein Heimatmuseum untergebracht ist, das als ältestes in der Mark Brandenburg gilt.

Hinweise

Veranstaltungen: Bootskorso in Altruppin im August.
Ausflüge: Wanderungen auf den Spuren Fontanes und Schinkels (bei Info nach Unterlagen fragen!).
Wanderwege entlang des Sees bis Altruppin (4 km); Ausflug ins nahegelegene Rheinsberg.
Empfehlenswertes Restaurant: Hotel am See, Seeufer 11/12, T 3059.

Was ist wo?

Liegeplätze: An der Seepromenade, neben der Dampferanlegestelle, ist ein Steg für Gastboote.
Wassersportklubs: Fehrbelliner Motorsportclub e.V.; Motorsportclub Neuruppin e.V.; Eintracht Sektion Segeln
Tankstelle: Altruppiner Allee
Postamt: Karl-Kurzbach-Platz; **Telefon:** u.a. Marktplatz
Bäckerei: Gröpler, Seestraße 22
Supermarkt: Aldi, Bona-Markt, Bechliner Chaussee
Fahrradverleih: Fa. Tack, Fehrbelliner Straße; Fahrgastschiffahrt, Seeufer und Fremdenverkehrsamt
Wäscherei/Reinigung: Seestraße, Ecke Kommissionsstraße
Krankenhaus, Apotheke, Ärzte: ärztl. Versorgung ausreichend
Notruf: Rettungsdienst T 115

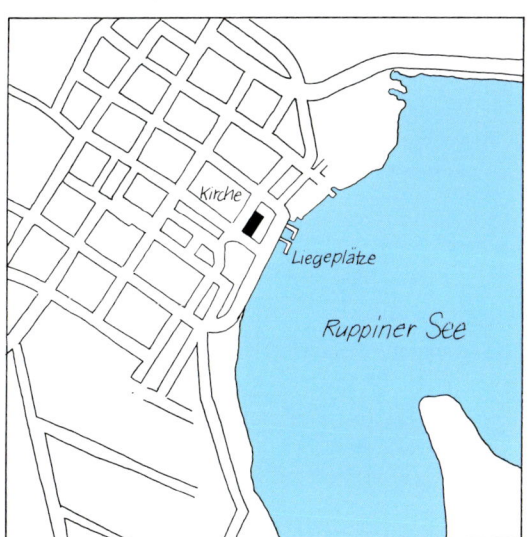

Oderberg

Die kleine Stadt Oderberg liegt an der Alten Oder, etwa 11 km entfernt vom Schiffshebewerk Niederfinow. Der Fluß bestimmt seit jeher das Leben in Oderberg. Wie vor hundert Jahren schlängelt sich hier die Alte Oder durch die Landschaft. Für Yachten ist der Liegeplatz in der Marina an der Schiffswerft zu empfehlen.
Bahnverbindungen (Kiefernweg) gibt es nach Angermünde und Bad Freienwalde.

Entfernung von Berlin: 80 km
Postleitzahl: 16248
Vorwahl: 033369
Information: Berliner Straße 89, T 202

Geschichte

Um 1210 stießen die Askanier, ein deutsches Fürstengeschlecht, nach Osten bis Oderberg vor und errichteten die erste frühdeutsche Burganlage. 1231 wurde das Prämonstratenserkloster „Gottesstadt" errichtet. Es bestand nur bis 1258. Um 1350 erbaute man die Festung „Bärenkasten", die für den Schutz des Oderübergangs und die damit verbundenen Zolleinnahmen große Bedeutung hatte. Um 1600 verfügte Oderberg über den zweitgrößten Fischmarkt in der Mark Brandenburg. Grund: großer Fischreichtum im noch nicht trockengelegten Oderbruch. Im Dreißigjährigen Krieg wurde die Stadt völlig zerstört (1639).

Sehenswürdigkeiten

Oderberg besteht aus drei Stadtteilen: Altstadt, Oberstadt und südlicher Oderbereich. Die ältesten **Fachwerkhäuser** findet man in der Altstadt, einige davon auf Pfählen, die nach der Trockenlegung des Oderbruchs sichtbar wurden. Von dem alten Burgberg hat man einen herrlichen Blick ins Oderbruch.
An der **Festung Bärenstein** findet man Kastellmauern von drei Meter Durchmesser.
Für Interessierte an der Schiffahrtsgeschichte: **Museum für Binnenschiffahrt**, mit großer Sammlung von Schiffsmodellen, Anlagen und Ausrüstungen der Binnenschiffahrt, der Binnenfischerei und der Holzindustrie. Besonderer Anziehungspunkt im Park: **Seitenraddampfer** Riesa (1897) mit oszillierender Dampfmaschine.

Hinweise

Veranstaltungen: Während des Choriner Musiksommers finden klassische Konzerte in der grandiosen Klosterruine Chorin statt (16 km entfernt).
Ausflüge: Auf der Tafel am Marktplatz kann man sich über markierte Wanderwege orientieren.

Was ist wo?

Liegeplätze: Marina Oderberg an der Schiffswerft, Altes Bruch 5, T 837 oder 271, Fax 271, mit Wasser- und Stromanschluß, Duschen, Toilette, Shop, Restaurant, Kran mit Slipanlage, Tankstelle, Reparaturen
Tankstelle: in der Marina, Super/Diesel
Postamt: Hermann-Seidel-Straße; **Telefon:** Berliner Straße 89, vor dem Amt Oderberg
Bäckerei: Voigt, Angermünder Straße 9, T 256
Supermarkt: Frischemarkt, Straße der Jugend
Fahrradverleih: Fa. Trapp, Hermann-Seidel-Straße 35, T 459
Krankenhaus, Apotheke, Ärzte: Eberswalde; Apotheke Angermünder Straße 57, T 377; Dr. K.-D. Richter, Ärztehaus, Brodowiner Straße 17, T 204
Notruf: Zentrale T 03334-122

Oranienburg

Oranienburg liegt an der Havel, im Nordwesten von Berlin. Sowohl am Lehnitzsee als auch in der Oranienburger Havel vor der Schloßbrücke gibt es Möglichkeiten für Gastlieger zum Festmachen.
Die wichtigsten Bahnverbindungen: S-Bahn nach Berlin, Züge nach Rostock, Dresden, München, Neuruppin, Fürstenberg.

Entfernung von Berlin: 28 km
Postleitzahl: 16515
Vorwahl: 03301
Information: Schloßplatz 1, T 813710

Geschichte

Der Ursprung Oranienburgs liegt in der Mitte des 12. Jahrhunderts. Die noch heidnischen Gebiete wurden von Markgraf Albrecht der Bär kolonisiert, vermutlich auch die Wasserburg Bötzow an der Havel, aus der die Stadt entstand; 1486 Amtssitz. Erst 200 Jahre später erhielt die Stadt ihren heutigen Namen nach der Kurfürstin Louise Henriette, einer geborenen Prinzessin von Nassau-Oranien. Sie lernte auf einem Jagdausflug die Landschaft kennen und fand Gefallen daran. Daraufhin schenkte ihr der Kurfürst das Amt Bötzow mit allen dazugehörigen Dörfern (1650). 1652 ließ sie im holländischen Stil das Schloß mit dem heutigen Namen Oranienburg errichten. Später zeigte auch ihr Sohn, König Friedrich I., eine besondere Vorliebe für dieses Schloß und ließ es prunkvoll ausbauen. So entstand das erste barocke Lustschloß in der Mark Brandenburg. Nach den Freiheitskriegen entwickelten sich Handel und Verkehr. Straßen und Wasserwege wurden angelegt, der Anschluß an das Berliner Eisenbahnnetz war hergestellt, als 1877 der erste Zug einlief.
Ihr finsterstes Kapitel erlebte die Stadt in der Hitlerzeit, als 1933 das erste nationalsozialistische Konzentrationslager Deutschlands und 1936 das Massenvernichtungslager Sachsenhausen errichtet wurden.

Sehenswürdigkeiten

Schloß Oranienburg ist trotz bröckelnder Fassade einen Besuch wert, und der angrenzende Park lädt zum Spazierengehen ein.

Hinweise

Veranstaltungen: alle 14 Tage Konzerte im Schloß Oranienburg.
Nationale Gedenkstätte Sachsenhausen; Heimatmuseum Oranienburg.

Was ist wo?

Liegeplätze: Lehnitzsee/Westufer, Bootshaus Dietrich. Oranienburger Havel, im Stadtgebiet an der Schloßbrücke
Yachtklubs (aus Platzgründen können nicht alle genannt werden): WSC Möwe e.V., Oranienburg; TuS 1896 e.V., Sachsenhausen; SG Havel e.V., Oranienburg; WSG Eintracht e.V., Oranienburg
Tankstelle: im Stadtgebiet Minol ca. 1 km nördlich; am Lehnitzsee Minol ca. 2,5 km nördlich
Telefon: Am Bootshaus Dietrich, Lehnitzsee
Bäckerei: am Lehnitzsee in der Bernauer Straße 120 (700 m); im Stadtgebiet Breite Str. 11 (500 m)
Supermarkt: am Lehnitzsee Sparmarkt, Bernauer Straße 105; im Stadtgebiet Sparkaufhalle, Albert-Buchmann-Straße
Fahrradverleih: Fa. Hebestreit, Bötzower Platz 10, T 82885; am Bahnhof ebenfalls Fahrradverleih
Wäscherei/Reinigung: Oratex, Sachsenhausener Straße 23
Krankenhaus: Robert-Koch-Straße 12, T 5011
Notruf: schnelle med. Hilfe T 3333

Parchim

Parchim liegt an der Elde und am Wockersee und war neben Güstrow und Neubrandenburg eine mecklenburgische Vorderstadt. Sie ist umgeben von einer reizvollen Landschaft mit ausgedehnten Wäldern. Für den Wasserwanderer sind in Damm und Möderitz Bootsanleger in Vorbereitung. Oberhalb der Schleuse gibt es Liegeplätze für Frachtkähne, am linken Ufer eine etwa 100 m lange Steinpier zum Festmachen.
Es bestehen Bahnverbindungen (T 41052) über Ludwigslust nach Berlin und nach Rostock.

Entfernung von Berlin: 242 km
Postleitzahl: 19370
Vorwahl: 03871
Information: vorerst Lindenstraße, T 2843

Geschichte

In einer Urkunde des Kaisers Barbarossa wird die Burg 1170 erwähnt. In ihrem Schutz entstand eine deutsche Kaufmannssiedlung, die 1223 das Stadtrecht besaß. Einige Jahre später wurde die selbständige Neustadt Parchim am Südufer der Elde gegründet. Beide Städte vereinigten sich 1282. Der Bau der Stadtmauer wurde 1310 beendet. Nach und nach verleibte sich die Stadt die umliegenden Dörfer ein und hat jetzt nach Rostock die zweitgrößte Feldmark Mecklenburgs.

Sehenswürdigkeiten

Parchim war recht wohlhabend gewesen, denn viele **Bürgerhäuser** gehörten den Handelsherren. Aufzüge und Speichertüren an den Giebeln prägten damals den Baustil. Besonders bemerkenswert ist der schöne Schmuck an den Fassaden. Das **Parchimer Rathaus**, harmonisch eingebunden in der Mitte einer dreigeteilten Marktanlage, gehört zu den schönsten Bauwerken des norddeutschen Historismus im südlichen Mecklenburg. Die beiden **Pfarrkirchen** sind mittelalterliche Sakralbauten (St.Marien 1278, St.Georgen 1229). Im **Stadtmuseum** findet man eine ständige Ausstellung zur Stadtgeschichte. Außerdem informiert die Ausstellung über Leben und Werk bedeutender, mit der Stadt verbundener Persönlichkeiten wie **Graf Helmuth von Moltke** (geb. am 26.10.1800 in Parchim), oder **Fritz Reuter** (1828–1831 Schüler am Gymnasium in Parchim).

Hinweise

Ausflüge: Wanderwege im Wockertal, Uferpromenade um den See; durch das Landschaftsschutzgebiet Buchholz über den Pathenberg (71 m) und mit der Fähre über die Elde nach Slate; Wanderungen im Gebiet des Sonnenbergs, eines Höhenzugs, der von dem Buchholz durch das Eldetal getrennt ist. Für Bäumeliebhaber interessant sind die Parchimer Douglasien, eine europäische Berühmtheit, denn hier wachsen sie am schönsten und höchsten. Offensichtlich herrschen am Sonnenberg so günstige Lebensbedingungen, daß diese in Nordamerika beheimatete Baumart im Vergleich zu allen anderen Standorten in Europa hier das beste Wachstum zeigt. Empfehlenswertes Café in der Stadt: Café Scholz, Lange Straße 55.

Was ist wo?

Liegeplätze: geplant in Damm und Möderitz; am linken Ufer oberhalb der Schleuse 100 m lange Steinpier zum Festmachen
Tankstelle: Aral, Ludwigsluster Straße; Shell, Westring
Postamt: Schuhmarkt; **Telefon:** beim Rathaus, Alter Markt
Fahrradverleih: Fricke, Brinkmannstraße
Wäscherei/Reinigung: Autom. Waschanstalt, Weststadt, Otto-Nuschke-Straße

Rheinsberg

Rheinsberg ist nur knapp 130 km von Berlin entfernt und liegt inmitten von Seen und Wäldern. Tagelang können Bootsfahrer in den Gewässern um Rheinsberg unterwegs sein.
Der Bahnhof befindet sich in der Berliner Straße, Zugverbindungen in Richtung Oranienburg, Berlin, Hamburg.

Entfernung von Berlin: 128 km
Postleitzahl: 16831
Vorwahl: 033931
Information: Kavalierhaus am Markt, T 2059

Geschichte

1368 erster urkundlicher Hinweis auf Rheinsberg als Stadt. Ende des 14. Jahrhunderts wurde die Stadtmauer zum Schutz gegen kriegerische Überfälle errichtet. Noch heute kann man davon einige Reste, große Feldsteine, am Ufer des Rhins entdecken. Brände im 16., 17. und 18. Jahrhundert vernichteten praktisch die ganze mittelalterliche Bausubstanz. Nach wechselnden Lehensherrschaften kamen 1734 Stadt und Schloß Rheinsberg samt der dazugehörigen Umgebung in den Besitz des preußischen Kronprinzen Friedrich. Damit begann eine neue Epoche für den Ort. Der Wiederaufbau nach dem letzten großen Brand 1740 erfolgte nach den Plänen des Hofbaumeisters Georg Wenzeslaus von Knobelsdorff.

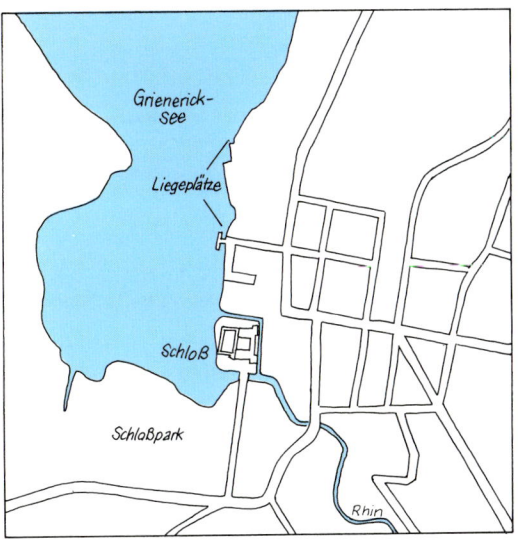

Sehenswürdigkeiten

Das **Schloß** machte schon damals Rheinsberg in ganz Europa berühmt. Heute gilt die Stadt zusammen mit Schloß und **Park** als Denkmal von europäischem Rang. Die Stiftung Schlösser und Gärten Potsdam-Sanssouci hat mit der vollständigen Restaurierung begonnen. Im Nordflügel befindet sich die **Kleine Galerie**, die zur Tucholsky-Ausstellung gehört und wechselnde Ausstellungen zeigt.

Hinweise

Veranstaltungen: Rheinsberger Musiktage (Pfingsten). Das Programm umfaßt Aufführungen im Heckentheater, musikalische Wanderungen durch den Schloßpark, Veranstaltungen im Spiegelsaal des Schlosses sowie Konzerte in der St.Laurentius-Kirche; Aufführungen der Kammeroper Rheinsberg von Mai bis Oktober.
Ausflüge: Das Rheinsberger Seengebiet bietet Naturfreunden vielfältige Ziele zum Wandern, Reiten, Angeln, Radfahren; außerdem Golf.

Was ist wo?

Liegeplätze: Steg vor dem Sanatorium Hohenelse, südlich davon eine beliebte Ankerbucht; Hafen des Hotels im Südosten des Sees. Liegeplätze am Grienericksee: geschützte Ankerbucht im Nordosten des Sees vor der Bootshausanlage; Yachthafen des Rheinsberger Segelvereins am nördlichen Stadtausgang; Stadthafen (Bollwerk) unmittelbar vor dem Stadtzentrum.
Zwischen dem Stadthafen und der Anlegestelle der Fahrgastschiffe gibt es unmittelbar am Wasser einen kleinen Bootsausrüster.
Tankstelle: Berliner Chaussee
Postamt: Schloßstraße; **Telefon:** Schloßstraße, Berliner Straße
Bäckerei: Reschke, Schloßstraße; Lange, Berliner Straße
Supermarkt: Plus, Feldstraße; Penny, Rhinstraße
Fahrradverleih: Fa. Thäns, Schloßstraße; Fa. Thörel
Reinigung: Annahmestelle Menzer Straße
Krankenhaus, Apotheke, Ärzte: nur Krankenhaus in Neuruppin; Adler-Apotheke, Schloßstraße; Ärztehaus Dr.M.-Henning-Straße
Notruf: T 112

Schwedt/Oder

Die 50 000 Einwohner zählende Stadt liegt am nordöstlichen Rand der Mark Brandenburg und bietet Yachten vor einer Polenreise ausgezeichnete Versorgungsmöglichkeiten. Sehr zu empfehlen sind die Gastliegeplätze des SSV mit Strom- und Wasseranschluß.
Bahnverbindungen bestehen nach Berlin und Angermünde.

Entfernung von Berlin: 129 km
Postleitzahl: 16303
Vorwahl: 03332
Information: Platz der Befreiung, T 23456

Geschichte

Schwedt (Stadtgründung 1265) erlebte seine Blütezeit zwischen 1481 und 1609, begünstigt durch seine Lage an der Oder. Im Dreißigjährigen Krieg wurde das mittelalterliche Stadtbild fast völlig ausgelöscht. Ab 1670 entstand mit der Übernahme in den Besitz des Hauses Hohenzollern eine barocke Stadtanlage, die bis 1945 fast unverändert erhalten blieb. Zentrum der Stadt war das Schwedter Schloß (1686), dem alles andere untergeordnet war. Mit der Ansiedlung französischer Hugenotten (ab 1685) ging es wirtschaftlich bergauf. Sie machten die Stadt zum Zentrum der Tabakerzeugung und -verarbeitung sowie des Tabakhandels.
Fast vollständig zerstört wurde Schwedt am Ende des Zweiten Weltkriegs (1945).

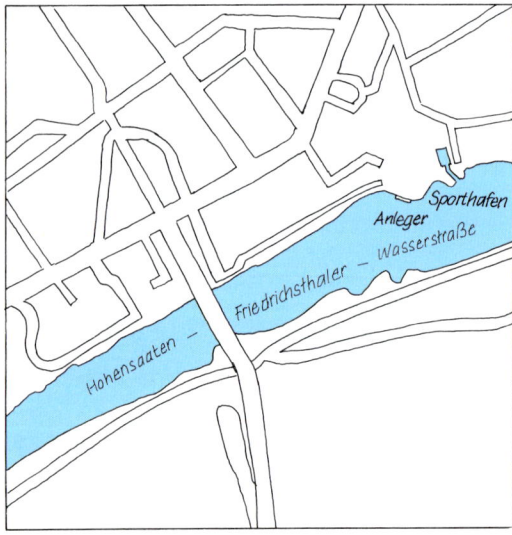

Sehenswürdigkeiten

Das heutige Stadtbild zeigt kaum mehr Spuren aus alter Zeit, nur die Lindenallee läßt die großzügige Anlage um das Schwedter Schloß noch ahnen. Der **Berlischky-Pavillon** (Lindenallee), der 1776 auf elliptischem Grundriß erbaut wurde, diente als Kirche und Begräbnisstätte. 1980 Umbau zur Konzerthalle. Interessant auch der **Ermelerspeicher** (Lindenallee 36), benannt nach einem Tabakgroßhändler. Diente im 19. Jahrhundert als Tabakspeicher. Stadtkirche **St. Katharinen** (Oderstraße) aus dem 14. Jahrhundert, umgebaut im 17. Jahrhundert zu einem kreuzförmigen Zentralbau.

Hinweise

Veranstaltungen: Theateraufführungen „Ueckermärkische Bühnen" (T 21031).
Ausflüge: unzählige naturbezogene Wanderungen und Radtouren (Prospekte auch beim SSV erhältlich) durch den Nationalpark Unteres Odertal.

Was ist wo?

Liegeplätze: SSV PCK 90 e.V., T 23962 oder 23862, an der HOFRIWA (km 120,5) mit Wasser/Stromanschluß/Toiletten/Gaststätte/Zeltmöglichkeit, sehr gastfreundliche Aufnahme
Weitere ansässige Klubs: Ruderzentrum Schwedt; Seesportclub Schwedt, HOFRIWA km 119,8; Sportzentrum Rotation/IPP, HOFRIWA km 120,5
Tankstelle: Aral, Berliner Allee 44 (etwa 3 km), T 23206
Postamt: Berliner Straße 135; **Telefon:** Berliner Straße
Bäckerei: Berliner Straße, Nähe Kirche
Supermarkt: Hertie Einkaufszentrum, Lindenallee
Fahrradverleih: Vierradenerstraße 41 a, T 23197
Krankenhaus, Apotheke, Ärzte: Klinikum Ueckermark, August-Straße 23, T 53-0; Stadtapotheke, Lindenallee 26a, T 22094; ärztliche Versorgung ausreichend vorhanden
Notruf: schnelle med. Hilfe T 115

Schwerin

Schwerin, die Landeshauptstadt von Mecklenburg-Vorpommern, ist nach Lübeck die älteste Stadt östlich der Elbe im heutigen Deutschland. Die Stadt liegt am Schweriner See, der neben Bodensee, Müritz und Chiemsee zu den größten Binnengewässern Deutschlands zählt. Für Yachten gibt es ausreichend Liegemöglichkeiten. Besonders zu empfehlen ist ein kleiner Holzsteg am Beginn des Störkanals in Muess (ohne Wasser und Strom).

Entfernung von Berlin: 280 km
Postleitzahl: 19503
Vorwahl: 0385
Information: Am Markt 11, T 812314

Geschichte

Die über 800 Jahre alte „Stadt der Seen" ist eine mittelalterliche Kolonistensiedlung. Die strategisch günstige Lage an den Seen bewog wohl den Sachsenherzog Heinrich den Löwen, die bereits 1018 erwähnte Befestigung „Zuarin" (Tierort, ein Hinweis auf die den Slawen heiligen Pferde) nach ihrer Zerstörung 1160 sofort wieder aufbauen zu lassen. Die Stadt gewann rasch an Bedeutung und wurde bereits 1358 ständige Residenz der mecklenburgischen Herzöge.
Nach der Abdankung des Großherzogs im Jahre 1918 wurde Schwerin zunächst Landeshauptstadt von Mecklenburg-Schwerin, später dann des ganzen Landes; nach 1945 kam auch noch Vorpommern hinzu.

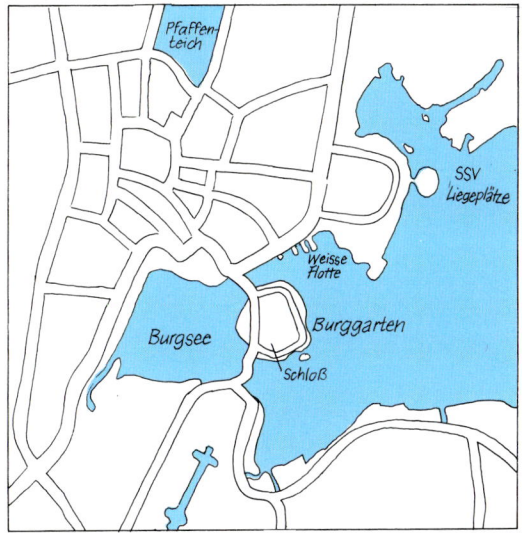

Sehenswürdigkeiten

Die Fülle der Sehenswürdigkeiten von Schwerin und seiner Umgebung sprengt den Rahmen dieses Buches. So können nur einige wenige hier genannt werden: Auf der Schloßinsel dominiert der Fünf-Flügel-Bau des **Schlosses**, das nach mehrfachen Umbauten in den verschiedenen Stilepochen etwas Märchenhaftes an sich hat. Der **Burggarten** und der **Schloßgarten** sind herrliche Parkanlagen. An der sich anschließenden Schloßstraße stehen so repräsentative Bauten wie das **staatliche Museum** (Gemäldegalerie), das **Mecklenburgische Staatstheater** und das **Alte Palais** im Fachwerkstil. Am Markt schließlich der **Dom**, der nach einem romanischen Vorgänger 1416 fertiggestellt wurde. Der Hauptturm des gotischen Baus wurde erst Ende des 19. Jahrhunderts errichtet.
Am Rand des Schloßgartens zum Faulen See hin steht die **Schleifmühle**, die einstige fürstliche Steinschleiferei aus dem 18. Jahrhundert, und in Schwerin-Muess ist das **Freilichtmuseum** mit alten Originalgebäuden wie Dorfschule, Schmiede, Bauernhaus unbedingt einen Besuch wert.

Hinweise

Veranstaltungen: Oper- und Schauspielaufführungen des Mecklenburgischen Staatstheaters. Konzerte und Festspiele im Innenhof des Schlosses, Domkonzerte.
Empfehlenswertes Café: Café Prag, Ecke Puschkin- und Salzstraße.

Was ist wo?

Liegeplätze: SSV, am Beutel, Schwaneninsel (Stromanschluß möglich), Platz für etwa 20 Gastboote; Mucss am Beginn des Störkanals; Gastliegeplätze auf Anfrage auch bei den anderen Klubs; ungezählte Ankermöglichkeiten in den Buchten
Reparaturen: Marine Krüger, Hafenstraße 9, T 864648; Boots- und Motorenservice, ZODIAC-Schlauchboote, Kranung bis 12 t, Winterliegeplätze; Seiler-Motoren, VOLVO-Service, Bornhövedstraße 110, T 863383
Tankstelle: Ludwigsluster Chaussee
Postamt: Mecklenburgstraße; **Telefon:** u.a. Weiße Flotte, Großer Moor
Bäckerei: Rakel, Am Markt 9 (sehr gute Brötchen)
Supermarkt: Kaiser's, Nähe Markt, Schmiedestraße
Fahrradverleih: Am Bahnhof (T 83523), Hotel Stadt Schwerin
Wäscherei/Reinigung: Sopotex, Großer Moor 9
Krankenhaus, Apotheke, Ärzte: Klinikum, Wismarsche Str. 397, T 890; Apotheke am Markt; Ärzte ausreichend vorhanden

Strasen

Kleine Ortschaft am Pälitzsee, zwischen Fürstenberg und Wesenberg, für den Wasserwanderer ein besonders angenehmer Pausen- und Ruheplatz. Sowohl unterhalb der Schleuse als auch im Oberwasser sind Liegeplätze vorhanden.
Es besteht Busverbindung in die umliegenden Orte.

Entfernung von Berlin: 118 km
Postleitzahl: 19294
Vorwahl: 039828

Hinweise

Direkt am Kanal liegt das Hotel „Zum Löwen" (T 285) mit Gartenlokal, entstanden und ausgebaut aus einer alten Wassermühle aus dem 17. Jahrhundert. Das Wehr erinnert noch heute daran. Das Restaurant bietet eine gut bürgerliche, mecklenburgische Küche mit täglich frischen Fischgerichten (Forelle und Aal aus der benachbarten Fischräucherei). Das Haus wird geführt von der Familie Töllner und ist auch als Übernachtungsmöglichkeit zu empfehlen.
Für die Bordküche bietet sich die Fischräucherei an der Schleuse an, die frisch geräucherte Ware auch an privat verkauft. Fahrräder, Motor- und Ruderboote können beim Hotel ausgeliehen werden. Ausflüge per Rad zum 8 km entfernten Stechlinsee sind bei längerem Aufenthalt fast schon ein Muß.

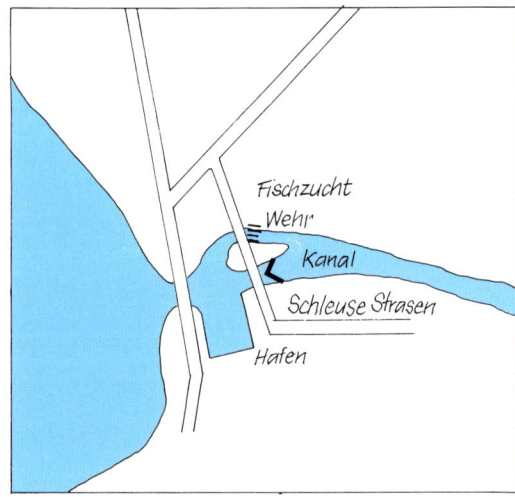

Was ist wo?

Liegeplätze: im Ober- und Unterwasser der Schleuse
Postamt: in Wustrow kleine Postdienststelle; **Telefon:** im Hotel „Zum Löwen" und in Wustrow
Bäckerei: frische Brötchen bei Edeka, neben dem Hotel
Supermarkt: Edeka-Laden, sehr gut sortiert, neben dem Hotel
Fahrradverleih: im Hotel

Tangermünde

Die tausend Jahre alte Hansestadt an der Elbe hat für den Wasserwanderer gute Liegemöglichkeiten im Hafen für 8–10 Gastboote. Mit einem langen Wasserschlauch kann der Wassertank wieder aufgefüllt werden, Stromversorgung ist geplant.
Direkte Bahnverbindung besteht nach Stendal.

Entfernung von Berlin: über Parey 118 km
Postleitzahl: 39590
Vorwahl: 039322
Information: Marktstaße 13, T 3710

Geschichte

Das „Rothenburg des Nordens", wie Tangermünde auch gern genannt wird, konnte bis zum heutigen Tag sein einprägsames Stadtbild erhalten. Kaiser Karl IV. ließ 1373–78 die Burg als Nebenresidenz zum Hradschin von Prag ausbauen. Als Hansestadt erfreute sich der Ort großen Wohlstands. Ab 1412 residierten hier die Hohenzollern. Tangermünde verlor nach und nach seine Selbständigkeit, gleichzeitig begann der wirtschaftliche Niedergang. 1617 wurde ein großer Teil der Altstadt bei einem Brand vernichtet (beschrieben in „Grete Minde" von Theodor Fontane). Erst im 19. Jahrhundert begann eine wirtschaftliche Wiederbelebung, danach entwickelte sich Tangermünde zu einer Industriestadt der Altmark.

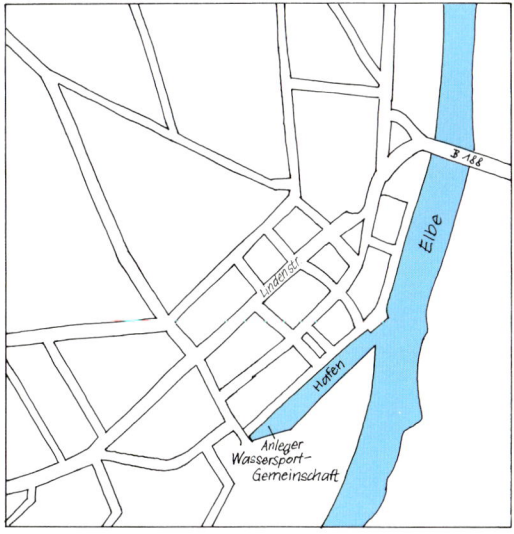

Sehenswürdigkeiten

Gut erhalten ist die **Stadtbefestigung**, die im wesentlichen aus dem 14. Jahrhundert stammt. Neben vier Ecktürmen blieben auch drei Toranlagen bestehen. Zu den größten Leistungen der Backsteingotik zählt die östliche Rathauswand mit dem **Blendgiebel** (1430).
Die **Fachwerkbauten** entstanden meist nach dem großen Brand im 17. Jahrhundert und tragen mit ihren dekorativen Giebeln und Portalen entscheidend zu dem harmonischen Stadtbild bei. Sehenswert sind auch die **Stephanskirche** und die imponierende **Burganlage** am Elbufer.

Hinweise

Jedes zweite Wochenende Burgfest.
Ausflüge: nach Jerichow (8 km), zur Kirche des ehemaligen Prämonstratenserklosters, das hervorragend restauriert wurde. Schönhausen (7 km), Geburtsort Bismarcks, Kirche aus dem Jahr 1212 noch erhalten. Weißewarte (9 km), Damwildpark, im Juli Wildparkfest.

Was ist wo?

Liegeplätze: im Hafen, Tangermünder Wassersportverein von 1990 e.V., Willi Henning, Luisenstraße 42, Wasseranschluß am Klubhaus
Wassersportklubs: Tangermünder Ruderclub, Jürgen Rethfeld, Ernst-Drong-Str. 5
Tankstelle: Stendaler Straße 21, 500 m
Postamt: Lange Straße; **Telefon:** Lange Straße/Stadtverwaltung
Bäckerei: Hönow, Stendaler Straße 93
Supermarkt: Tip-Markt, Stendaler Straße 32
Fahrradverleih: Fahrrad Bergande, Lange Straße 38
Wäscherei/Reinigung: Waltraut Kubatzki, Goethestraße 5
Krankenhaus, Apotheke, Ärzte: Kreiskrankenhaus, Schloßfreiheit 7; Adler-Apotheke, Lange Straße 53; Ärzte ausreichend vorhanden
Notruf: T 110

Templin

Die Stadt der Seen, Wälder und der tausend Linden zählt etwa 14 500 Einwohner und ist noch ein Geheimtip für Erholungssuchende. Sie ist per Boot zu erreichen, auch wenn die Templiner Schleuse nicht einsatzbereit ist. Man kann im Röddelinsee ankern; Liegeplätze bei km 13,0 am Ostufer vor der Schleuse.

Entfernung von Berlin: 90 km
Postleitzahl: 17268
Vorwahl: 03987
Information: Akzisehaus, T 2631

Geschichte

Templin wurde um 1230 von den Brandenburger Markgrafen am Schnittpunkt uralter Handelsstraßen gegründet. Als Ackerbürgerstadt war Templin in den folgenden Jahrhunderten Streitobjekt zahlreicher Grenzkriege – heute noch zu sehen an dem sieben Meter hohen Verteidigungsring mit Toren und Wiekhäusern.

Sehenswürdigkeiten

Die **Stadtmauer** mit einer Länge von 1.735 m ist einzigartig im Brandenburger Raum durch die Vielfalt des verwandten Baumaterials. Sie hat drei gotische **Backsteintore**. Das Prenzlauer Tor beherbergt das Museum, das Berliner Tor das Landeskulturkabinett, und im Mühlentor haben künstlerisch tätige Schnitzer und Weber Arbeits- und Ausstellungsstätten. Ebenfalls erhalten sind in die Mauer eingebaute **Wiekhäuser**, die der Verteidigung dienten. Das älteste Gebäude der Stadt ist die **gotische Georgenkapelle** (14. Jahrh.). Das **barocke Rathaus** wurde um 1751 erbaut.

Hinweise

Stadtfest (letztes Wochenende im August).
Ausflüge: Viele kleine und große Seen, verwunschene Alleen mit alten Kastanien, Linden oder Ahorn, sanfte grüne Hügel und Wälder sind Anreiz für Wanderungen. In den Gewässern sind selten gewordene Tierarten zu Hause: Fisch- und Seeadler, Eisvogel, Kranich. Lohnend auch Ausflüge in die nahe Umgebung. Zum Beispiel nach Lychen, dem „märkischen Interlaken", inmitten von sechs Seen, mit seiner alten Backsteinkirche St. Johannis.

Was ist wo?

Liegeplätze: Ankern im Röddelinsee und Liegeplätze vor der Schleuse
Wassersportklub: Kanusportverein Templin e.V., Prenzlauer Allee 29
Tankstelle: Templiner Kanal, in der Bahnhofstraße
Postamt: Puschkinstraße 17; **Telefon:** Marktplatz, Puschkinstraße
Bäckerei: Bahnhofstraße, am besten von der Ziegeleibrücke aus zu erreichen
Supermarkt: Lychener Straße und Stadtzentrum
Fahrradverleih: Fahrradhändler, Martin-Luther-Straße
Wäscherei/Reinigung: Berliner Straße
Krankenhaus, Apotheke: Robert-Koch-Str. 24, T 420; Berliner Straße; Robert-Koch-Straße; am Markt
Notruf: T 112

Torgau

Torgau liegt an der Elbe, im Norden des Freistaats Sachsen, und hat etwa 23 000 Einwohner. Am linken Elbufer befindet sich ein kleiner Anleger für Sportboote, ohne Strom- oder Wasseranschluß.
Direkte Bahnverbindungen bestehen nach Leipzig und Cottbus.

Entfernung von Berlin: 285 km
Postleitzahl: 04860
Vorwahl: 03421
Information: Schloßstraße 11, T 712571

Geschichte

Der Name stammt ab vom slawischen ,,torgowe" (Handelsplatz). Erstmals erwähnt wird Torgau 973. Im 15. und 16. Jahrhundert entwickelte es sich zur bevorzugten Residenz der sächsischen Kurfürsten. Schloß Hartenfels, ein aufwendiger Renaissancebau, stammt aus dieser Zeit, verlor aber nach der Schlacht bei Mühlberg (1547) durch den Sieg Karls V. an Bedeutung.
Zur Zeit Luthers wurde die Stadt auch ,,Amme der Reformation" genannt. 1544 weihte Luther die Schloßkapelle ein, und in der Nikolaikirche fanden die ersten Taufen und Predigten in deutscher Sprache statt.

In der jüngsten Geschichte schließlich erlangte Torgau Berühmtheit durch die denkwürdige Begegnung russischer und amerikanischer Soldaten, die sich am 25. April 1945 auf der Elbbrücke die Hände reichten. Seither wird der Tag als ,,Elbe Day" von Amerikanern, Russen und Deutschen gefeiert.

Sehenswürdigkeiten

Schloß Hartenfels mit dem **Wendelstein**, einer fast frei sich hochwindenden Treppe, dem ,,Wunder von Torgau". Älteste Kirche ist die **Marienkirche** (1119), noch romanische Teile erhalten. Später wurde sie zur Hallenkirche umgebaut. Zahlreiche **Bürgerhäuser** stammen aus dem 16. Jahrhundert. Vom **Marktplatz**, der sich an der höchsten Stelle der historischen Altstadt befindet, hat man einen schönen Blick auf den alten Kern der Stadt.

Hinweise

Veranstaltungen: ,,Elbe Day" am 25. April; Erinnerungsfest der ,,Torgauer Geharnischten" im Mai; Konzerte in der Schloßkirche.
Ausflüge: Rad- und Wanderwege um den ,,Großen Teich", entlang der Elbe, Wanderungen in den angrenzenden Heidegebieten.

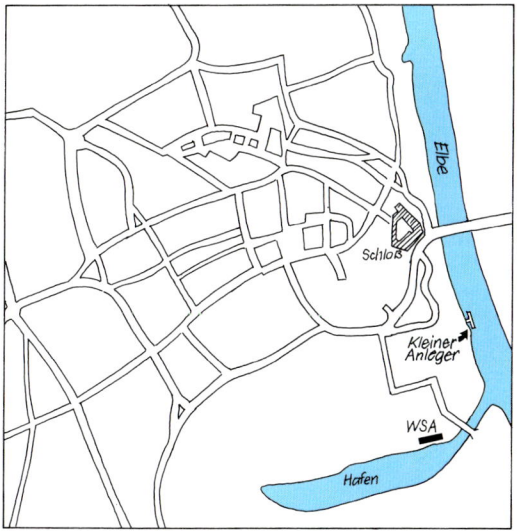

Was ist wo?

Liegeplätze: Bootssteg am linken Elbufer (ohne Wasser und Stromanschluß)
Wassersportvereine: Seesportclub Torgau e.V.; Torgauer Ruderverein e.V.; Motorsportclub Elbe, Torgau
Tankstelle: Straße der Jugend
Postamt: August-Bebel-Straße 6; **Telefon:** Markt, Postamt
Bäckerei: Bolde, Schloßstraße
Supermarkt: Stadtmitte
Fahrradverleih: über Torgau-Information
Wäscherei/Reinigung: Kleenothek, Leipziger Wall
Krankenhaus, Apotheke, Ärzte: Christianistraße 1, T 520, Apotheke Friedrichplatz; Ärzte ausreichend vorhanden
Notruf: Polizei T 110; Medizinische Hilfe T 115

Ueckermünde

Nur wenige Minuten Bootsfahrt oberhalb der malerischen Mündung der Uecker in das Stettiner Haff gelegen, bietet die alte Hanse- und Hafenstadt sowohl in den weiträumigen Anlagen der Wassersportvereine als auch im Handelshafen ausreichend Platz für Gastlieger. Wasser- und Stromanschluß sind vorhanden.
Es besteht Bahnverbindung über Pasewalk mit Berlin und Stralsund.

Entfernung von Berlin: 210 km
Postleitzahl: 17368
Vorwahl: 039771
Information: Schulstraße 18, T 3233

Geschichte

Ueckermünde war einst slawischer Handelsplatz und erhielt 1260 durch die pommerschen Herzöge Stadtrecht. 1546 erbaute der Pommernherzog das zum Teil noch erhaltene Schloß auf einer alten Burganlage. Im Dreißigjährigen Krieg kam die Stadt in den Besitz von König Gustav Adolf und gehörte von da an zu Schweden. Erst 1720 wurde Ueckermünde preußischer Besitz. Eine Münzstätte, Ziegelindustrie und der im 18. Jahrhundert aufblühende Schiffbau verhalfen der Stadt zu wirtschaftlichem Wohlstand.

Sehenswürdigkeiten

Das **ehemalige Schloß** der pommerschen Herzöge, nahe der Brücke im Stadthafen (heute Sitz der Stadtverwaltung). Besonders empfehlenswert ist das **Haffmuseum** im Turm des Schlosses. Es bietet nicht nur einen schönen Blick über Stadt- und Heidelandschaft, sondern zeigt anschaulich die Entwicklung der Stadt, der Schiffahrt und des Handwerks.
Gut erhaltene **Fachwerkspeicher und Giebelhäuser** mit alten Walmdächern säumen den heimeligen **Marktplatz**. Zwischen Hafen und Markt ragt die **Marienkirche** auf, ein Backsteinbau mit neugotischem Turm.
Im kleinen **Zoo** am Oderhaff ist ein sogenannter kulturhistorischer Bereich mit Bockwindmühle, Fischerhaus und Backofen zu sehen.

Hinweise

Vom Hafen aus finden täglich Ausflugsfahrten mit großen und kleineren Fahrgastschiffen auf das Haff und nach Polen zum zollfreien Einkauf statt. Kurzer Besuch von Swinemünde ist möglich.
Zu empfehlen sind Radwanderungen auf gut beschilderten Wegen in die landschaftlich reizvolle Umgebung.
Ende August finden jedes Jahr die „Hafftage" statt, mit Segelregatten, Strandsport und Volksfest.
Empfehlenswert das in einem alten Speicherhaus neu eingerichtete Restaurant „Wirtshaus am Speicher" mit preiswerten und guten Gerichten in romantischer Umgebung.

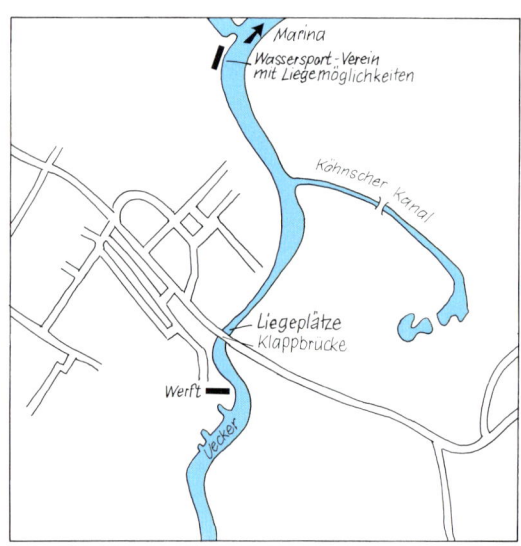

Was ist wo?

Liegeplätze: Stadthafen am alten Bollwerk, Duschen, Toiletten im Hafenbüro, T 3181; weitere Liegeplätze in den Segelklubs, nach Ende der Bauarbeiten auch im Yachthafen Ueckermünde der Ueckerkopf GmbH nach Einfahrt in die Uecker an Backbord.
Tankstelle: am Hafen geplant; vorläufig Aral, Chausseestraße 71, 2 km vom Hafen
Postamt: Goethestraße; **Telefon:** am Hafen
Bäckerei: 2 Min. Ueckerstraße, Richtung Markt
Supermarkt: Ueckerstraße, 1 km Richtung Busbahnhof
Fahrradverleih: am Bahnhof u. Fa. Weber, Ueckerstraße
Wäscherei/Reinigung: Am Schweinemarkt, Fa. Rehbein
Krankenhaus, Apotheke, Ärzte: ausreichend vorhanden
Notruf: T 11995

Waren

Die Kreisstadt an der Müritz hat sich zum Zentrum des Erholungsgebiets rund um den Müritzsee entwickelt. Im Stadthafen sind ausreichend Liegeplätze für besuchende Yachten vorhanden.
Bahnverbindungen (T 590) bestehen nach Berlin und Rostock.

Entfernung von Berlin: 167 km
Postleitzahl: 17192
Vorwahl: 03991
Information: Kietzstraße 13a, T 4536

Geschichte

Bereits vor 1200 war dieses Gebiet slawisch besiedelt, dann gründeten deutsche Kaufleute und Handwerker das Stadtzentrum um den alten Markt. Bis zum Ende des 19. Jahrhunderts bildete Waren das Zentrum des Getreidehandels im südöstlichen Mecklenburg.

Sehenswürdigkeiten

Auf das 13. Jahrhundert gehen die Kirchen **St. Georg** und **St. Marien** zurück. Der älteste Profanbau ist das **Rathaus** aus dem 17. Jahrhundert, das mit seinen meterdicken Wänden den Stadtbrand von 1669 überstand. Schönster Fachwerkbau ist die **Löwenapotheke**. Reste des ehemaligen **Stadtwalls** sind an den besonders niedrigen Häusern an der Oberwallstraße zu erkennen. Sehenswert auch das **Müritz-Museum**, in dem die Entstehung der Landschaft Mecklenburg-Vorpommerns unter dem Einfluß des Menschen von der Eiszeit bis zur Gegenwart methodisch und didaktisch hervorragend aufbereitet wurde.

Hinweise

Veranstaltungen: Volksfest mit Trachten und Tänzen im Juli.
Ausflüge: Der Müritz-Nationalpark (310 km^2) dehnt sich von Waren bis Wesenberg aus. Er umfaßt mehr als 100 Seen, Moore und Wälder. Die Möglichkeiten für Wanderungen sind unbegrenzt. Auch geführte Wanderungen, z.B. per Rad, können durch den Nationalpark unternommen werden. Vorschläge: Kölpinmole über den Elde-Kanal, der die Müritz mit dem Kölpinsee verbindet, zum Schloß Klink (9 km); Wanderweg Ecktannen (7,5 km) im Müritz-Nationalpark; rund um den Tiefwassersee (8 km).

Was ist wo?

Liegeplätze: Stadthafen
Reparaturen: Bootswerft Christen Kamerun, T 3261; Müritz-Marina, Am Seeufer 73, T 732202; H.-W. Felten & Sohn, Müritzstraße 11, T 2079
Tankstelle: Shell, Strelitzer Straße
Postamt: Güstrowstraße; **Telefon:** u.a. Hafen, Markt
Bäckerei: Jalast, Lange Straße
Supermarkt: Aldi, Familia, Strelitzer Straße
Fahrradverleih: u.a. Bahnhof, T 590; K. Schwarz, Fontanestraße, T 2662
Wäscherei/Reinigung: Nähe Hafen, Rosenthalstraße
Krankenhaus, Apotheke, Ärzte: Kreiskrankenhaus, Weinbergstraße; Löwen-Apotheke, Neuer Markt 22; Ärzte ausreichend vorhanden
Notruf: Polizei, T 560

Wesenberg

Die kleine Stadt am Woblitzsee bietet dem Wasserwanderer sehr gute Liegeplätze im Stadthafen.
Vom Bahnhof (T 20204) gehen Personen- und Eilzüge in Richtung Neustrelitz und Wittenberge.

Entfernung von Berlin: 126 km
Postleitzahl: 17255
Vorwahl: 039832
Information: Markt 3, T 20212

Geschichte

Um 1250 von Fürst Nikolaus I. am Ufer der Woblitz gegründet. Reste einer Burg aus dieser Zeit erinnern an die Vergangenheit der Stadt.

Sehenswürdigkeiten

Ebenfalls aus dem 13. Jahrhundert stammt die **gotische Marienkirche** mit einer alten **Orgel**. Im Innern der Kirche befindet sich die sogenannte Teufelskette, die einer Sage nach vom Teufel geschmiedet wurde, nachdem der Schmied die Arbeit nicht zufriedenstellend ausgeführt hatte.
Vor der Backsteinkirche steht eine über 600 Jahre alte **Linde** mit dem beachtlichen Umfang von acht Metern. Noch gut zu erkennen sind die Spuren eines Prangers, an dem die Bürger in früheren Tagen für ihre Sünden angekettet und von den braven Kirchgängern angespuckt wurden.

Hinweise

Veranstaltungen: Woblitzfest, Strandfest, Kirchenkonzerte im Juni, Juli, August.
Ausflüge: Vorbei an der Burg, über die Havel, Richtung Ahrensberg und zum Vogelreservat. Aussichtspunkt Rotemoorberg (106 m). Naturschutzgebiet mit beschilften Seen. Am „Tiefen Trebin" Beobachtungsstand für seltene Vögel. Über den Wördelandberg erreicht man den Weißen See. Dort befindet sich ein Strandbad.
Für Naturfreunde empfiehlt sich ein Besuch der Vylymhütte in Userin, wo eine ständige Ausstellung der heimischen Tierwelt zu besichtigen ist.

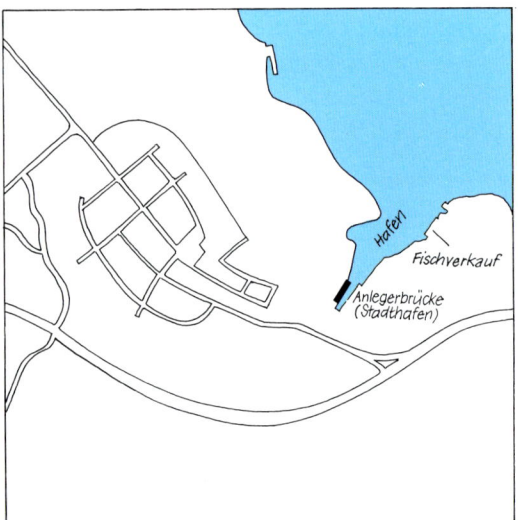

Was ist wo?

Liegeplätze: Sportboothafen an der Woblitz
Wassersportvereine: Sektion Kanu am Woblitzsee, T 20311; Union Wesenberg, Sektion Kanu, Markt 14
Tankstelle: an der B 198
Postamt: Ortsmitte; **Telefon:** Marktplatz
Bäckerei: Hohe Straße, Konditorei am Markt
Supermarkt: Pro Markt, Wendisch Tor
Fahrradverleih: Kurt Rehfeldt, Hohe Straße, T 20430
Wäscherei/Reinigung: Mittelstraße
Krankenhaus, Apotheke, Ärzte: Neustrelitz: Apotheke am Marktplatz; Dr. Henning, Bahnhofstraße 7, T 20240; Dr. Schneider, Lindenstraße 2, T 20229
Notruf: schnelle medizinische Hilfe T 115

Wittenberg

Die alte Lutherstadt an der Elbe hat bis jetzt noch keine offiziellen Liegeplätze für besuchende Yachten im Hafen. Oberhalb der Altstadt befindet sich aber ein Sporthafen, wo Gastboote festmachen können.
Bahnverbindungen in alle Richtungen vorhanden.

Entfernung von Berlin: 225 km
Postleitzahl: 06886
Vorwahl: 03491
Information: Collegienstraße 29, T 2239

Geschichte

1180 wurde Wittenberg zum ersten Mal urkundlich erwähnt und erhielt 1293 das Stadtrecht. Mit dem Ausbau zur befestigten Residenz wurde Wittenberg kurfürstliche Landeshauptstadt. Friedrich III. (der ,,Fuchs von Wittenberg") gründete 1502 die Universität. Sie wurde wenig später durch die Berufung Martin Luthers zum Ausgangspunkt der Reformation. 1517 schlug Martin Luther seine 95 Thesen an die Schloßkirche, und 1534 erschien die erste deutsche Bibelübersetzung. Als Folge des Schmalkaldischen Krieges verlor Wittenberg die Kurwürde und kam 1815 an Preußen.
Berühmte Zeitgenossen Martin Luthers traten in enge Beziehung zu Wittenberg, darunter Albrecht Dürer, Lucas Cranach d. Ä., Erasmus von Rotterdam, Ulrich von Hutten, Hans Sachs und Philipp Melanchthon.

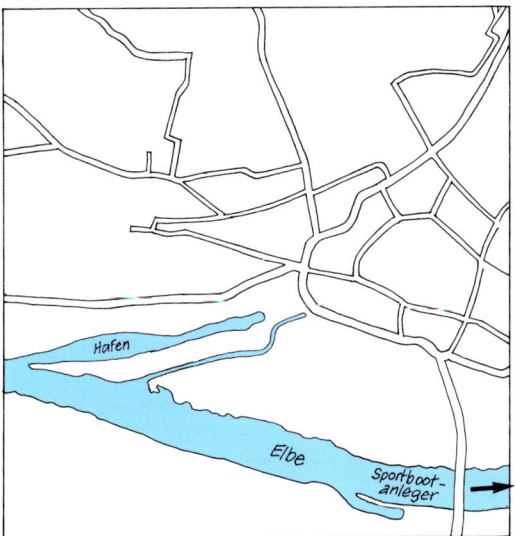

Sehenswürdigkeiten

Schloß und **Schloßkirche** wurden Anfang des 16. Jahrhunderts erbaut. Die **Stadtkirche St. Marien** war die Predigtkirche Luthers. Bedeutendes Kunstwerk ist der Reformationsaltar von Lucas Cranach d. Ä. In einem der schönen **Renaissancehäuser** am Markt war sein Wohnsitz als Apotheker, Bürgermeister und Hofmaler (Schloßstraße 1).
Das **Lutherhaus** ist heute Museum mit der bedeutendsten Sammlung der Reformationszeit. Wenige Meter entfernt steht das **Melanchthonhaus**, ein Renaissancehaus. Auf dem Markt die **Denkmale Luthers** und **Melanchthons**.

Hinweise

Veranstaltungen: im Sommer u.a. Altstadtfest; Sommerfilmnächte auf der Schloßwiese.
Ausflüge: Wörlitzer Park (23 km), erster Landschaftspark nach englischem Vorbild mit klassizistischem Schloß.

Was ist wo?

Liegeplätze: Sporthafen oberhalb der Altstadt (km 213 RU)
Tankstelle: Dresdener Straße (600 m)
Postamt: Friedrichstraße 1; **Telefon:** u.a. Schloßkirche
Bäckerei: 2 km vom Hafen, Stadtmitte
Supermarkt: 500 m vom Hafen ,,Kondi"
Fahrradverleih: Stadtmitte
Wäscherei/Reinigung: Stadtmitte
Krankenhaus, Apotheke, Ärzte: Paul-Gerhard-Stift, T 420-0; Cranach-Apotheke, T 2002 Stadtmitte; Ärztehaus, Lutherstraße 51–53
Notruf: Polizei T 540, Krankenwagen T 115

Wolgast

Wolgast am Peenestrom ist das Tor zur Insel Usedom. Die Stadt des Schiffbaus bietet Yachten gute Liegemöglichkeiten im Hafen oder in den Klubs.
Vom Busbahnhof am Speicher (Hafen) gehen Busse nach Anklam, Greifswald, Stralsund, in die umliegenden Orte und zur Insel Usedom.

Entfernung von Berlin: 250 km
Postleitzahl: 17438
Vorwahl: 03836
Information: Swinkestraße, T 600118

Geschichte

Wolgast ist eine der ältesten Siedlungen an der Osteeküste (schon 630 slawische Burg auf einer Halbinsel der Peene). 1282 Stadtrecht, 1295–1625 herzogliche Residenz, nach dem Dreißigjährigen Krieg bis 1815 schwedisch. Wegen der günstigen Lage entwickelten sich Handel und Gewerbe, Wolgaster Schiffe segelten unter schwedischer Flagge auf den Weltmeeren. Ehemalige Kapitänshäuser und mächtige Fachwerkhäuser prägen auch heute noch das Bild der Stadt. Der Grundriß hat sich seit dem Mittelalter kaum verändert, da nach dem großen Brand 1713 die Bürger aus Armut ihre Behausungen auf den Ruinen aufbauten. Nach den Befreiungskriegen wurde Wolgast preußisch, Schiffahrt und Getreidehandel blühten wieder auf. In der Peenewerft wurden Kriegsschiffe gebaut.

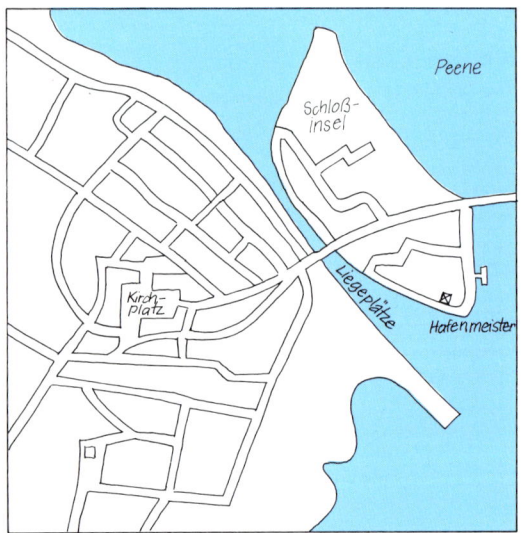

Sehenswürdigkeiten

Getreidespeicher am Hafen, 1835 errichtet auf 99 Eichenpfählen, größter Getreidespeicher an der Ostseeküste. Reste der alten **Stadtmauer**, Backsteinhallenkirche **St. Petri** mit gotischen Wandmalereien und einem Totentanzzyklus (1700) nach Holzschnitten Holbeins. Das **Heimatmuseum**, wegen seiner originellen Bauweise auch „Kaffeemühle" genannt, wird wieder in seinem ursprünglichen Zustand rekonstruiert.
Unweit des Getreidespeichers steht das **Geburtshaus von Philipp Otto Runge**, neben Caspar David Friedrich der bedeutendste Vertreter der romantischen Malerei.

Hinweise

Ausflüge auf die Insel Usedom. Besuch des Weidehofs (unweit des Tierparks), eines denkmalgeschützten Bauernhofs; im Wohntrakt ist ein historisches Klassenzimmer eingerichtet. Freilichtmuseum „Zu den Steinmühlen", urgeschichtliche Sammlung von Mühlen etc.

Was ist wo?

Liegeplätze: im Hafen, mit Stromanschluß, Toiletten, Duschen; außerdem Bootsbedarfsgeschäft
Yachtklubs: Segelverein „Wolgaster Greif", Schloßinsel, Gastliegeplätze bis 1,20 m Tiefgang, T 2476; Segel-Club Wolgast, Dreilindengrund, Gastliegeplätze bis 1,80 m Tiefgang; Motorsportclub Wolgast e.V., August-Dähn-Straße 17
Tankstelle: Schwalbenweg (Wolgast-Mahlzow, 2. Straße rechts nach Brücke der Freundschaft)
Postamt: Platz der Jugend; **Telefon:** am Hafen
Bäckerei: Café Ecke Rathausplatz/Lange Straße
Supermarkt: Eurospar, Hufelandstraße (2. Querstraße der Chausseestraße nach Platz der Jugend)
Fahrradverleih: Fa. Maass in Mahlzow
Krankenhaus, Apotheke, Ärzte: Kreiskrankenhaus, Chausseestraße 46; Apotheken/Ärzte ausreichend vorhanden
Notruf: DRK, Hafenstraße 7, T 2268 oder 02/5101

Zehdenick

Am Rand der Schorfheide, des großen Naturschutzgebiets, liegt die 700 Jahre alte märkische Stadt Zehdenick. Durch ihre Lage an der Havel ist sie ein wichtiger Knotenpunkt für den Wassersporttourismus. Von hier führt der Weg in die Müritz. Für Gastboote sind ausreichend Liegeplätze im Schleusenbereich sowie im Yachthafen vorhanden.
Vom Bahnhof (T 2297) gehen Züge nach Templin, nach Löwenberg und Oranienburg. Ab Oranienburg besteht Fernbahnanschluß in alle Richtungen. S-Bahn nach Berlin.

Entfernung von Berlin: 60 km
Postleitzahl: 16792
Vorwahl: 03307
Information: Schleusenstraße 15, T 2877

Geschichte

Brandenburgische Markgrafen hatten das Zisterzienserkloster um 1250 gestiftet, wovon heute noch beachtliche Reste zu sehen sind. Die Stadt gehörte zum Schloß, das im Besitz einflußreicher Adeliger war.
Bereits im Mittelalter wurde die Havel aufgestaut. Durch die Entdeckung riesiger Tonlager zu beiden Seiten des Flusses gewann die Havel im 18. Jahrhundert als Transportweg an Bedeutung. Zehdenick nahm großen wirtschaftlichen Aufschwung als Standort der größten europäischen Ziegelproduktion. Berlin wurde zum größten Teil mit Ziegeln aus Zehdenick erbaut. Erst 1991 wurden die Brennereien stillgelegt.

Hinweise

Die Umgebung von Zehdenick – eine gute Stunde von Berlin entfernt – bietet zahlreiche Wanderwege am Havelufer und in der Schorfheide. Dort findet man ein wahres Pflanzen- und Tierparadies (u.a. Fischotter und Biber). Die Waldreviere und Wege von Exin und Wolfsgarten mit einzigartiger Fauna und Flora sind gut beschildert. Zu beiden Seiten der Havel befinden sich etwa 50 kleine künstliche Seen, ehemalige Tonrestlöcher der Ziegelindustrie. Die mit Grundwasser aufgefüllten kleinen Seen laden zum Baden und Angeln ein. Ausflüge: Rheinsberg, Neuglobsow, Gransee, Templin, Boitzenburg, Kloster Chorin.
Veranstaltungen: monatlich wechselnde Ausstellungen und Künstlerabende in der Markt- und Klostergalerie. In den umliegenden Gemeinden Ernte-, Schützen- und Reiterfeste.

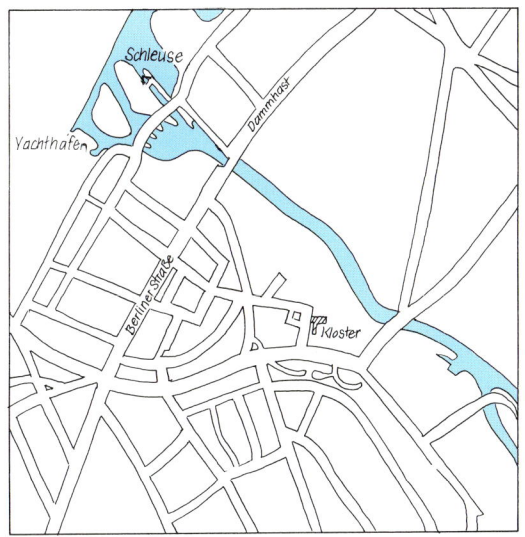

Was ist wo?

Liegeplätze: An der Schleuse, Treidelweg, sowie im Yachthafen
Yachtklubs: Wassersportclub e.V. Zehdenick, Bootshaus an der Schleuse; Wassersportfreunde 09, Holzhafen Zehdenick e.V., F. Becker, Schleusenstraße 6, T 2276
Tankstelle: Aral, Castrop-Rauxel-Allee, T 2291
Postamt: R.-Breitscheid-Straße 1, T 2624; **Telefon:** Marktplatz
Bäckerei: Kindler, Berliner Straße 32, T 2344
Supermarkt: Einkaufszentrum Plus, Kaiser's, Grünstraße
Fahrradverleih: Dammhaststraße 50, T 310032
Wäscherei/Reinigung: Poststraße 15, T 36482
Krankenhaus, Apotheke, Ärzte: nächstes Krankenhaus in Gransee; Havelapotheke Dammhaststraße 44, T 2343; allg. Ärzte Bahnhofstraße 1, T 2642
Notruf: DRK-Rettungsdienst T 112 oder Gransee T 03306-2222 und 2458

Zinnowitz/Usedom

Usedom ist die zweitgrößte Insel Deutschlands (440 km²) und besitzt 10 Binnenseen, ausgedehnte Wälder und Heide sowie tiefe Einbuchtungen des Achterwassers. Beim Yachtklub in Zinnowitz am Achterwasser sind Gastlieger willkommen.

Entfernung von Berlin: 250 km
Postleitzahl: 17454
Vorwahl: 038377
Information: Makarenkostraße 1, T 2220

Geschichte

Zinnowitz wurde 1309 zum ersten Mal urkundlich erwähnt, und zwar mit dem slawischen Namen „Tzys" (abgeleitet von zitno = Kornfeld). 1630 landete König Gustav Adolf von Schweden bei Peenemünde, um im Dreißigjährigen Krieg seinen Feldzug durch Deutschland zu beginnen. Seit 1751 war Zinnowitz königlich-preußische Domäne.

Sehenswürdigkeiten

Das Seebad Zinnowitz ist ein guter Ausgangspunkt, um die Insel Usedom kennenzulernen. Sehenswert ist unter anderem die **Ahlbecker Seebrücke**. Sie ist die einzige alte Landungsbrücke für Ausflugsdampfer, die es auf der Insel und an der Küste Mecklenburg-Vorpommerns noch gibt. In Benz stehen die noch immer intakte **Holländerwindmühle** aus dem Jahr 1863 und die **St. Petri-Kirche** von 1229. In Koserow entstanden um 1820 die ersten **Salzhütten** am Strand zur Lagerung von steuerfreiem Salz. Das 1991 eröffnete **Raketen- und Raumfahrtmuseum** im großen ehemaligen Schaltbunker des Kraftwerks in Peenemünde dokumentiert die Geschichte der ehemaligen Heeresversuchsanstalt.

Hinweise

Veranstaltungen: Die Seebäder haben in den Sommermonaten für ihre Gäste eine Vielfalt von Veranstaltungen anzubieten: Kurkonzert, River-Boat-Party, Umzug, Dorffest, Kindertag, Tanzabend, Puppentheater, Lesungen, Vorträge und vieles mehr. Informationen darüber bei den jeweiligen Fremdenverkehrsämtern.
Ausflüge: Die Insel Usedom mit ihren gegensätzlichen Landschaften bietet nicht nur ideale Sandstrände, sondern auch Wander- und Radwege durch die waldreiche Umgebung. Höchste Erhebung ist der Streckelberg (60 m) bei Koserow.

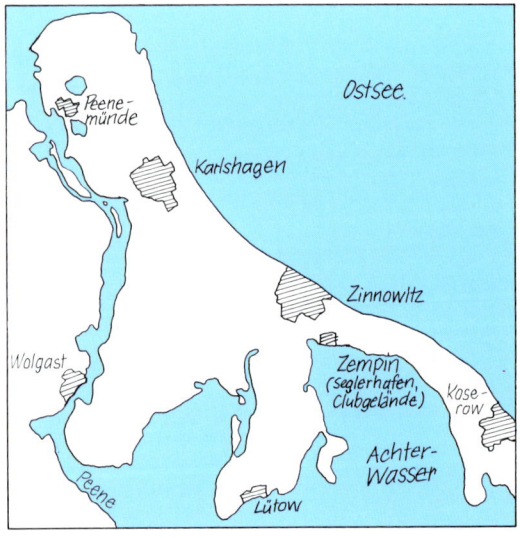

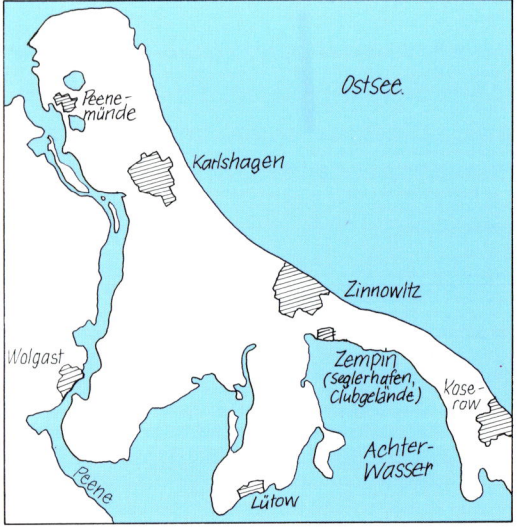

Elbe-Havel-Wasserstraße

Bundeswasserstraße aus:
Niegripper Verbindungskanal von
km 1,78 bis km 0,0 Niegripp
Elbe-Havel-Kanal km 326 bis km 370
Großer Wendsee km 379 bis km 382 (Kirchmöser)

Geringste Durchfahrtshöhe:	4,45 m
Geringste Durchfahrtsbreite:	9,00 m
Geringste Tauchtiefe:	2,00 m

Allgemeines

Die Kanalverbindung von der Elbe über die Schleuse Parey oder die Schleuse Niegripp und den Niegripper Verbindungskanal über Genthin, den Wendsee und Plauer See nach Plaue und Kirchmöser wird in erster Linie von der Berufsschiffahrt genutzt. Im Vergleich zu den paradiesisch schönen Wasserwegen in anderen Teilen der Mark Brandenburg hat dieser Kanal wenig an landschaftlichen Reizen aufzuweisen.

Von der unteren Elbe aus bietet sich als Einfahrt zunächst die Schleuse Parey an, über die man nach wenigen Kilometern des Pareyer Verbindungskanals den Elbe-Havel-Kanal erreicht.

Von Magdeburg aus, also über den Mittellandkanal aus dem Raum Hannover-Wolfsburg kommend, kann man bereits bei Niegripp in die Schleuse einfahren und gelangt dann durch den Niegripper Verbindungskanal in den Elbe-Havel-Kanal. Auf diesem Weg ist allerdings eine Schleuse mehr zu durchfahren, im ganzen sind es dann drei Schleusen bis Wusterwitz. Schon deshalb, aber auch weil man auf der Elbe abwärts parallel zum Kanal schneller vorankommt, ist die Schleuse Parey vorzuziehen.

Die Kilometrierung der Wasserstraße schließt mit km 326 an den Mittellandkanal an, der ursprünglich über eine Schiffbrücke mit dem Elbe-Havel-Kanal verbunden werden sollte. Der Zweite Weltkrieg verhinderte die Vollendung des Projekts, das jetzt als „Projekt 17" nach der Wiedervereinigung erneut in Angriff genommen wird.

Von der Schleuse Parey aus erreicht man nach 10 km Fahrt Genthin, eine Industriestadt mit wenig Anlegemöglichkeiten und leider vielen stillgelegten Fabriken. Man findet allenfalls einen Liegeplatz im Westeingang des Altenplathower Altkanals.

Von Genthin sind es dann noch 16 km bis zum Großen Wendsee und weitere 2 km bis Plaue und dem gegenüberliegenden Kirchmöser. Dort sind mehrere Wassersportvereine angesiedelt, die Liegeplätze für Gastlieger bereithalten.

Vom Plauer See ist es nicht mehr weit nach Brandenburg; man erlebt von da an die ersten Landschaftseindrücke des märkischen Seengebiets der Havel.

Streckentabelle

	km	Ufer
Schleuse Niegripp (1), Niegripper Verbindungskanal	0,0	
Niegripper Verbindungskanal/ Elbe-Havel-Kanal	326	
Einfahrt in Kiesgrube Niegripp, Liegeplätze	329,7	R
Schleuse Zerben (2)	345	
Einmündung Pareyer Verbindungskanal	351	
Schleuse Parey (4)		
Genthin	361 bis 365	
Schleuse Wusterwitz (3)	376,8	
Kirchmöser-Plaue	380	
Mündung in die Untere Havel-Wasserstraße (Plauer See)	382	

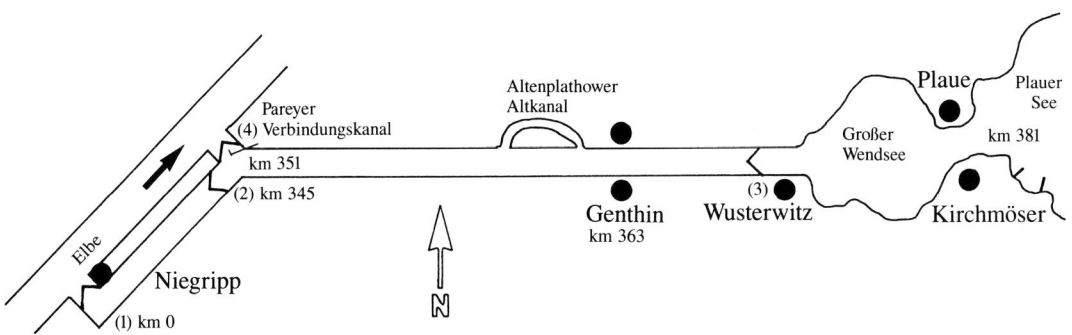

Untere Havel-Wasserstraße

Bundeswasserstraße
von km 0,0 Berlin-Spandau/Spreemündung,
bis km 148,5 Mündung in die Elbe bei Havelberg

Geringste Durchfahrtshöhe:
4,21 m (Dischingerbrücke Berlin-Spandau)
3,43 m bei höchstschiffbarem Wasserstand an der Schleusenbrücke (Feldwegbrücke) Bahnitz.
Bei mittlerem Wasserstand beträgt die DFH hier 4,75 m.

Geringste Tauchtiefe:
2,00 m (auch Wasserstand beachten!)

Allgemeines

Die Untere Havel-Wasserstraße (UHW) verbindet Berlin mit der Elbe bei Havelberg. Von hier aus ist es dann nur eine kurzes Stück Elbefahrt bis Dömitz, wo die Müritz-Elde-Wasserstraße beginnt und man über die Müritz, die Müritz-Havel-Wasserstraße, die Obere Havel-Wasserstraße und die Havel-Oder-Wasserstraße wieder nach Berlin fahren kann. Hier bietet sich für den Wasserwanderer eine einmalige und schöne Rundfahrt an, ganz gleich, wo man sie beginnt und in welcher Richtung der Kreis gefahren wird.
Am Plauer See (UHW-km 66,7) mündet der Elbe-Havel-Kanal in die Untere Havel-Wasserstraße und stellt eine weitere Verbindung zur Elbe her. Man erreicht nach kurzer Elbfahrt stromauf den Abstiegskanal Rothensee (Schiffshebewerk) und den Mittellandkanal. Am Beginn der Unteren Havel-Wasserstraße in Berlin-Spandau mündet die Spree-Oder-Wasserstraße ein, die in östlicher Richtung zur Oder bei Eisenhüttenstadt führt. Die Untere Havel ist besonders reizvoll als kombinierte Fluß-, Kanal- und Seenstrecke. Die Ufer sind nicht durch Dämme verbaut und erlauben fast überall einen freien Blick in die abwechslungsreiche, zum Teil hügelige Waldlandschaft.

Das Gefälle der Havel ist sehr gering, Strömung kaum vorhanden. Der Wasserstand und damit die Tauchtiefen und Brückendurchfahrtshöhen unterliegen deshalb – je nach Jahreszeit – nur kleinen Schwankungen, die für Sportboote kaum ins Gewicht fallen. Zu beachten ist die Durchfahrtshöhe der Steintorbrücke oberhalb der Stadtschleuse im Brandenburger Stadtkanal: Ihre Durchfahrtshöhe beträgt maximal 2,70 m bei normalem Wasserstand. Boote, die hier nicht durchpassen, müssen die Vorstadtschleuse bei km 55,6 an der Unteren Havel-Wasserstraße (östlich vom Silokanal) benutzen. Der Silokanal ist für Sportboote gesperrt.
Die vielen Seen machen die Fahrt zwischen Berlin und Plaue zu einem besonderen Erlebnis. Will man es noch steigern, wählt man bei Potsdam statt des Sacrow-Paretzer Kanals die Fahrt über die Potsdamer Havel, ein Umweg, der sich der Landschaft wegen auf jeden Fall lohnt.

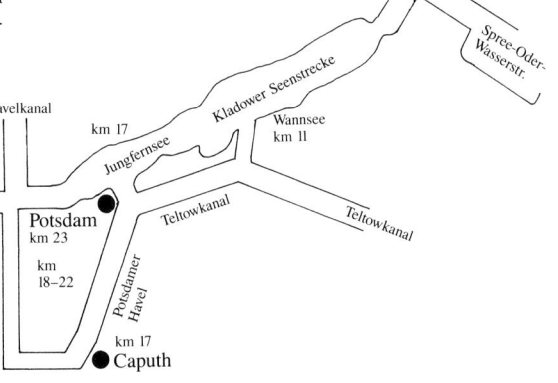

Streckentabelle für die Untere Havel-Wasserstraße

	km	Ufer
Schleuse Spandau (bis auf weiteres gesperrt)	0,0	
Insel Schwanenwerder – Einfahrt Wannsee, von dort kleine Abzweigung zum Teltowkanal mit nur 1,5 m Tauchtiefe	11,4–14	L
Pfaueninsel (Anlegeverbot), Ankern erlaubt	13,0–15	L
Glienicker Brücke – Abzweigung Teltowkanal, Abzweigung Potsdamer Havel (Jungfernsee)	17	R
Caputh an der Potsdamer Havel, Durchfahrt zum Schwielowsee (km-Angabe der Potsdamer Havel)	17	R-L
Templiner See, Marina Pirschheide, S-Bahn, Tankstellen, Stadt Potsdam (km-Angabe Potsdamer Havel)	18–22	
Jungfernsee. Fortsetzung Untere Havel-Wasserstraße, Abzweig Havelkanal, Einmündung Potsdamer Havel	33	R-L
Ketzin, Liegemöglichkeit, Fahrwasserverzweigungen	35	R-L
Brandenburg, Stadtschleuse (2), Vorstadtschleuse (1)	55	
Plauer See, Plaue, Sportboothäfen Kirchmöser, Verzweigung Elbe-Havel-Kanal und Untere Havel-Wasserstraße	66,7	R-L
Werft Plaue	68,5	L
Briest	72,0	R
Einmündung Pritzerber See	78,4	R
Schleuse Bahnitz	81,9	
Hafen Döberitz	86,9	R
Schleuse Rathenow	103,4	
Einmündung Hohennauener Wasserstraße	111,9	R
Schleuse Grütz	116,9	
Schleuse Garz	129,0	
Werft Havelberg	145,1	L
Einfahrt Winterhafen/Mündungsstrecke	145,8	R
Schleuse Havelberg	147,1	

Havel-Oder-Wasserstraße

Bundeswasserstraße
von km 0,0 Berlin-Spandau/Spreemündung
bis km 93,6 Hohensaaten/Mündung in die Oder

Geringste Durchfahrtshöhe:
4,10 m (Eisenbahnbrücke Zerpenschleuse)
Geringste Tauchtiefe: 2,00 m

Allgemeines

Die Havel-Oder-Wasserstraße beginnt in Berlin-Spandau und stellt die nordöstliche Verlängerung des gesamten westlichen Kanalsystems aus Richtung Magdeburg, Havelberg, Brandenburg, Potsdam sowie dem Raum Berlin einerseits und die Verbindung der Oder mit dem nördlichen Kanalsystem in Richtung Neuruppin, Müritz, Dömitz und Hohensaaten andererseits dar. Am Beginn der Havel-Oder-Wasserstraße in Spandau mündet aus Osten die Spree-Oder-Wasserstraße mit Verbindung zur Dahme und über den Oder-Spree-Kanal auch zur Oder bei Eisenhüttenstadt.

Es handelt sich also bei der Havel-Oder-Wasserstraße um einen der wichtigsten Wasserwege, der vollständig kanalisiert ist und daher erheblichen Berufsverkehr aufweist. Jeder Wasserwanderer wird bei einem größeren Törn durch die Mark Brandenburg und Mecklenburg-Vorpommern diesen Wasserweg benutzen.

Die Wassertiefen und Durchfahrtshöhen sind für Sportboote durchweg unkritisch. Die Landschaft wird erst hinter Oranienburg durch bewaldete Ufer ansprechend. Hier findet sich auch die eine oder andere Liegemöglichkeit für größere Boote, etwa in der Marina Havelbaude oder der Marina in Marienwerder. Auch sind an der verbreiterten Havel zwischen Tegelort und Heiligensee mehrere Yachtklubs mit zum Teil umfangreichen Steganlagen angesiedelt.

Streckentabelle

	km	Ufer
Schleuse Spandau (bis auf weiteres gesperrt)	0,5	
Einmündung Havelkanal (nach Paretz/Untere Havel)	10	L
Brücke Hennigsdorf (Notliegeplatz)	13	L
Veltener Stichhafen (Industriehafen)	15,2	L
Marina Havelbaude (Restaurant, Werkstatt, Slipwagen, Strom, Wasser)	18	R
Einmündung Oranienburger Kanal (nach Ruppiner Gewässer, Obere-Havel-Wasserstraße, Müritz)	20,8	L
Einmündung Oranienburger Havel (Zugang zur Stadtmitte Oranienburg, Liegeplätze)	24	L
Schleuse Lehnitz (1), Lehnitz-See (Liegeplätze, Zugang Stadt Oranienburg)	28,6	L
Einmündung Obere Havel-Wasserstraße, Malzer Kanal (Richtung: Liebenwalde, Mecklenburg, Müritz)	43,9	L
Einmündung Finowkanal (12 Schleusen)	50,4	R
Marina Marienwerder (zahlreiche Liegeplätze, Stromanschluß, Wasser, Wassertiefe 0,9 m)	54,5	R
Einmündung Werbelliner Gewässer	55	L
Eberswalde, Bollwerk Fahrgastschiffe (Liegen für Sportboote nicht erlaubt)	69	R
Schiffshebewerk Niederfinow (2)	78	
Ostschleuse Hohensaaten, Mündung in die Oder (3)	92,7	
Westschleuse Hohensaaten, Mündung in die Hohensaaten-Friedrichsthaler-Wasserstraße (HOFRIWA)/ Richtung Stettin (4)	92,8	

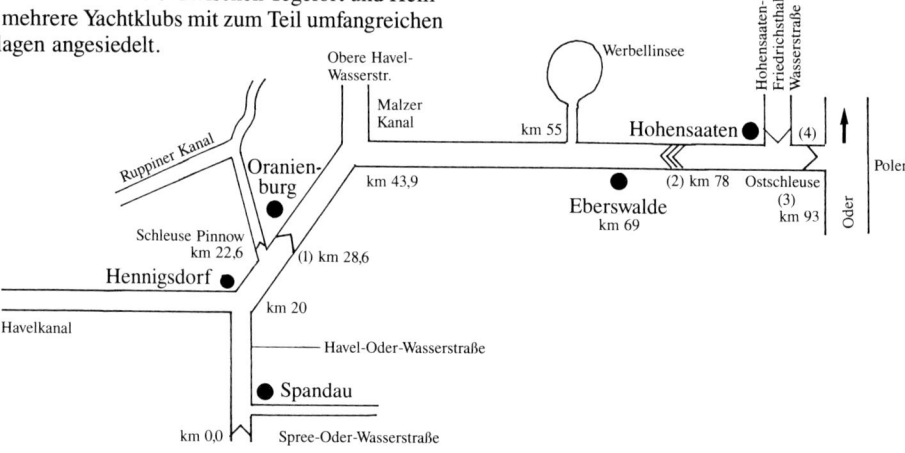

Ruppiner Gewässer

Ruppiner Wasserstraße
von km 0,0 Mündung in den Oranienburger Kanal
bis km 65 Lindow
Fehrbelliner Wasserstraße
von km 0,0 Mündung in die Ruppiner Wasserstraße
bei km 22
bis km 17 Fehrbellin

Geringste Durchfahrtshöhe:
3,3 m (Alt-Ruppin-Neumühle)
Geringste Durchfahrtsbreite:
4,3 m (Döringsbrücke bei Verlorenort)
Geringste Tauchtiefe:
1,4 m (im Rhin stellenweise nur 1,2 m)

Allgemeines

Man erreicht die Ruppiner Gewässer über den Oranienburger Kanal, der bei km 20 von der Havel-Oder-Wasserstraße abzweigt. Zunächst verläuft der Kanal ab km 0,0 in Oranienburg etwas eintönig und geradlinig. Es folgt bald die Schleuse Tiergarten und bereits 5 km danach die neu erbaute Schleuse Hohenbruch. Von hier an beginnt eine zauberhafte Landschaft. Der Kanal ist etwa 15 m breit und führt zunächst geradlinig, dann durch die Seen und Sümpfe des Kremmener Rhin und des Bützrhin nach Alt-Friesack. Die Fahrwasserbreite beträgt oft nur 10 m, und die Brücken haben knapp 4–5 Meter Durchfahrtsbreite. Bei km 22 zweigt der Alte Rhin ab in Richtung Fehrbellin, das nur 17 km entfernt am Ende des Kanals liegt. Man gelangt hinter dem Bützsee zur Schleuse Alt-Friesack, die für die Durchfahrt größerer Boote eine zweite Kammer besitzt.
Hinter der Straßenbrücke findet man einen sehr guten Liegeplatz in der Ortsmitte. Danach öffnet sich der langgestreckte, tiefe Ruppiner See, ein ideales Segelrevier. An seinem oberen Teil liegt die Fontane-Stadt Neuruppin. Sie besitzt eine ausnehmend attraktive Wasserfront mit Anlegebrücken für die Fahrgastschiffahrt und einer breiten Promenade mit Hotels und Gaststätten. Liegeplätze sind vorhanden.
Am Ende des Sees fährt man in die schmale Mündung des Rhin und durch Alt-Ruppin zur Schleuse. Durch mehrere kleine Seen gelangt man in den Oberlauf des Rhin, eine außergewöhnlich schöne Flußlandschaft. Tauchtiefen nur um die 1,2 m bei genügend hohem Wasserstand. Die romantische Strecke führt später in den Gudelacksee und nach Lindow.

Streckentabelle

	km	Ufer
Schleuse Tiergarten bei Oranienburg (1)	2	
Schleuse Hohenbruch (2). Moderne Anlegestege im Ober- und Unterwasser vorhanden	7	
Abzweigung Fehrbelliner Gewässer	22	L
Schleuse Alt-Friesack (3). Bei Tiefgang über 1 m zweite Kammer fluten lassen	29	
Beginn Ruppiner See. Wustrau, Ziethen-Schloß, Bollwerk zum Anlegen	30	L
Stadt Neuruppin. Wasserfront mit Liegeplätzen. Gaststätten, Pfarrkirche	40,5	L
Schleuse Alt-Ruppin (4)	45	
Zermützelsee, Beginn der Rhin-Strecke bei Fristow	53	
Gudelacksee km 61–65, Stadt Lindow. Liegemöglichkeiten	65	

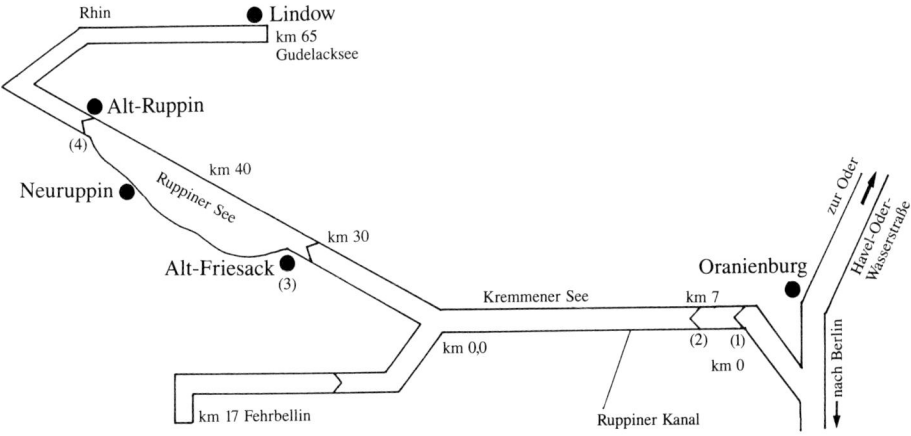

Obere Havel-Wasserstraße

Bundeswasserstraße
von km 0,0 Einmündung Havel-Oder-Wasserstraße,
bis km 66,7 (94,4 Neustrelitz)
Geringste Durchfahrtshöhe:
3,5 m (Eisenbahnbrücke vor Neustrelitz)
Geringste Durchfahrtsbreite: 5 m
Geringste Tauchtiefe:
1,4 m (Wasserstand je nach Jahreszeit)

Allgemeines

Die Obere Havel ist ein alter Schiffahrtsweg, schon im 17. Jahrhundert kanalisiert, und stellt die wichtige Verbindung zwischen den märkischen Gewässern und der Mecklenburger Seenplatte her. In 11 Schleusen wird ein Höhenunterschied von etwa 22 m überwunden.
Die Obere Havel beginnt bei Liebenwalde. Vorher dient der Malzer Kanal als Verbindung zum Oder-Havel-Kanal. Kilometer 0,0 ist bei Liebenwalde. Von dort verläuft das erste Stück als Vosskanal bis Zehdenick.
Danach fließt die Havel durch ein ausgedehntes Gebiet von Teichen und kleinen Seen, wo früher zahlreiche Ziegeleien betrieben wurden. Ab Burgwall (Marina mit Strom, Wasser, Gasthaus) windet sich die Havel dann durch Waldgebiete. Hier zweigen die besonders romantischen Templiner Gewässer ab, Tauchtiefe nur 1,20 m. Ankermöglichkeit im Röddelinsee (Schleuse gesperrt). Es folgt eine 18 km lange Waldfahrt bis Bredereiche; weiter schlängelt sich der Fluß durch Wälder bis zum Stolpsee und von dort bis zur Kreisstadt Fürstenberg. Hinter Fürstenberg öffnet sich der Röblinsee, und danach führt der Wasserweg durch die Windungen der Steinhavel und zwei weitere Seen in den Ellbogensee, wo bei Priepert die Müritz-Havel-Wasserstraße abzweigt.
Als „Sackstraße" ist die Obere Havel von hier noch bis Neustrelitz befahrbar. Man gelangt durch den Kammerkanal und durch mehrere Seen, von denen der Große Priepertsee und der Wangnitzsee die landschaftlich schönsten sind, zunächst weiter bis Wesenberg und in den Woblitzsee. Es folgen weitere große Seen, bis man am Ende in den sehr flachen Zierker See einfährt, an dessen rechtem Ufer die Stadt Neustrelitz liegt. Die gesamte Strecke zeichnet sich aus durch herrliche Waldlandschaft und viel Abwechslung, auch in den Wassertiefen, die von 1,30 m an einigen Flachstellen bis zu 30 m im Priepertsee reichen. Nirgends sonst gibt es so klares und sauberes Wasser. Liegeplätze findet man in Zehdenick, Burgwall, Bredereiche, Fürstenberg und Wesenberg; in Fürstenberg gibt es sogar eine Wassertankstelle im Oberwasser der Schleuse. In allen Seen kann man ankern; es stehen in den Seitenkanälen und in den Seen eine Reihe von Liegeplätzen zur Verfügung.

Streckentabelle

	km	Ufer
Schleuse Liebenwalde.		
Kilometerangabe Malzer Kanal (1)	45,3	
Schleuse Bischofswerder (2)	4,5	
Schleuse Zehdenick (3). Liegeplatz und Gaststätte im Oberwasser	15,9	
Einmündung Wentow-Kanal bei Burgwall	24,9	R
Schleuse Marienthal (8)		
Einmündung Templiner Gewässer. Wassertiefe 1,20 m, 12 km bis Templin; km 3,6: Schleuse Kannenburg (9)	32	L
4 Schleusen: Schorfheide, Zaaren, Regow, Bredereiche (10)	35–50,8	
Einmündung Lychener Gewässer. Schleuse Himmelpfort km 0,2	55	L
Schleuse Fürstenberg (4), Stadtmitte. Liegeplätze und Tankstelle.	60,7	
Schleuse Steinhavel (5). Große alte Mühle	64,6	
Einmündung Müritz-Havel-Wasserstraße im Ellbogensee bei Priepert. Obere Havel weiter durch Priepert	72,5	R
Schleuse Wesenberg (6)	81,6	
Schleuse Voßwinkel (7)	88	
Hafen Neustrelitz, z.T. 0,8 m Wassertiefe	94,4	

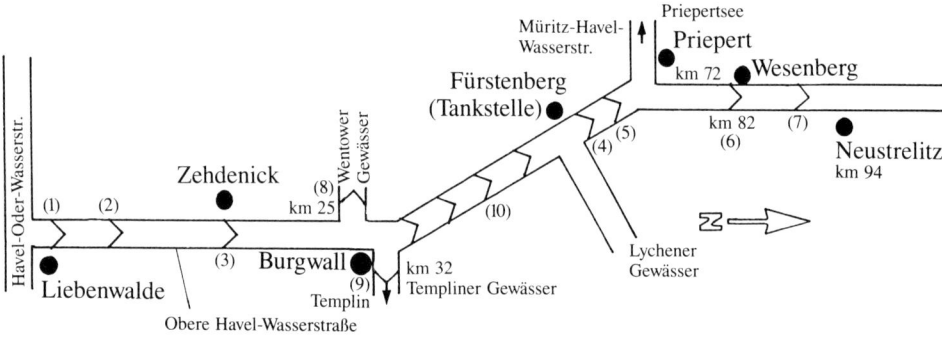

Müritz-Havel-Wasserstraße

Bundeswasserstraße
von km 0,0 Ellbogensee bei Priepert
bis km 31,9 Einmündung Müritz-Elde-Wasserstraße

Geringste Durchfahrtshöhe:
4 m (Straßenbrücke Mirow)
Geringste Durchfahrtsbreite: 5 m
Geringste Tauchtiefe: 1,4 m

Allgemeines

Obwohl die Länge der Müritz-Havel-Wasserstraße nur 31,9 km beträgt, umfaßt sie ein riesiges Seengebiet, teils in der Mark Brandenburg, zum größten Teil aber in Mecklenburg. Wir finden hier ein wahres Wassersportparadies (Mecklenburger Seenplatte), dessen genaue Schilderung einen eigenen Band erfordern würde. Es seien deshalb nur die bei der kürzesten Durchfahrt berührten Landmarken erwähnt. Die zum Teil kanalisierte, zum überwiegenden Teil aber durch Seen führende Strecke verbindet die Obere Havel mit der Müritz-Elde-Wasserstraße, die bei Dömitz in die Elbe mündet.

Wir beginnen im Ellbogensee und an der Abzweigung beim Städtchen Priepert und gelangen nach 2 km nach Strasen (Schleuse), wo sich ein kleiner Hafen, ein erstklassiges Hotel und gute Einkaufsmöglichkeiten befinden.

Von einem See zum anderen fährt man durch kleine, reizvolle Kanäle. Eine gute Karte ist erforderlich, will man jeweils die richtige Ausfahrt finden, da die Seen große Seitenarme besitzen, deren Ende nicht abzusehen ist, und auch alle Seen wieder durch Kanäle verbunden sind. Bei einer Schilfinsel im Pälitzsee zweigt man ab in die Rheinsberger Gewässer, an deren Ende man nach Rheinsberg und zu seinem berühmten Schloß gelangt. Durch einen Kanal geht die Fahrt dann über Mirow in die Kleine Müritz, wo die Wasserstraße offiziell endet und in die Große Müritz übergeht. Bei Mirow kann man abzweigen und gelangt durch einen kurzen Seitenkanal in den Mirower See, an dessen Ufer die Stadt Mirow und die vorgelagerte Schloßinsel liegen. Vom Mirower See aus geht eine 12 km lange Kanalstrecke weiter durch eine ganze Reihe von Seen bis in den Woterfilzsee.

In allen Seen kann geankert werden, da und dort sind auch Anlegebrücken und Stege anzutreffen, etwa im Repenter Kanal vor dem Großen Zechliner See. Liegeplätze sind in Mirow an der Schloßinsel und weiter nördlich am Seeufer zu finden, ebenso in Granzow und am Leppinsee.

Streckentabelle

	km	Ufer
Priepert am Ellbogensee	0,0	
Schleuse und Ortschaft Strasen (1), Hafen, Hotel, Forellenzucht	2,7	R
Einmündung Rheinsberger Gewässer. Schleuse Wolfsbruch 3 km (5), Rheinsberg 12 km, Liegemöglichkeiten	7,4	R
Schleuse Canow (2) am Durchstich Canower See – Labus-See		
Schleuse Diemitz (3), 3 km von Ortschaft Diemitz entfernt, 0,5 km vom Vilzsee	13,2	
Schleuse Mirow (4) und Brücke zur Stadt. 2 km von Mirow entfernt am Kanal	22,3	
Einmündung Kleine Müritz, Beginn der Müritz-Elde-Wasserstraße. Übergang in die Müritz	31,9	

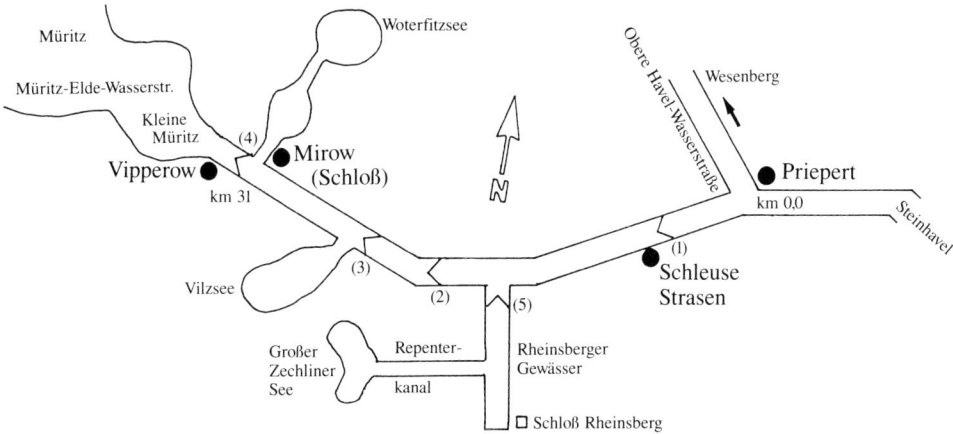

Müritz-Elde-Wasserstraße und Stör-Wasserstraße

Bundeswasserstraßen
von km 0,0 Schleuse Dömitz
bis km 120,9 Plau und weiter:
von km 120,9 Oberseen bis km 183 Buchholz;
Stör-Wasserstraße: von km 0,0 Eldemündung
bis km 44,0 Schweriner See–Hohen Viecheln

Geringste Durchfahrtshöhe:
3,4 m (Straßenbrücke Grabow)
Geringste Durchfahrtsbreite: 5 m
Geringste Tauchtiefe:
1,2 m (Störwasserstraße um 1,2 m)

Allgemeines

Der hier geschilderte Teil der Müritz-Elde-Wasserstraße reicht vom Ende der Müritz-Havel-Wasserstraße über die Müritz, den Kölpinsee, den Fleesensee und Plauer See bis zur Abzweigung der kanalisierten Elde in die Stör-Wasserstraße. Mit 183 km ist die Müritz-Elde-Wasserstraße die längste Wasserstraße im Osten Deutschlands nach Elbe und Oder. Sie hat heute nur noch Bedeutung für die Sportschiffahrt; für diese allerdings ist sie der vielleicht wichtigste Kanal, verbindet sie doch den gesamten norddeutschen Raum mit dem auf weiten Strecken schleusenfreien Wassersportrevier der Mecklenburger Seenplatte.

Von Berlin kommend, durchquert man zunächst die Müritz bis Waren. Die Müritz ist ein „kleines Meer". Entsprechende Vorsicht ist für Sportboote bei schlechtem Wetter oder bei Starkwind geboten. Zahlreiche Untiefen, auch und gerade in der Mitte des Sees, erschweren die Navigation mit Booten von größerem Tiefgang. Die Gefahrenstellen sind zwar mit Tonnen und Spieren markiert, aber eine gute Karte (es gibt Seekarten der Müritz) sollte an Bord sein.

Durch Kölpin- und Fleesensee gelangt man von Waren aus nach Malchow, einer malerisch auf einer Insel gelegenen alten Stadt, und weiter über den Plauer See nach Plau. Der folgende, zum Teil kanalisierte Abschnitt der Elde führt nach Lübz, wo der Wasserwanderer eine gut ausgebaute Marina findet.

Die Elde fließt von hier aus auf einer 15 km langen Strecke durch eine sehr reizvolle Sumpf- und Waldlandschaft bis Parchim. Nach weiteren 15 km Flußfahrt, in deren Verlauf die betonnte Fahrrinne sehr flach wird (1,20m) biegt die Stör-Wasserstraße im 90-Grad-Winkel nach Norden ab. Von da sind es noch 56 km bis Dömitz, wobei 10 Schleusen abwärts zur Elbe zu überwinden sind. Hinter der Abzweigung trifft man sogleich auf die flachste Stelle des Störkanals (1,10 m bis 1,25 m). Der Kanal ist 20 km lang, meist schnurgerade, und führt über Banzkow und Plate in den Schweriner See. Für ihn gilt das für die Müritz Gesagte sinngemäß.

Streckentabelle

	km	Ufer
Kleine Müritz, Vipperow, Rechlin, Durchfahrt zur Müritz	171	
Waren, Binnenmüritz, Reeckkanal zum Kölpinsee, Schloß Klink	150	
Malchow, Kloster Malchow, Straßendrehbrücke mit 1,40 m lichter Höhe (Achtung! Nur alle 2 Stunden geöffnet).	134	L+R
Plauer See und Stadt Plau, zahlreiche Liegeplätze, Schleuse Plau, malerische Seilhubbrücke (2,2–4,5 m)	120	L+R
Lübz, geräumige Marina mit Wasser und Strom, WC, Dusche	98	
Abzweig Stör-Wasserstraße. Flachstellen mit 1,2 m und weniger	56	R
Schleuse Banzkow, 3 km danach neue Klappbrücke in Plate, lichte Höhe der abgesenkten Brücke 2,1 m	11	
Einfahrt Schweriner See, Ortschaft Muess	20	L
Landeshauptstadt Schwerin, zahlreiche Anlegestege	24	L

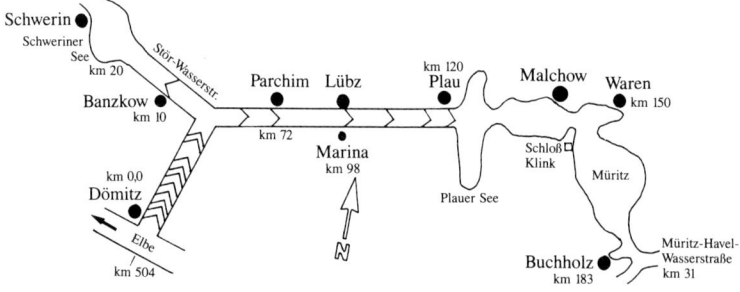

Hohensaaten-Friedrichs-thaler-Wasserstraße (HoFriWa) und Westoder

Bundeswasserstraße
von km 93 (Oder-Havel-Kanal) bis km 135,3
bei Friedrichsthal (Kanalende)
und von km 0,0 bis km 17 der Westoder
bei Mescherin/polnische Grenze

Geringste Durchfahrtshöhe: 4,40 m
Geringste Tauchtiefe: 2,00 m

Allgemeines

Zwischen Hohensaaten und Stettin, der Mündung ins Haff, verläuft die Oder in zwei parallelen Wasserstraßen: der Ostoder als Hauptstrom und der Westoder als Kanal und späterer Strom.
Die Hohensaaten-Friedrichsthaler-Wasserstraße wurde gebaut, um für die Berufsschiffahrt eine Mindesttauchtiefe von 2,0 m zwischen Berlin und Stettin sicherstellen zu können.
Erreicht man Hohensaaten über den Oder-Havel-Kanal, so hat man für die Oderfahrt zwischen zwei Schleusen zu entscheiden: Durch die Westschleuse gelangt man direkt in die Ho-Fri-Wa und später ohne weitere Schleusung in die Westoder und ins Haff. Durch die Ostschleuse gelangt man dagegen direkt in die Ostoder, die aber auf den folgenden 10 Kilometern in ihrer Tauchtiefe zeitweise unter 1,50 m bleibt. Auch bietet dieser Teil der Ostoder bis zur Schwedter Querfahrt keinerlei Anlegemöglichkeiten. Es empfiehlt sich also, auf jeden Fall bis Schwedt die Ho-Fri-Wa zu benutzen, dann aber bei Talfahrt die Schwedter Querfahrt (Schleuse!) zu nehmen, um durch die nicht unerhebliche Strömung der Ostoder Zeit und Kraftstoff zu sparen.
Einklarierung beim polnischen Zoll in Widuchowa (gutes Bollwerk). Liegeplätze findet man oberhalb und besser noch unterhalb von Schwedt, aber auch in Mescherin am Bollwerk oberhalb der deutschen Zollstation. Ein- bzw. Ausklarierung für Polen auf der Westoder gegenüber von Mescherin am gut sichtbaren Zollhaus. Die Weiterfahrt nach Stettin ist problemlos. Aber eine gute Karte der sehr verzweigten, teilweise gesperrten Hafenbecken und Flußarme der großen Hafenstadt sollte an Bord sein.

Streckentabelle

	km	Ufer
Schleusen Hohensaaten (1) und (2)	101	
Stolpe (Burgruine und Anlegesteg am Bollwerk, Gaststätte)	105	L
Criewen (Landschaftspark, Feldsteinkirche, Schloß)	113,5	L
Hafen Schwedt (Liegeplätze, auch unterhalb der Brücke)	129	L
Einmündung Schwedter Querfahrt	123,3	R
Schleuse Schwedt in der Querfahrt (3)	0,4	Querfahrt
Ortschaft Ogniza an der Oder	697	Oder
Ortschaft und Zollstelle Widuchowa	702	Oder
Einmündung in die Westoder	135,3	
Einmündung Gartzer Querfahrt (gesperrt für Sportboote)	0,0	Westoder
Ortschaft Gartz (Liegeplatz)	8	L
Ortschaft Mescherin (Liegeplatz Bollwerk), Zoll	14	L
Stettin (Hafen, Stadtmitte)	36	L

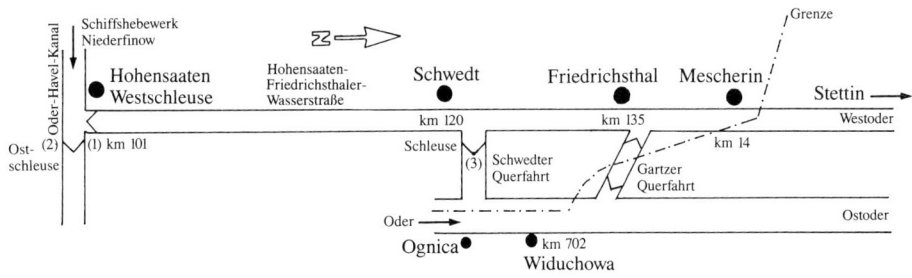

Dahme-Wasserstraße

Dahme-Wasserstraße
von km 0,0 Schmöckwitz/Seddinsee
bis km 27 Prieros
weiter bis km 40 Märkisch Buchholz
Abzweig Storkower Gewässer von km 0,0 bei Prieros
bis km 33 am Scharmützelsee/Bad Saarow
Abzweig Teupitzer Gewässer von km 0,0 Prieros
und Schmöldesee
bis km 18 bei Teupitz/Teupitzer See

Geringste Durchfahrtshöhe:
4 m für die Dahme-Wasserstraße
3,6 m Storkower und Teupitzer Gewässer
Geringste Durchfahrtsbreite: 5 m
Geringste Tauchtiefe:
1,8 m; Dahme zwischen Prieros und
Märkisch Buchholz 1,4 m

Allgemeines

Die Dahme mündet bei Köpenick in die Spree und bildet von dort den ersten Teil des Oder-Spree-Kanals bis Schmöckwitz, wo die künstliche Wasserstraße in Richtung Fürstenwalde und Oder beginnt.
Bei der Schmöckwitzer Brücke beginnt auch die Dahme-Wasserstraße und führt zunächst durch den Zeuthener See bis Königs Wusterhausen. Hier wird die schon seit 350 Jahren schiffbare Dahme erstmals eng, und die Schleuse Neue Mühle ist zu durchfahren.
Danach gelangt man über Krüpelsee und Dolgensee, die teilweise von dichten Wäldern umgeben sind, nach Prieros. Prieros ist an einer regelrechten Wasserstraßenkreuzung gelegen, besitzt aber leider keine günstigen Liegemöglichkeiten für Sportboote. Es zweigen nach Norden die Storkower Gewässer ab, die durch den Wolziger See und den Storkower Kanal nach Storkow und am Ende der Seenstrecke bis Bad Saarow am Scharmützelsee führen.
Von Prieros gelangt man außerdem in südwestlicher Richtung in die Teupitzer Gewässer, zunächst in den Schmöldesee und weiter durch kurze Verbindungsarme und andere Seen bis zum Teupitzer See und dem Städtchen Teupitz selbst.
Beim Dorf Groß Köritz befindet sich eine Zugbrücke, die nur stündlich geöffnet wird und für die ein Zoll zu entrichten ist.
Schließlich kann man von Prieros die Dahme weiter aufwärts fahren, 14 km lang in herrlichster Waldlandschaft und beglückender Einsamkeit bis Märkisch Buchholz, wo die Wasserstraße endet und nur kleine Boote über eine Bootsschleppe weiter aufwärts gezogen werden können.

Streckentabelle

	km	Ufer
Straßenbrücke Schmöckwitz. Seddinsee, Mündung in den Oder-Spree-Kanal	0,0	
Autobahnbrücke, Nottekanal	8	
Königs Wusterhausen, Schleuse Neue Mühle, Krüpelsee	9	
Mündung der Storkower Gewässer	25	
Straßenbrücke Prieros, Anleger Personenschiffahrt, Mündung Teupitzer Gewässer	26	
Schleuse Prieros, Streganzer See	27	
Schleuse Hermsdorfer Mühle	33	
Ortsbeginn Märkisch Buchholz	39,5	

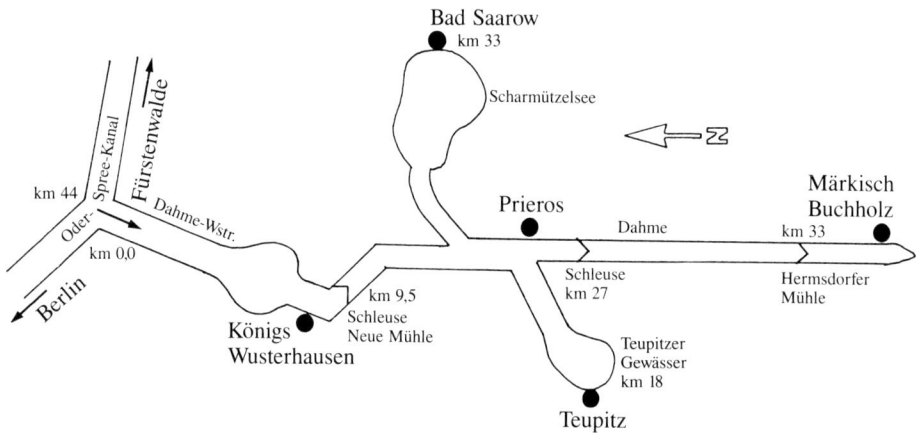

Anschriften

Wasser- und Schiffahrtsdirektion Ost
Am Werderschen Markt in Berlin
T 030/202-3500 [2038-3500]
(Auskunft)

Wasser- und Schiffahrtsämter

Wasser- und Schiffahrtsamt Dresden
Moritzburgerstraße 1
01127 Dresden			T 0351/5 02 26 11

Wasser- und Schiffahrtsamt Magdeburg
Fürstenwallstraße 19/20
39104 Magdeburg			T 0391/3 36 31

Wasser- und Schiffahrtsamt Lauenburg
Grünstraße 16
21481 Lauenburg			T 04153/5 94-0

Wasser- und Schiffahrtsamt Brandenburg
Beetzseeufer 3
14770 Brandenburg			T 03381/2 45 51

Wasser- und Schiffahrtsamt Berlin
Poststraße 21/22
10178 Berlin			T 030/55 23-0

Wasser- und Schiffahrtsamt Eberswalde
Grabowstraße 1
16225 Eberswalde			T 03334/2 20 53

Telefonnummern einiger wichtiger Außenbezirke der WSÄ

Oranienburg	03301/43 48
Zehdenick	03307/25 63
Grabow	038756/23 65
Parchim	03871/4 25 22
Waren	03991/22 20
Brandenburg	03381/52 22 14
Potsdam	0331/2 30 33
Niegripp	03921/43 82
Tangermünde	039322/32 41
Wittenberge	03877/38 27
Genthin	03933/24 14
Frankfurt/O	0335/32 43 03
Hohensaaten	033368/2 25
Schwedt	03332/2 22 31

Yacht-Wettertelefon

0190/24 14 00 (zentrale Rufnummer)

Vorhersagegebiete:
Mecklenburger Küste (mit Rügen)
0190/24 14 04

Elbe (von Hamburg bis Cuxhaven)
0190/24 14 06

Berlin/Brandenburger und Mecklenburger Seenplatte
0190/24 14 09

SOLVEIG V

Fahrtenyacht aus Stahl, Typ Linssen Sturdy 360 OC

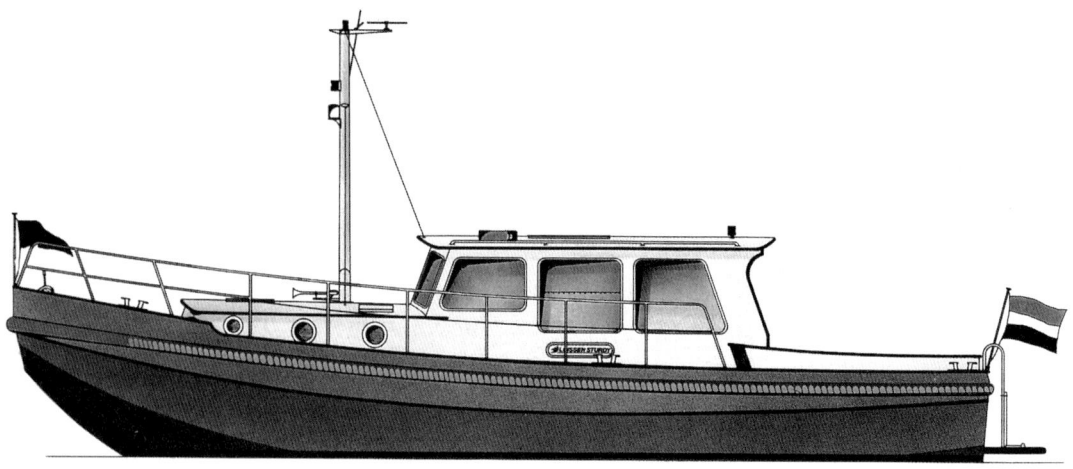

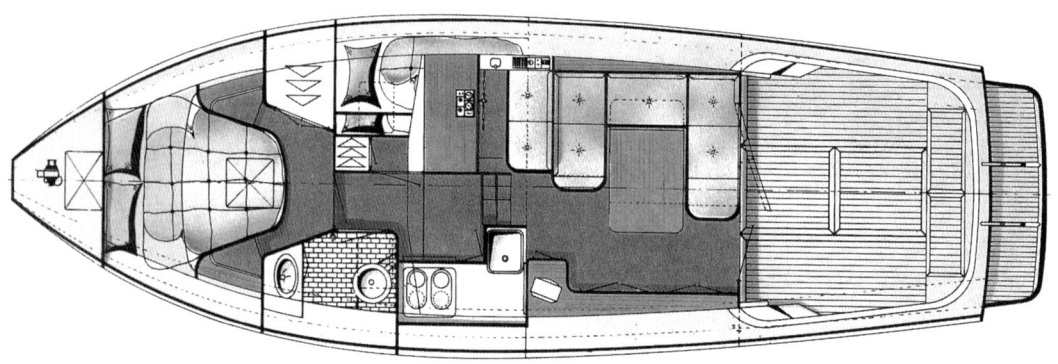

Bauwerft: Linssen Yachts, Maasbracht, NL 6050
Länge Bug bis Heck: 10,35 m
Wasserlinienlänge: 9,10 m
Breite: 3,55 m
Tiefgang: 1,20 m
Durchfahrtshöhe mit gelegtem Mast: 2,50 m
Wasserverdrängung: 9 t
Motor: VOLVO PENTA TMD – 31 B 4 Zylinder Turbo-Diesel
74 kW (100 PS) mit 220 Volt Generator AQUA POWER
2 x 220 l Kraftstofftank

Schlauchboot: Zodiac Cadet C 310
Außenbordmotor: Yamaha 5 PS
Heizung: Eberspächer D 5 L 5,5 kW
Instrumente: VDO Kompaß, Echolot, Sumlog
    Autohelm Autopilot ST 7000
UKW-Funkgerät: Shipmate RS 8100
Bugstrahlruder
Hand-Ankerwinde, 40 m Kette
Fäkalientank
Heißwasserboiler 25 l

Namenregister

Achterwasser 164, 165
Ahrensberg 135, 136
Aken 40, 89
Albrechtsburg 63, 64
Artlenburg 17
August der Starke 63, 78
Aussig 32, 39, 78

Baabe 171
Babelsberg, Park 101
Bad Schandau 79, 80
Banzkow 149
Barby 39
Barkow 142, 143
Beetzsee 96
Belgern 60
Berlin 9, 10, 19, 24, 33, 38, 53, 88, 90–92, 96, 100–105, 114, 115, 120, 129, 138, 142, 150, 155
  Dom 88, 105
  Museumsinsel 105
  Reichstag 102, 103, 115
Berlin-Spandauer-Schiffahrtskanal 115
Binz 156
Bischofswerder 119
„Blaues Wunder" 71, 73, 77
Bleckede 18
Bobzin 143, 144
Boizenburg 18
Borschütz 61
Böhm, Karl 76
Böttger, Johann Heinrich 63
Brandenburg (Land) 11, 21, 22, 61, 87, 94, 103, 108, 113, 117, 120
Brandenburg (Mark) 33, 92, 107, 112, 120, 126, 134, 153, 155, 173
Brandenburg (Schleuse) 94
Brandenburg (Stadt) 91, 92, 93, 95, **178**
Bredereiche 124
Breitlingsee 92
Breslau 9, 156
Britzer Zweigkanal 105
Brunsbüttel 12
Brühlsche Terrasse 69, 73
Budapest 9
Burgwall 120, 121

Canow 137
Caputh 96, 97

Caputher Gemünd 96
Carlowitz, Carl Adolph von 86
Cecilienhof, Schloß 101
City Sporthafen (Hamburg) 14
Coswig 44, 69
Cracauer Wehr 36
Cranach d.Ä., Lucas 47

Dahme 103–113
Dahme-Wasserstraße **214**
Dalchau 24
Dammscher See 161
Danzig 9
Dämeritzsee 105, 106, 107
Dessau 39, 40, 41, 43, 47, 89
Dolgensee 108
Dömitz 19, 20, 21, 44, 147, 177, **179**
Dresden 9, 15, 33, 37, 57, 58, 60, 63, 68–71, 73, 75–78, 80, 84, 86, 90

Eberswalde **180**
Einstein, Albert 97
Elbe 9, 11, 13, 15–22, 24–26, 31–33, 36–45, 50, 58–63, 68, 71, 76, 78, 80, 87, 90–92, 147, 155, 161, 173, 177
„Elbe Day" 53, 55
Elbe-Havel-Kanal 33, 38, 91
Elbe-Havel-Wasserstraße **205**
Elbe-Lübeck-Kanal 18
Elbe-Seiten-Kanal 17
Elbeboot-Marina 33, 36
Elbsandsteingebirge 72, 77
Elde 21, 142, 144, 145, 147
Ellbogensee 127, 135
Emden 16
Ems 16
Emster Kanal 96
Erkner 106

Fleesensee 141
Fontane, Theodor 31, 91, 104, 118, 120, 123, 130, 134, 153, 155, 156
Franz von Anhalt-Dessau 44
Friedrich I., König von Preußen 118
Friedrich I., Burggraf und Kurfürst 94
Friedrich II., der Große 60, 89, 99, 123, 129, 130
Friedrich Wilhelm I., der „Soldatenkönig" 99
Friedrich Wilhelm, Kurfürst 99, 118
Friedrich, Caspar David 166
Fürstenberg 125, 126

Gartz 161
Geeste 16
Geesthacht 15, 16, 17
Glienicker Brücke 101
Gosener Kanal 107
Göhren 169
Grabow 143, 147
Greifswald 165
Greifswalder Bodden 156, 166, 167, 169
Grienericksee 128
Großer Wendsee 92

Hadelner Kanal 9
Halle 39
Hamburg 10, 11, 13, 14, 17, 33, 37, 39, 61, 78, 91, 138, 142, 147, 150
Hartenfels, Schloß 50, 52, 55
Hauptmann, Gerhart 76, 106, 171
Havel (Nieder-) 94
Havel 89–92, 95, 96, 101, 115, 117, 120–124, 127, 141, 153
Havel, Obere 96, 115
Havel, Oranienburger 117
Havel, Potsdamer 96
Havel-Oder-Wasserstraße 101, **208**
Havelberg 24, 91
Heidenau 78
Heidensee 151
Heinrich I. 84, 93
Hermannswerder 100
Hermsdorfer Mühle 110, 111
Hiddensee 106, 171
Hitzacker 19
Hohensaaten 156, 158
Hohensaaten-Friedrichsthaler-Wasserstraße 158, **213**
Hohenzollernkanal 115
Hüttenkanal 128

Jungfernsee 96

Kammerkanal 135
Kannenburg 124
Karl der Große 60
Karl IV. 27
Karlshagen 167
Ketzin 96
Kirchmöser 91, 92
Klink, Schloß 139
Klostersee 96
Kölpinsee 141
Königs Wusterhausen 107
   Schleuse 113
Königsberg 9
Königstein (Festung) 80, 83
Köpenick 105–107, 114

Kötzschenbroda 69
Kremmener Rhin 134
Krimnicksee 108
Kuckuckstein (Schloß) 84–87
Kuhwallsee 124

Landwehrkanal 105
Laubegast 75
Lauenburg 17, 18
Lehnin 96
Lehnitz 119
Lehnitzsee 119
Leipzig 41, 57
Leopoldhafen 40, 41
Liebenwalde 119
Liebstadt 84, 85
Lilienstein 80, 83
Lindow 130, 153
Linssen 11, 15, **216**
Loschwitz 71, 73, 74, 77
Lößnitz 69
Luise Henriette von Oranien 118
Luther, Martin 45, 47
Lübz 144, 145, **181**
Lychen 125
Lychensee 125

Magdeburg 22, 31–35, 38, 47, 50, 68, 87, 90, 91, 71, **182**
Malchow 141, **183**
Malchower See 141
May, Karl 69
Märkisch Buchholz 108, 112
Märkische Seenplatte 158
Mecklenburg-Strelitz, Herzog von 138
Mecklenburg-Vorpommern 11, 21, 87, 107, 127, 167, 173
Mecklenburger Seenplatte 19, 20, 91, 96, 115, 116, 119, 126
Meißen 61–68, **184**
Melanchthon, Philipp 45, 47
Menowsee 127
Mescherin 155, 161
Mirow 137, 142, **185**
Mirower See 137
Mittellandkanal 18, 33, 38, 91
Moldau 78, 90
Moreau, frz. General 86
Möllensee 107
Möserscher See 92
Mueß 149
Mulde 39
Müggelsee 105
Müggelspree 105
Mühlberg 60, 61, 65, **186**

218

Müritz 137–142, 147
Müritz-Elde-Wasserstraße 19, 141, 143, 146, 177, **212**
Müritz-Havel-Wasserstraße 127, 138, **211**
Müritzhof 141

Napoleon 86
Naumburg 39
Neckar 161
Netzener See 96
Neue Mühle 108
Neuköllner Schiffahrtskanal 105
Neuruppin 153, **187**
Neustrelitz 135, 136
Niederfinow 156
Niedersachsen 16, 91
Niegripp 38
Niegripper Verbindungskanal 91
Nord-Ostsee-Kanal 12
Nordperd 169

Obere Havel-Wasserstraße 119, **210**
Oder 33, 155, 156, 158, 160, 161, 177
Oder-Havel-Kanal 96, 117, 119, 156, 158, 177
Oder-Spree-Kanal 107
Oderberg 158, **188**
Oderberger See 158
Oderbruch 156, 158
Ognica 160
Oranienburg 117–119, 153, 156, **189**
  Schloß 117, 118
Ostsee 18, 33, 96, 156, 161, 162, 169
Otterndorf 9, 11
Otto I. 34

Papenburg 10, 16
Parchim 145, 146, **190**
Paretz 96
Parey 91
Pareyer Verbindungskanal 91
Paris 33
Pälitzsee 127, 128
Peene 164, 167
Peenemünde 168
Peenestrom 164, 165, 167
Petersdorfer Reeck 142
Pfaueninsel 101
Pieschen 69, 70, 75
Piesteritz 45
Pillnitz (Schloß) 73, 75, 77, 78
Pirna 71, 78, 84
Pirschheide, Marina 100
Plate 148, 149
Plau 142, 143
Plaue 92
Plauer See (Mecklbg.) 142

Plauer See (Brbg.) 91, 92
Polen 160, 161, 162
Potsdam 92, 96–100, 129, 150, 155
  Edikt von P. 99
  Garnisonskirche 99
  Stadtschloß 99
  Tag von P. 99
  Potsdamer Abkommen 99
Pöppelmann, Mattheus Daniel 78
Prag 9, 33, 61, 64, 78, 90
Pretzsch 50
Preußen 57, 61, 62, 86, 94, 99, 156
Priepert 135
Priepertsee 135
Prieros 108, 109, 113
Prorer Wiek 169

Quenzsee 92

Radebeul 69
Rathen 79, 80
Reeckkanal 141
Regalica 161
Reke 128
Repenter Kanal 130, 134
Reuter, Fritz 21
Rhein 18, 33, 43, 161
Rheinsberg 128, 129, 134, **191**
  Schloß 128, 129, 134
Rheinsberger Gewässer 115, 128
Rheinsbergsee 128
Rhin 153
Rhône 33
Riesa 63
Rietzer See 96
Riewendsee 96
Rogätz 31, 32
Rosslau 41, 42, 90
Rothensee (Schiffshebewerk) 38
Röbel 138
Röblinsee 127
Ruden 169
Rummelsburger See 105
Ruppiner Gewässer **209**
Ruppiner See 153
Rüdersdorfer Gewässer 106
Rügen 10, 137, 156, 166, 169, 171

Saale 39, 40, 44
Sachsen 57, 58, 61, 62, 84, 87, 173
Sachsen-Anhalt 22, 37, 44
Sachsenhausen 119
Sacrow-Paretzer-Kanal 96
Sandau 24
Sanssouci, Schloß 97, 99, 100

219

Saßnitz 169
Sächsische Schweiz 10, 68, 71, 77–80, 84
Schmöckwitz 107
Schnackenburg 21
Schorfheide 124
Schwaneninsel (Schwerin) 151–153
Schwanenwerder 101
Schwedt 159, 160 **192**
Schwerin 125, 137, 146, 147, 149–152, 155, **193**
    Schloß 150, 153
Schweriner See 142, 147–149, 151
Schwielowsee 96
Seddinsee 107
Seidewitz 84
Sellin 156, 171
Semper-Oper 69, 70, 75
Silokanal 94
Sonnenstein (Schloß) 78
Spandau 96, 101, 115, 117
    Schleuse 101
    Zitadelle 101
Spree 101, 102, 105, 115
Spreekanal 105
Spreewald 103, 109
Steinhavel 126, 127
Steinhavelmühle 127
Stettin 156, 161, 162, 164
Stettiner Haff 156, 161, 162
Stienitzsee 107
Stolpsee 124, 125
Storkower Kanal 104
    Schleuse 104
Stör-Wasserstraße **212**
Störkanal 146, 147, 148
Strasen 127, 134, 135, 137, **194**
    Schleuse 128
Streckelberg 165
Streganzer See 109, 110
Stubbenkammer 171, 173
Südperd 169
Swinemünde 163

Tanger 25, 26
Tangermünde 24–27, 29, 32, 52, **195**
Teltowkanal 105
Templin 123–125, **196**
Templiner Kanal 123
    Seen 122, 123, 124
Templiner See 96, 97
Templiner Wasser 121

Tesperhude 17
Teupitz 109
Torgau 41, 49, 50, 52–55, 57, 58, 60, 90, **197**
Trebelsee 96
Tschechische Republik 42, 43, 61

Uckermark 121, 160
Uecker 162
Ueckermünde 162–164, **198**
Untere Havel-Wasserstraße 24, 91, **206**
Usedom 164, 166
Übigau (Schloß) 78

Vockerode 44
Vosskanal 119

Wachwitz 77
Wangnitzsee 135
Wannsee 101
Waren 125, 138–141, **199**
Warschau 9, 33
Wedel 12, 13
Wehlen 79, 80
Weichsel 33
Wentowsee 120
Wesenberg 135, 136, **200**
Weser 33
Westoder **213**
Widuchowa 160, 161
Wieck 165, 168
Wismar 147
Wittenberg 44, 45, 47, 49, 50, **201**
Wittenberge 22
Woblitz 125
Woblitzsee 135
Wolgast 165–167, **202**
Wörlitzer Park 44
Wusterwitzer See 92
Wustrau 153

Zechliner See 134
Zechlinerhütte 134
Zehdenick 119, 120, **203**
Zernsee 96
Ziegelaußensee 151
Ziegelsee 151
Ziegenort 161, 162, 163
Ziernsee 127
Ziethen, Schloß 153
Zinnowitz 164, 165, **204**
Zootzensee 134

Bitte beachten Sie
die folgenden Seiten.

RUND UM DIE WELT

geht es mit dem Weltumsegler-Spiel von Rollo Gebhard, einem der bekanntesten deutschen Segler. Die Spieler (bis zu vier Yachtskipper und ihre Crews) erleben einen besonderen Segeltörn voller Abenteuer: stürmische Überquerung des Nordatlantik, Segelwechsel und Reparatur der Selbststeueranlage, Nebel und gefährliche Strömungen in engen Inselpassagen, streikende Technik usw. Aber auch die schönen Seiten eines Törns darf der Spieler, soweit Fortuna mitsegelt, genießen. Dazu gehören die glückliche Einsteuerung in ein Korallenatoll, das nächtliche Navigieren unter dem Kreuz des Südens, die freundlichen Menschen Polynesiens oder die stille Faszination Alaskas.

Spielbrett 80 x 52 cm, ausführliche Spielanleitung, 4 Spielfiguren, 120 Frage- und Ereigniskarten, 132 Treibstoffkarten, Spielgeld, stabiler Karton im Format 42 x 28 cm; DM 59,80 (unverbindliche Preisempfehlung)

– erhältlich im Buchhandel –

A. Saal / J. Straßburger
Von der Elbe nach Berlin

Havel – Potsdamer Havel – Mittellandkanal
Elbe – Havel – Kanal

Von der Elbe geht es über den Elbe-Havel-Kanal, der geradewegs zu dem herrlichen Revier des Plauer Sees führt, in Richtung Berlin. Über die Untere Havel-Wasserstraße fährt man weiter Richtung Potsdamer Havel, die nur 30 Kilometer lang ist, dafür aber einiges zu bieten hat. Die Havel und ihre Seen sind mit ihren grünen Ufern und den sandigen Erhebungen der Haveldünen ein besonders reizvolles Revier. Von hier ist es nur noch ein „Katzensprung" zu den städtischen Kanälen von Berlin.
Exakte Revierbeschreibungen und detaillierte farbige Pläne leiten den Skipper sicher durch das Revier.

256 Seiten, 115 zweifarb. Pläne, 55 Fotos, Format 24 x 18 cm, gebunden.

Bodo Müller/Jürgen Straßburger
Binnengewässer zwischen Elbe und Oder

Elbe, Mecklenburgische und Märkische Gewässer, Berlin, Oder

Natürliche und künstliche Wasserwege, Labyrinthe von rund hundert miteinander verbundener Seen, unberührte, waldreiche Wassersportreviere und von wechselnden Geschicken geprägte Landschaft laden den Bootsfahrer ein, dieses reizvolle Gebiet zwischen Elbe und Oder zu entdecken.
Dieser Band stellt auf 170 Kartenseiten ein Revier vor, das noch über weite schilfbewachsene Uferstrecken sowie herrliche Liegemöglichkeiten in idyllischen Landstrichen verfügt. Exakte Beschreibungen der Fahrwasserverläufe ergänzen die Pläne.

296 Seiten, davon 170 Seiten mit Plänen, 140 Fotos, Format 24 x 18 cm, gebunden.

––––––––––––––––––– überall im Buchhandel erhältlich –––––––––––––––––––